瓶颈
新的机会平等理论

BOTTLENECKS:
A New Theory of Equal Opportunity

〔美〕约瑟夫·费西金 / 著
(Joseph Fishkin)

徐曦白 / 译

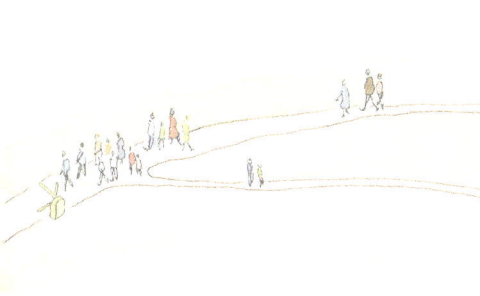

社会科学文献出版社
SOCIAL SCIENCES ACADEMIC PRESS (CHINA)

© Oxford University Press

Joseph Fishkin

BOTTLENECKS: A NEW THEORY OF EQUAL OPPORTUNITY, FIRST EDITION was originally published in English in 2014. This translation is published by arrangement with Oxford University Press.

本中文版根据牛津大学出版社2014年版译出。

中文版序

当我开始本书的研究时,我关注的焦点是西方社会,特别是我的祖国美国,那里机会不平等的问题错综复杂。机会平等的话语深入人心,同时又与严重的机会不平等和其他类型的不平等交织在一起。我对此思考得越多,就越能发现这里存在的深层次问题。由于父母总是试图将自己的各种优势传递给子女,因此在任何存在家庭制度的社会中,机会的不平等都是不可避免的。此外,也没有什么好的办法来消除差异和不平等带来的影响,这些影响不仅从根本上塑造了我们的才智和技能,而且还塑造了我们的偏好和价值观。这些永久性的问题是难以解决的,而且似乎还有恶化的趋势。那么,这个问题在多大程度上恶化了,又为什么会恶化呢?对此问题的思考引导我得出了本书的中心观点。许多西方国家,特别是美国,似乎正在逐渐成为"赢者通吃"的社会。随着社会变得更加不平等,越来越多的奖励被居于顶层的人所占有,许多竞争的赌注变得越来越大,机会不平等对人生的影响也相应地变得更大了。比如,在大学录取这样的选择节点上,我们会发现,通向成功的机会与以前相比似乎更加缥缈,而要想过上舒适的生活就必须成功，于是，（来自世界各地的）许多人都把进入顶尖学校就读看作通向人生成功的最佳途径，这使得进入那些最热门、最顶尖学校的竞争变得比以往更加激烈。

本书的核心比喻是"瓶颈"，即人们为了到达彼岸而必须通过的狭窄地段。当我们思考社会中的机会是如何被建构和组织起来的时候，我们通常会想到"瓶颈"这个词。大学录取就是一种瓶颈。从另一个角度来看，成长之地等许多其他变量也会成为瓶颈。如果在某个地方长大的人能够接触到许多不同的机会，而在另一个地方长大的人则机会有限，只有在合适的地方长大的人才能自主地追求各种理想的路径，如此，成长之地就成为一种瓶颈；当社会将某些角色局限于女性，并将其他角色局限于男性时，性别就成为一种瓶颈；其他的例子还有很多。

为了有助于我们理解瓶颈这个概念，可以设想在一个社会中，大部分事情都取决于一次重要的考试。在思考这个问题时，我一直把这种情景形象地假设为在当今世界许多国家特别是东亚国家中盛行的大考制度，其根源可以追溯到中国古代的科举制度，这个制度在一千多年的历史中维系了帝国的统一并提供了充足的官僚。正是出于这个原因，我一开始向出版社提议，采用一幅描绘科举考试的中国国画作为本书的封面（出版社明智地否决了这个提议，因为读者会误以为本书讨论的只是中国问题）。不过，中国的科举制度确实能够让我们看到瓶颈是如何塑造个人和社会的。

科举制是一种金字塔式的竞争，那些通过县试的考生会晋级到更高级别的府试、乡试直至会试。在一开始参加县试的考生中，只有极少数的人能够爬到金字塔顶端或者获得朝廷的官职。即便如此，这一竞争还是对帝制时期的中国教育制度产生了不可磨灭的影响。对科举考试的备考成为一个全国性的课程，这强化了帝国的同一性以及对儒家经典的侧重，因而也极大地塑造了许许多多未能获得官职的学生的教育经历。换句话说，无论是对考试成功的学生还是对考试失利的学生来说，这个竞争性瓶颈的存在都塑造了他们基本的教育轨迹，以及他们对何种思想和价值最为重要的想法。

今天，从中国到西欧的所有工业化国家都将教育考试作为接受高等教育和进入高层次领域就业的一个环节。不平等的加剧使这类竞争的赌注更大了，也使这个瓶颈变得更为突出。一些对此类考试制度的批评者质疑考试是否真的是公平的，而我在本书中对考试制度的顾虑则与此不同，是更加深层次的问题。考试当然是有用的，特别是当新的考试制度取代了任人唯亲和权贵网络，以更加择优录取的方式来分配稀缺的教育机会时。在旧有体制下，重要的公职只对贵族出身的子弟开放，使得阶级出身成为一个非常严重的瓶颈，因此毫无疑问，科举制本身是一次重大的改进。问题在于：当一种考试的权重过大时，就可能会压缩教育和学术多元主义的空间，并且对所有人的学习和思想造成过大的影响。这也正是19世纪末20世纪初中国的科举考试被废止前人们对它的主要批评：科举制度造成中国整个教育体系的内容过度集中在几部儒家的典籍上，以致忽视了其他的知识和学术科目。

我把本书的中心思想称为"机会多元主义"。这个思想的大意是：我们不能让所有人的机会都"平等化"，因为人与人的个体差异太大，出于各种不同的有时是不可通约的原因，许多类型的机会都是重要的，而家庭又赋予子女各种不同的优势。但是即使我们不能使机会完全"平等化"，我们还是可以通过改变机会的"建构"方式，使人们在任何时候都能获得更多可以追寻的机会；要实现这一点，一个必要的条件是缓解那些限制人们做事和为人的瓶颈。比如说，我们没有必要取消所有的教育考试，但是我们应该开辟更多能通过或者绕过考试这一瓶颈的路径：为学生提供帮助，使他们能够在考试中取得更好的成绩；同时找到更多不同的路径，比如学徒工或者技工培训计划，为那些考试成绩不佳的人提供良好的职业路径。我们没有必要消除父母传递给子女的所有优势，但是我们应该确保不会造成一种只有那些拥有大量资本、人际关系和财富优势的权贵子弟才能获得成功的社会秩序。

正是最后这一点使得本书的论点与当代中国特别相关。中国社会对平等有着深切的追求，然而中国社会的财富和机会却正在变得不平等。从本书的视角来看，一部分富人过着奢侈的生活，而有许多人只能勉强维持温饱，这并不见得就是个特别严重的问题。但是如果有太多的大门只对少数权贵子弟敞开而对其他人关闭，那就是非常严重的问题了，这个问题将使物质上的不平等变得更加不公正。近年来，有不少报道指出，中国一些地方领导甚至中央领导的子女进入一些国家监管的企业和行业管理层，并因此致富；也有报道称，一些"太子党"，也就是中国政治精英阶层的后代,正在获得越来越多的官职和权力。这一现象在美国等其他国家也存在,但中国的情况似乎颇为严重。不管这些报道的真实性如何,都让我们看到,一种社会秩序正在浮现,即家庭与权力的关系形成了一个严重的瓶颈,甚至成为能够在一些回报丰厚的领域中获得成功的重要途径。

由权贵网络、裙带关系和"太子党"等因素造成的瓶颈,远远不是中国特有的现象。开放原有的国有经济、引入市场竞争的过程往往会给那些有关系的人带来收益极其可观的交易机会。发展更开放、更多元的经济结构通常需要相当长的时间,在许多国家都是如此,这已经成为全球范围内一些新兴权贵形成的一个重要原因。然而在中国,这些问题与其社会理想产生了严重的冲突,因为在中国社会的话语和自我认知中,一个重要的组成部分就是对平等,包括机会平等的追求。

同时,中国还必须应对一些用于区分其公民身份的法律政策所带来的瓶颈效应。比如,户口制对人口进行了法律上的区分,这造成了一个瓶颈:那些居住在城市但没有相应户口的人面临着就业、住房和社会福利等各个方面的普遍障碍。这个瓶颈是历史造成的,而一个公正的国家应当致力于缓解这个瓶颈,一方面创造通过瓶颈的路径(即帮助这些人获得城市户口),另一方面创造绕过这个瓶颈的路径(即为没有城市户口的人提供更多的社会福利和机会),或者考虑全面废除户口制度。

最终,我希望本书的中文版能够引发一些针对那些影响中国社会结构的各种瓶颈问题的思考和讨论。在这些瓶颈中，有些是其他国家的读者和学者所熟悉的，有些则是中国特有的。如果我们希望人人都能拥有更加自主的人生轨迹，而不是让自己的人生完全被有限的机会所左右，那么我们就值得认真审视并且尽可能缓解所有存在的瓶颈。

约瑟夫·费西金

2015 年 5 月

于美国得克萨斯州奥斯汀

目录

引　言 ·· 1
  一　如何思考机会平等 ······························ 3
  二　机会多元主义 ···································· 15
  三　本书理论的影响 ································· 26

第一章　机会平等及其问题 ························· 35
  一　机会平等的概念 ································· 36
    （一）罗尔斯的机会平等和起跑门理论 ·········· 42
    （二）考试、偏向性和"增强版的形式平等主义"
             ·· 48
    （三）运气平等主义和天生才智 ··················· 53
    （四）才智、运气与德沃金 ························ 58
  二　超越分配正义：机会与兴盛 ···················· 62
  三　机会平等的四个问题 ···························· 72

　　　　（一）家庭问题 …………………………………………… 73
　　　　（二）功绩问题 …………………………………………… 84
　　　　（三）起跑门问题 ………………………………………… 97
　　　　（四）个性问题 …………………………………………… 111

第二章　机会与人生发展 …………………………………………… 124
　一　政治理论中的天然差异 …………………………………… 125
　二　内在差异、天赋和教养 …………………………………… 132
　　　　（一）关于内在差异的论断 …………………………… 133
　　　　（二）关于天赋与教养的模型 ………………………… 136
　　　　（三）甚至不是单独存在的 …………………………… 141
　三　"正常"的问题 ……………………………………………… 148
　　　　（一）不存在"正常" …………………………………… 149
　　　　（二）弗里恩效应：一堂环境作用的实物教学课
　　　　　　………………………………………………………… 153
　四　人生发展的层累模型 ……………………………………… 155
　　　　（一）发展能力 ………………………………………… 155
　　　　（二）与家庭和社会的互动 …………………………… 161
　　　　（三）与就业领域的互动 ……………………………… 166
　五　"平等"的问题 ……………………………………………… 172
　　　　（一）一个简单的平等化的问题 ……………………… 173
　　　　（二）如果我们的目标不完全一致呢？ ……………… 176
　　　　（三）偏好和目标的内生性 …………………………… 180

（四）基本的发展机会 …………………… 184

第三章　机会多元主义 …………………… 193
　一　单一的机会结构和多元的机会结构 …………… 195
　　（一）个性与多元主义 …………………… 196
　　（二）与位置相关的物品以及需要竞争的角色
　　　　………………………………………… 205
　　（三）反瓶颈原则 ………………………… 214
　　（四）谁控制了机会结构？ ……………… 225
　二　瓶颈的作用机制 ………………………… 232
　　（一）瓶颈的类型 ………………………… 233
　　（二）正当的瓶颈 vs. 随意的瓶颈 ……… 238
　　（三）瓶颈的严重程度 …………………… 244
　　（四）有多少人受到这个瓶颈的影响？ … 253
　　（五）怎么处理瓶颈？ …………………… 255
　　（六）瓶颈和工作的内容 ………………… 259
　　（七）将瓶颈置于总体的机会结构中 …… 264
　　（八）瓶颈、效率和人力资本 …………… 267
　　（九）瓶颈的潜在益处 …………………… 274
　三　兴盛、完美主义和优先 ………………… 278
　　（一）没有通用度量的机会平等 ………… 280
　　（二）弱完美主义和自主 ………………… 288

第四章 应用 ……………………………………… 296
 一 阶级作为瓶颈 ……………………………… 297
  （一）对向下流动性的恐惧：一个不平等为什么
     重要的寓言 …………………………… 300
  （二）大学作为瓶颈 ……………………………… 307
  （三）隔离与融合：一个关于网络和规范的故事
      …………………………………………… 318
 二 工作领域中的自由和灵活度 ……………… 330
  （一）灵活度、就业锁定和企业主义 ………… 331
  （二）工作场所的灵活度和性别瓶颈 ………… 337
 三 瓶颈与反歧视法律 ………………………… 348
  （一）一些前沿的法律及其影响 ……………… 348
  （二）反歧视立法应当保护哪些人？ ………… 354
  （三）一个例子：外貌歧视 …………………… 360
  （四）瓶颈、群体与个人 ……………………… 367
  （五）反歧视法律应当如何保护我们？ ……… 370

结 论 …………………………………………… 381

致 谢 …………………………………………… 387

索 引 …………………………………………… 390

引 言

机会平等是平等主义工程（egalitarian project）中强有力的核心概念。在机会平等这座灯塔的指引下，我们得以洞察当下许多不公正的现象以及重大平等主义改革的漫长历史：比如取消世袭贵族的特权，废除带有种族隔离的国家体制，不断扩展初等、中等和高等教育的机会，以及在男性垄断的就业、担任公职和接受教育方面逐渐对妇女开放。每一次改革都推动社会朝着机会更加平等的方向发展。时至今日，人们对这些变革早已习以为常。机会平等①的概念已经深入人心，以致在各种诉求迥异的政治和社会议题中都能够常常听到人们提起这个概念。比如在涉及优惠待遇（affirmative action）②的论战中，机会平等就是论战双方的核心概念，尽管论战双方对机会平等的理解并不一致。

---

① 本书中机会平等（equal opportunity）和平等的机会（equality of opportunity）为同义词，使用时不做区别。
② Affirmative action，指在就业、入学等方面对少数族裔和女性等特定群体采取积极的补偿措施，以弥补历史上对这些群体的歧视。中文常译作"平权法案"，但意思并不准确，在本书中将此译作"优惠待遇"。——译者注

本书提出了一个思考机会平等的新思路,并探讨了在法律、公共政策和制度设计等方面涉及机会平等的各种问题。其核心构想是希望能够重新构建机会,使人们在人生的各个阶段都能有更多的机会通过不同的途径来追求人的兴盛（human flourishing）①。在这个过程中,我们要把特别的优先权给予那些目前机会相对狭窄的人群。

笔者把这个思路称为"机会多元主义"（opportunity pluralism），其关注点相较以往有所转移。以往我们关注的重点是：哪些群体的权利是平等的,或者哪些群体的权利是不平等的；而在机会多元主义中,我们需要用更加结构性的视角来观察这些机会是如何在社会中产生、分配并受到控制。关注点的转移带来了新的问题,它迫使我们审视机会结构中的"瓶颈"（bottlenecks），也就是我们在期望到达广阔机会的彼岸前必须通过的各种狭窄地段。因此,除了社会歧视和对某些群体的排斥外,我们还需要拷问,为什么社会只允许在特定年龄接受过特定训练或者通过了特定考试的人来追求特定的人生路径？机会多元主义不仅让我们思考在竞争激烈和资源缺乏的条件下哪些人能够获得理想和稀缺的位置这一涉及公平的问题,还让我们关注机会结构中哪些特征会首先导致这种高度竞争和资源缺乏的情况。

虽然我们的话题才刚刚开始,但一些读者或许已经嗅到了

---

① Human flourishing，指人在物质和精神两个方面取得自我实现，达成一种生命圆满、幸福的状态。中文常译为"人的兴旺发达"或者"人类的繁荣"，但这显得过于注重器物层面，本书中将此译作"人的兴盛"。——译者注

"下诱饵再调包"的气味。本书承诺讨论机会平等，但是在讨论机会的同时似乎又忘记了平等的问题。让人人享有更广泛的机会和让这些机会对人人均等是两码事。以"机会平等"这一术语在政治话语和哲学作品中的通常含义为准，机会多元主义是在广义上对机会平等的一种构想。此外，本书认为机会多元主义是一个有力的视角，通过这个视角可以考察平等主义者和机会平等的倡导者所关心的各种社会正义问题。机会多元主义为前面提到的平等主义变革提供了强有力的论据，同时也能支持过去、现在和未来的其他变革，包括那些平等主义理论可能忽视的变革。

要理解为什么有必要以这种新奇和陌生的思路来重新阐释机会平等的工程，我们首先需要考察和探讨以往有关机会平等的常规思路存在着哪些缺失。

一　如何思考机会平等

让我们先退一步。许多类型的平等都有价值，为什么偏偏机会的平等是一个如此有力而且引人共鸣的理念呢？原因有很多，其中有两个原因与本书的论点特别相关。首先，机会平等不仅是一种平等，而且是一种自由①。机会给我们提供了在其

---

① 在这一点上，机会平等并不是唯一的自由，许多其他重要类型的平等都不可避免地构成了某种类型的自由，或者成为其组成部分。政治平等就是一个例子。

他情况下不可能获得的自由来做事和为人①。正如上面的例子所示，机会平等扩展了教育、职业和其他领域中对我们开放的路径，因而也给了我们追求更加自主的人生道路的自由，使我们不必受制于有限的运气。就自由而言，这是一种十分重要的自由。

其次，机会在塑造我们身份时发挥了作用，因而具有了独特的价值。机会不仅打造了我们追求的路径，还塑造了我们发展的技能和才智，以及我们构建的目标。我们并非生来就有固定的偏好、志向或者能力，而是在与这个世界以及我们面前的机会不断互动的过程中才逐渐发展出这些特征。因此，机会深刻地影响了我们的发展和身份的形成。人们在讨论机会时往往倾向于将其限定在特定的语境中，特别是在儿童发展和早期教育这些人类潜力尚未成熟之时。实际上在成年之后的整个人生中，机会都会持续而深刻地塑造我们②。

现代社会中存在各式各样的机会不平等，其中许多不平等又以复杂的形式相互作用或者重叠作用，或者二者皆有。当一些父母在孩子睡前给孩子讲小故事而其他父母没有讲时，早期

---

① 这里所说的自由并不只是免于法律和政府干涉的自由。这里所指的自由是实际上有能力做成某事或者成为某种人的自由。相关讨论参见 G. A. COHEN, *Freedom and Money*, in ON THE CURRENCY OF EGALITARIAN JUSTICE AND OTHER ESSAYS 166 (Michael Otsuka ed., 2011).

② 这里重视机会平等的第二个理由和第一个理由之间的关系复杂，它们在一定程度上相互论证。机会平等为我们提供了自由，也正是部分地通过机会，我们才能发展和改进行使这种自由时的偏好和价值观。

的机会不平等①就已经形成了不同地区的学校往往会扩大而不是缩小儿童在入学前就已经形成的发展差距②。同时，对工作环境中的变量做了良好控制的研究显示，对名字听上去属于白人的应聘者，雇主提供回访和面试的可能性依然要远远大于给其他应聘者回应的可能③。许多青年人，特别是富裕人群的子弟，往往可以借助父母或家庭获得工作机会④。这些例子仅仅涉及了几个大而全的领域。由于机会不平等的形式多种多样、

---

① 参见 ADAM SWIFT, HOW NOT TO BE A HYPOCRITE: SCHOOL CHOICE FOR THE MORALLY PERPLEXED PARENT 9 - 20 (2003)（指出了包括在睡前讲故事在内的一整套育儿行为都会将优势传递给孩子，从而造成机会的不平等）。
② 参见本书第 318 页起的第四章第一节（三）（论述了经济隔离带来的学校差异）。
③ 参见如 Marianne Bertrand & Sendhil Mullainathan, *Are Emily and Greg More Employable than Lakisha and Jamal? A Field Experiment on Labor Market Discrimination*, 94 AMER. ECON. REV. 991 (2004)（对在波士顿和芝加哥两地刊发招聘启事的雇主进行研究，发现在其他条件都不变的情况下，仅把简历上方的名字换掉，就会造成回访率的巨大差异）。
④ 比较 Miles Corak & Patrizio Piraino, *The Intergenerational Transmission of Employers*, 29 J. LABOR ECON. 37, 48 - 49 (2011)（从一个加拿大的大数据中发现，大约有40%的儿子曾作为其父亲的雇员工作过，而如果父亲非常富裕，即其收入在最高的1%人群之中，那么这个数字会急剧提高到70%），以及 Linda Datcher Loury, *Some Contacts are More Equal than Others: Informal Networks, Job Tenure, and Wages*, 24 J. LABOR ECON. 299, 310 (2006)（1982年美国的问卷数据显示，许多青年人通过"上一辈中认识老板或者能够提供推荐信的男性亲戚"找到工作，而且这些青年人的"收入远远高于那些通过正式渠道申请工作的人"）。

4 无处不在，再加上机会对我们的人生和发展有着极其深刻的影响，因而现代社会中机会不平等这个大问题实在是太过庞杂，难以厘清。

因此，我们把这个大问题分解为几个小问题来解决。最常见的做法就是关注特定领域中的机会平等问题，比如在大学录取中，或者是在大型公司的招聘选择上。在这些存在竞争的领域中，对机会平等的讨论常常落入俗套，变成对功绩（merit）、歧视以及优惠待遇的争论。而在其他一些领域，我们又会引入完全不同的概念工具。当我们讨论与学龄前儿童进行口头交流所带来的机会，或是不同的学校给学生带来不同的教育机会时，我们是用发展学的术语而不是用择优录取（meritocratic）① 的术语来讨论机会平等。

有时我们也会跨界思考。在这种情况下，我们在讨论机会不平等时，往往将问题聚焦到某个理论上比较容易驾驭的维度，从而变相地缩小了问题的范围。最常见的办法是把问题集中在经济机会上，特别是集中在家庭背景与经济成就的关系上，或者是阶级出身与阶级归宿的关系上，其原因就是，这样做能够抓住机会不平等中一个非常重要的维度。

将机会平等的问题分解为这类小问题似乎很有好处，甚至是不可避免的。否则问题该从何谈起呢？在诸如大学录取这样的特定领域中，为机会平等提出一个连贯一致（哪怕是有争

---

① Meritocracy，在政治哲学中指政治权力应当根据个人的能力和功绩进行分配，中文常被译作"精英统治"或"任人唯贤"，均不准确。本书中采用"能人统治"的译法，在引申到教育领域时则译作"择优录取"。——译者注

议性）的方案是可行的，而让整个社会在任何时候都为所有社会成员提供完全平等的机会，这绝对是难以想象的。问题还在于，没有什么证据显示这种安排是值得我们期许的①。然而在分解机会平等问题的过程中，我们也会丢失不少重要的东西。

比如说以阶级出身和阶级归宿作为衡量机会的框架就有其局限性。在父系社会中，女性有可能在一般的家境中长大，然后通过嫁入豪门而取得"阶级"意义上的成功。这一轨迹体现了阶级的流动性；这样的事例越多，阶级出身和阶级归宿之间的关系就越弱。然而与此同时，这位女性若想扮演不同的人生角色并实现不同形式的"人的兴盛"，可能只有几条非常有限的路径可供她选择。

还有更复杂的例子，设想一位生活在现代社会中的女性，这个社会中的性别体系尽管被保留下来，但已经发生了变迁。当今社会中所有的工作机会都对女性开放了，但实际上大多数优质的工作机会只对单身的、无子女的女性（以及所有男性）开放。在这种条件的制约下，虽然从理论上说，所有的路径都对这位女性开放，但是许多路径的组合是不畅通的。假设这位女性的选择是婚姻、养育子女、较高的生活水平和一定的快乐与满足，那么，她的机会，也就是她在构建这样的生活时所能做出的选择组合是相当有限的。这些限制可能不仅会影响她的人生轨迹，而且会影响她的偏好和价值取向，甚至可能会影响她对人生目标的选择以及追求这个目标的路径。当然，从快

---

① 参见本书第73页起的第一章第三节（一）（论家庭问题）。

乐、偏好和满足等角度来看，这样的状态或许并没有什么不好。但是，从上述两个需要珍视机会平等的理由来审视这个例子，问题就严重了。只是因为社会这样要求妇女，她就必须在选择不同的人生道路时面对各种限制吗？

只关注大学录取这样的特定领域同样有其局限性。在这些领域中讨论机会平等时，我们一般会假设存在一个对所有相关人士都开放的竞争和申请机制。无论我们如何定义机会平等，我们的问题往往集中在：这样的竞争机制究竟怎样才能提供种族、性别，或者基于其他人口变量组合意义上的机会平等。许多更大的问题都不在我们的讨论范围中，例如为什么这些开放的机会一开始就很稀缺；为什么会有这么多的申请者；在申请过程中，如何判定什么是"功绩"；而个人又是如何发展并获得各种"功绩"的。以孤立的眼光来审视特定的竞争领域，我们就会把最终结果看作某种目标或者终点，甚至是某种奖励或者奖赏。然而，如果我们把镜头推得更远一些，就会发现在更大的机会结构中，每一次竞争的结果都是下一次竞争的起点[1]。大学录取的决定会塑造一批大学生的学历、技能和人口分布，他们毕业后会继续参与其他竞争，比如竞争在《财富》榜单上世界500强企业中的工作机会，或是竞争在军旅生涯中晋升为军官的机会[2]。

各种竞争和发展阶段的串联，使我们很难孤立地确定在某个特定领域中如何做才会带来机会平等。每次竞争中的优胜者

---

[1] 参见本书第97页起的第一章第三节（三）（论起跑门问题）。
[2] 参见本书第107~108页（论"格鲁特"一案的意见陈述）。

所拥有的技能、资历和其他优势都是以前竞争和以前发展机会的产物,而后者常常是不平等的。如果成功是成功之母,在取得成绩后又继续以新的、更好的发展机会强化这种成功,那么机会平等这个整体诉求就会和奖励绩效的机制全面冲突。

这样的话,最早期的发展机会在人生中就具有重大意义,这比任何可奖励的绩效都更早出现。然而,这些最早期的发展机会,正是平等主义政策干预最难以触及之处。在如何育儿这个问题上,父母拥有也应该拥有最大的自由。社会虽然有能力并且有必要为资源有限的父母提供帮助,但是,除非把孩子(特别是最占优势和最为弱势的孩子)从父母身边带走,或是采用一些不合情理的、反乌托邦式的,或二者兼有的手段,否则很难想象有什么途径可以在实际中将所有儿童的发展机会都平等化①。

当我们把注意力放在大学录取等特定的竞争上时,我们有时会忽视一些更大的议题,比如,这些竞争在人们的生活轨迹中发挥了怎样的作用?很多国家在20世纪引入了各种考试制度,从很小的年龄起就给儿童划分出不同的路径,而这些路径最终会塑造他们的未来②。比如,英国的"11+"考试,它类似于智商测试,根据成绩将11岁和12岁的儿童分入不同的中学。这样的制度对一个人今后的机会有巨大的影响。对这种制度的一个主要批判,是认为它强化了已有的机会不平等:考试

---

① 参见本书第73页起第一章第三节(一)(论家庭问题)。
② 参见本书第97页起第一章第三节(三)(论考试制度和起跑门)。

按照在不平等的发展机会中获得的技能和能力将儿童分类，然后作为奖励，为那些已经享有良好发展机会的儿童提供更好的发展机会。对这种将儿童归类，使他们步入不同的人生轨迹的做法还有其他各种批判。并不是所有的人都会在11岁或者12岁时，就对接受教育如此认真，很多人是到18岁，甚至30岁时才开始认真学习。无论是11岁、12岁，还是进入大学的18岁，为什么某个特定年龄段的成绩要对人生轨迹有如此大的影响呢？

并不是一定要以这种形式来建构教育机会。比如在美国，社区大学提供了转入四年制大学的机会，为那些在十几岁时表现欠佳的青年人打开了一个驶入机会高速公路的"入口"。如果我们假定最初的遴选机制在各个方面都是公平的，因而不论是在18岁还是在11岁，所有人都拥有同样的机会，那么很多机会平等的理论都无法解释提供这类"入口"的价值何在。如果每个人从出生起就拥有公平的机会，那么对许多理论来说，就没什么问题可以讨论了。没有理由因为一些人没能抓住第一次机会，就展开对社会是否应该提供补救机会的讨论。然而，如果我们所关心的是为人们提供追求各自人生的自由，使他们的人生在更大程度上是自我选择的结果，而并非受制于有限的机会，那我们就应该不仅关注从出生起就存在的机会，而且还应该关注人生道路其他节点上所获机会的多寡，包括那些因为各种原因在特定年龄段没有实现目标的人群所应享有的机会①。

---

① 参见本书第214页起第三章第一节（三）（论反瓶颈原则）。

引 言

通常，我们思考机会平等的思路还有一个更深层、更根本的概念问题。简单地说就是，很多人认为当每个人都能达到与其才智和努力相对应的水平时，机会平等的条件也就存在了[①]。实际上，我们常常以此来定义机会平等。比如约翰·罗尔斯对"公平的机会均等"（Fair Equality of Opportunity，FEO）原则就是这样定义的："假定要对自然资产进行分配，那么那些具有同等才智和能力并同样愿意利用这些资产的人，都应该有取得成功的同样前景，而不管他们在社会制度中的初始地位如何。"[②]按照这个看法，成功是才智、努力和机会结合的产物；当才智和努力这二者就能决定成功时，机会也就是平等的了[③]。

这个理论框架需要在机会之前就存在独立于机会的"天生"的能力和才智。这个前提简单明了，而且与基因技术时代大众对遗传和环境的理解一致。然而事实并非如此[④]。正如笔者将在第二章中指出的，我们不是白纸一张——每个人都有差异，对不同的环境和机会有不同的反应[⑤]。我们不能把才智

[①] 参见本书第42页起第一章第一节（一）（论罗尔斯的"公平的机会均等"）。这是过度简化，正如第一章所论，在这个抽象层面有许多理解机会平等工程的方式。但这里暂时采纳这种人们通常接受的、符合直觉的看法。

[②] JOHN RAWLS, A THEORY OF JUSTICE 63 (rev. ed. 1999)。以下简称"TOJ"，本书所有对TOJ的引用皆指修订版文本。

[③] 这样讲忽略了运气。但把运气包括进来也不能解决这几段要讨论的问题。对运气平等主义的讨论，参见本书第53页起的第一章第一节（三）。

[④] 参见本书第132页起的第二章第二节。

[⑤] 因此，并不存在一个机会的集合，为所有人的平等划出一条公平的基准线。参见本书第172页起的第二章第五节。

8 或者努力中的任何一部分孤立于这个世界赋予我们的机会和体验之外。相反，我们的所有属性和我们做的所有事情都是个人与环境环环相扣的互动产物——我们的自我、努力和机会等在长时间的相互作用下使我们成为我们现在这个样子①。我们不可能把一个人从自我中分离出来，更不可能把这个人"天生"的能力从发展机会带来的层叠效应中分离出来。因此，要把"天生"才智或者努力从机会和其他因素中分离出来的做法，从根本上来说是不能自洽的。我们需要另辟蹊径来建构机会平等的理论。

最后一点是，通过聚焦于某个单一的结果和奖励的度量来分解机会平等的问题，这样做也存在局限性。这种单一度量的研究方法的确有很多优点，它能帮助我们把复杂多面的问题变得易于掌握。因此，对机会不平等的量化实证分析，特别是经济学家所做的工作②，倾向于专攻某个衡量经济成功的单一度量，这个度量通常是收入水平。更为哲学化的探讨，则常常使用其他更复杂的度量单位。比如我们会讨论获得快乐、幸福、优势，或者其他能够占有更多罗尔斯所说的"基本物品"的社会地位所需的平等机会。无论度量单位是什么，我们都把机会平等的问题转化为另一个问题，也就是如何让人们有更公平

---

① 参见本书第 155 页起的第二章第四节（阐述了这种层叠的相互作用）。

② 与之不同的是，社会学家，特别是欧洲的社会学家，在阶级分析中倾向于不以单一的等级化度量来划分阶级。参见如 Richard Breen, *The Comparative Study of Social Mobility* in SOCIAL MOBILITY IN EUROPE 1, 9–14 (Richard Breen ed., 2005)。

的机会来更好地获取我们所选定的度量物。

在过去几年中，阶级不平等和阶级流动性的问题，特别是阶级出身和阶级归宿之间的关系占据了美国的公共话语。这是几十年来都未有的现象。这是一个积极的发展，在任何一个阶级问题突出的社会中，都需要讨论父母的阶级成分是否或者在多大程度上预定了他们子女的阶级成分。同时，仅以阶级这个单一度量为工具，又很难探索到现代复杂社会中导致社会流动和社会固化的所有值得注意的维度。比如，社会学家和劳工经济学家已经注意到，子女不仅会继承父母的社会经济地位，更重要的是，许多子女直接继承了父母的职业选择；我们越是细致地整理特定职业领域的数据，所发现的父母与子女就业之间的联系就越为紧密，随机的概率也就越小①。子女可能因为很多相互关联的原因而继承父亲或母亲的职业方向，或是具体的职务选择。这可能是因为父母展示了某一路径的吸引力，使子女对这一路径产生了兴趣；可能是因为父母给了子女特别的发展机会和知识；可能正是父母帮助子女获得了这一就业机会；也可能是子女已没有其他的选择。子女继承父母进入特定的职业，会加剧广义上的阶级不平等。即使不会引起这种不平等，也有值得担忧之处。

我们可以假设一个非常极端的例子来阐述这一点。假定在

---

① 参见如 Jan O. Jonsson et al., *Occupations and Social Mobility: Gradational, Big-Class, and Micro-Class Reproduction in Comparative Perspective*, in PERSISTENCE, PRIVILEGE, & PARENTING: THE COMPARATIVE STUDY OF INTERGENERATIONAL MOBILITY 138 (Timothy M. Smeeding et al. eds., 2011).

某个社会中，每个人都必须学习父亲或母亲的职业技能，以便至少能够继承一方的职业。假定这个社会中所有的就业机会都能带来大体上相同的收入、声望和其他回报（不一定是完全相等的——可能在某个职位上，有些人做得好，有些人做得不好，但对不同职业而言，分配的结果大体一致），以收入度量而言，可以实现完全的机会平等，即收入高低与家庭背景完全无关。然而，如果我们注重个人自主选择生活道路的自由，那么这种只能提供有限机会的社会就很令人担忧。同样，在我们的社会中，如果某个职务和职业方向的准入，不仅在一定程度上受到阶级背景的影响（这本身已经很成问题），而且还受到该行业的父母或亲属所带来的特殊发展机会和就业机会的影响，那这将是个十分令人忧虑的问题。

  无论把注意力放在哪种单一的结果度量上，都会造成对机会如何影响我们的生活这一问题平面和有局限性的理解。比如两个阶级背景相近的人，一个人在美国一所大学就读，有着广阔的就业前景和人生选择；另一个人的家庭则要求他在18岁中学毕业后就必须加入家族企业，而他也确实这样做了。假定这二人在经济上同样成功，生活中同样快乐，同样受人尊敬，他们的人生同样充实，而且几十年以后，各自都更加偏好自己的生活而不是对方的生活，他们既不互相羡慕，也不愿意交换位置。但即使如此，也很难说他们二人拥有完全平等的机会。实际上，存在一些对他们的人生和偏好有重大影响的机会差异，而这些差异在收入这个度量上完全无法体现出来，因为两个人的收入都很高。对结果的度量无法帮助我们理解他们面对的不同路径——也就是他们所能看到的不同的人生目标，而正是这个差异使他们以不同的形式实现了"人的兴盛"。

这里欠缺的思路是：机会的重要性并不是体现在它能够帮助我们在某个度量上取得好的成绩和结果，而是体现在通过选择某一类机会，我们才在建设人生时获得了重要的材料。不同的人生追求和路径都有其价值所在，它们的价值可能相互冲突。机会之所以重要，是因为它能让每个人在面对自我选择的人生路径和追求的问题时，都可以自由地构建和修正自己的答案。

二 机会多元主义

本书所讨论的是社会如何建构机会，以及它应当如何建构机会。这个主旨比如何将机会平等化，或者定义机会平等状态的理论都更为宽泛。正如前面所讲，平等化常常被作为思考机会分配和建构问题的最佳范式，我认为有理由质疑这样的做法。机会平等化不仅在某些情况下无法实现，或者不值得期许，而且还忽略了很多其他的东西：它没有触及社会应当如何建构机会这一议题中许多规范性层面的问题。

许多人认为"平等"不能准确地描述机会分配中最重要的部分，毕竟不是只要简单地"铲平"，就可以实现平等[1]，例如一场大的自然灾害就能夺走许多人的机会；我们应当关注

---

[1] 有大量文献以"铲平"来反对平等原则（尽管不一定和机会相关），参见如 Derek Parfit, *Equality and Priority*, 10 RATIO 202, 211 (1997); Larry Temkin, *Egalitarianism Defended*, 113 ETHICS 764 (2003).

的是其他分配原则,比如"最大化最小值"(maximin,改善机会最少人群的机会)原则,或者"优先"(priority,致力于改善所有人的机会,但优先考虑那些机会最受限制的人群)原则①。在日常的政治话语甚至是哲学写作中,"机会平等"这个词的范畴足以容纳下各种不同的原则,尽管这些原则在严格意义上并不是关于平等的原则。"机会平等"在这个广义上涵盖了本书同样基于广义平等主义传统的论点。然而,我的主旨并不是简单地提出一个类似"最大化最小值"或者"优先"的分配原则②。要阐述上述所有问题,我们需要在思考机会和机会分配时,做出更为根本的思路调整。

所有这些问题都使这个任务更加棘手。我们希望不仅关注单一的竞争和发展领域,而且要将不同的竞争和发展阶段统筹

---

① 例如上面提到的罗尔斯的"公平的机会均等"概念,实际上并非致力于实现严格意义上的平等,而是实现"最大化最小值"。这个概念明确允许根据"最大化最小值"的要求偏离绝对的机会平等:在且仅在"改善缺乏机会人群的机会"这一情况下才允许机会不平等的存在(RAWLS, TOJ 266)。对如何诠释"公平的机会均等"原则中"最大化最小值"这个常常被忽视的方面有一些模糊空间。参见 THOMAS W. POGEE, REALIZING RAWLS 165 – 181 (1989)。另一个可能的分配原则"足够"(sufficiency)也能引用到机会问题上。参见 ANDREW MASON, LEVELING THE PLAYING FIELD: THE IDEA OF EQUAL OPPORTUNITY AND ITS PLACE IN EGALITARIAN THOUGHT 145 (2005)(把一个部分追求足够基本教育机会的方案作为"机会平等"的一种方式)。

② 说到底,本书的论点是与某种"优先"原则相容的,我也同意这种"优先"原则。参见本书第 280 页起的第三章第三节(一)。

考虑；我们希望在讨论中不仅包括家庭背景带来的机会，还包括人生各个阶段的机会；我们希望突破天生才智的假设，以一个在哲学上对人生发展层累过程的务实描述为讨论起点；最终我们在意的不仅仅是单一的结果，或者奖励的度量，而且是人们自己构建的各种丰富的、不可通约的人生目标；我们希望关注的是这些看上去不可能完成的任务。完全抛弃已有的、将复杂问题分解为可解决的小问题的处理办法，通常并不是解决问题的最好办法。但是正如前述，以整体而非零碎的视角来审视机会结构，这样做有很多益处。本书（不可避免地）提出了一些将大问题分解为小的、可操作问题的新方法，但同时也指出只有留意机会结构的整体形态这个更大的问题，才能很好地将大问题分解。仔细观察就会发现，其实这些结构性的问题早已潜伏在许多已有的关于机会平等的讨论之中了。

在伯纳德·威廉姆斯（Bernard Williams）1962年那篇实至名归的著名论文中，他以武士社会为例引发争论。这个例子在本书中也将扮演重要角色[1]。在这样的社会中，有两个世袭的种姓：武士和非武士。武士保卫社会，需要发达的体育技巧，而对这一重要工作的奖励则是社会能为其提供所有的声望和美好的事物。平等主义的改革人士认为这是不公平的，他们成功地改变了社会规则；公平的体育竞赛取代了世袭的种姓制度，武士的名额有限，但任何家庭背景的16岁青年都可以尝

---

[1] Bernard Williams, *The Idea of Equality*, in 2 PHILOSOPHY, POLITICS, AND SOCIETY 110, 126 (Peter Laslett & W. G. Runciman eds., 1962). 我的版本又给这个例子加入了一些细节。

试赢得这个头衔。结果是武士的后代实际上一生都在为这场竞争受训。他们的营养更好、更健康、更强壮、更自信,他们总是能够胜出。虽然形式上的机会平等已经实现,但每个人的社会角色依然由家庭背景来决定,与过去相同的实质上的机会不平等依然存在。威廉姆斯认为,这种"所谓的机会平等徒有其名——确实,如果这种平等不能更加有效,那么还不如说它根本就不存在"①。在决定节点处的形式上的机会平等本身不能取代机会平等原则的作用,这还不够。我们至少还要解决竞争之前的发展机会(或者缺乏发展机会)问题②。

这一点直接引出了许多深层次的问题。一方面,不可能让两个人的发展机会完全平等,即使在科幻的世界里,让两个人在几乎完全一样的环境里长大,由于他们是不同的个体,他们与环境的互动也不可能完全一致,因此,他们不可能拥有完全一样的发展机会③。另一方面,也不应该使两个人的发展机会完全平等。许多不平等都是源于平等主义公共政策不应该触及的领域,比如父母在育儿时的一些自由裁量权④。

如果我们接受发展机会的不平等会或多或少地存在,那么武士社会这个例子所展现出的问题就更加棘手。即使没有对社

---

① Bernard Williams, *The Idea of Equality*, in 2 PHILOSOPHY, POLITICS, AND SOCIETY 110, 126 (Peter Laslett & W. G. Runcimaneds., 1962).
② 参加本书第 36 页起的第一章第一节(一)(机会平等的不同概念论述)。
③ 参见本书第 148 页起的第二章第三节,以及第 172 页起的第二章第五节。
④ 参见本书第 73 页起的第一章第三节(一)(论家庭问题)。

会学或者理性选择理论的深入了解，我们也不难预测出在任意年龄段引入关键性考试可能带来的后果。父母会运用他们的（各种）资源让子女在竞争中占据优势。资源的差异将影响竞争的结果。这个社会将面对与现代关于优惠待遇争论类似的复杂的社会正义问题：是否应当照顾来自弱势群体的孩子，给他们加分，从而在某种程度上弥补他们曾经缺乏的发展机会？① 我们应当以现在的成绩为准，以未来的绩效预测为准，还是应该以评判每个人如何利用了已有的机会为准？②

还有一些其他同样可以预测出来，但较少会引起讨论的后果。对许多孩子来说，考试前多年的训练正是其为考试成功所做的准备，考试的结果将是衡量他们成功或失败的最主要标准。他们的目标就是考试成功，加入武士阶级③。无论考试成功与否，这个目标都将塑造他们的人生发展和人生计划。

武士社会是一个有价值的思想实验，但不是一个令人向往的社会。其社会秩序过于单一化。只有一种职业，或者说很明显只有一种职业值得追求；对考试失败的人而言，没有其他路径可选。由于整个社会都是建构在这个考试之上，每个人追求成功和实现人生的路径都是一致的。这样的社会缺乏使当代世界变得丰富多彩的"多元主义"，即多种多样的可选路径和就业领域，以及在某种程度上对哪种路径最好或者最有价值的不同看法，以至于不会出现人人都去争抢几个相同的稀缺位置的情况。

---

① 参见本书第84页起的第一章第三节（二）（论功绩问题）。
② 同上。
③ 参见本书第111页起的第一章第三节（四）（论个性问题）。

值得庆幸的是，武士社会不是任何现代社会的真实写照。但在许多方面，现代社会都或多或少与武士社会有相似之处。假设存在一个叫作"大考社会"①的虚构社会，其中有各种职业方向，但所有这些职业的准入都取决于人在16岁时的一场考试成绩。可以预料的是，大考社会和武士社会有许多相同的特征：尽管人们可以追求不同的目标，但都需要通过大考的结果来决定人生前景，因而人们必须把所有精力（包括任何能够给予子女的优势）都集中在这场考试上。在机会结构中存在一个狭窄区域，只有成功地通过这个狭窄区域才能成功地追求各种有价值的目标，我把这个狭窄区域称为"瓶颈"，而上述的考试正是"瓶颈"的一个极端例子。

瓶颈的形式不一定是考试。比如，在存在歧视和种姓的社会中，成为优势阶层的一分子是至关重要的资格条件：只有来自合适的种族、性别或者家族的人，才能走过通往机会的独木桥。其他人也有可能伪装成优势阶层的一分子，混过瓶颈而达到机会的彼岸。

在第三章中，我将详细地阐述瓶颈的概念，我把这样的瓶颈称为"资格瓶颈"（qualification bottlenecks）。我还会引入另外两种瓶颈。一种是"发展瓶颈"（developmental bottlenecks），这并不是指在特定时刻决定命运的某种考试或者某种资格条件，而是指一些关键的发展机会，只有通过这些机会，人们才能发展出追求社会提供的各种路径时所需要的重要能力或技能。假设一个社会中几乎所有的职业以及职业之外的许多活动都需要

---

① 参见本书第97页起的第一章第三节（三）（论大考社会）。

识字。在这种情况下，不管在关键节点是否引入文化考试，发展"识字"能力的机会都构成了重要的发展瓶颈。没有这个能力，许多路径都将成为死路。

另外一种瓶颈叫作"工具性物品瓶颈"（instrumental-good bottleneck），这是指想法各异的人在追求各自迥异的目标时，都不约而同地发现需要同一种工具性物品才能实现他们的目标，一个典型的例子是金钱。工具性物品瓶颈压缩了多元的目标和偏好，使人们的目标和偏好趋于同质。设想有 10 个人，他们根据各自的特征和喜好，会对幼教老师、警察、投资银行家等职业做出 10 种不同的排序；但再假设在其所生活的社会中，由于某种原因，金钱变得比任何事物都更为重要，因为它对每个人实现自己更多目标起着关键的作用，譬如大量的金钱对获得人身安全和健康具有不可替代的工具作用，而这 10 个人虽然非常在意其他具有特别重要意义的目标，但是更加在意自己的人身安全和健康的话。那么在这种情况下，原本根据爱好对 10 种不同职业所做出的排序就会被压缩成一个单一的衡量标准，即人们会更加青睐能够给他们带来更多金钱收入的职业[①]。这并不是因为他们变得更加贪婪，也不是因为他们赋予金钱的内在价值发生了变化，只是因为金钱在这里上升为一种瓶颈，也就是说，在每个人想实现自己的目标时，金钱在工具性这一点上变得更加不可或缺。如果获取（足够多的）这种物品的难度增加，那么工具性物品瓶颈就会更加狭小。也就是

---

① 见本书第 300 页起的第四章第一节（一）（论对向下流动性的恐惧）。

说，假设我们改变了金钱的分配方式，使得只有很少的职位和职业能够让人们跨越实现其主要目标所需的门槛，出现这种变化后，人人都会试图争得这些极少的高收入职位。除非有其他特殊的爱好，否则无论个人的偏好和价值观如何，在面对这样一个瓶颈时，一个理性的人都会尽力把获得这些高收入职位的机会最大化，原因就在于金钱造成的差异太大了。

这个金钱的例子说明瓶颈是不可避免的。我们无法在建构机会时完全消除瓶颈。然而，对机会的不同建构会影响各种瓶颈的严重程度。在第三章中，我抽象地描述了两种社会建构机会的模式，我把它们称之为"单一"的和"多元"的模式。

单一模式与武士社会和大考社会类似①。在单一模式下，每个人对职业和自己想要的社会角色都有相同的偏好。这可能是由于社会陈规的强大压力造成了规范性多元主义的严重缺乏，以至于每个人的人生规划、珍视的美好事物以及希望追求的目标都空前一致；也有可能是工具性物品瓶颈过于强大，把人们不同的价值和目标压缩成为对某一种职业和社会角色最优的单一排序方式。在这种单一模式下，所有这些理想职位和角色在数量上都是固定的。让个人能够竞争这些位置的预备位置，如学历、文凭、学徒工、初级职务等，一样也是有竞争性的，而且数量也是固定的。获得这些职位、角色和预备位置所需的资格对全社会来说都是相同的。必须在某个特定年龄、按照正确的顺序依次获得这些预备位置才行。此外，个人无法自己创造新的领域、职业和角色。机会结构从个人角度来看，完

---

① 见本书第 195 页起的第三章第一节。

全是外在的和固定的。

　　这个抽象的模型是光谱上的一个最远点。而另一侧的最远点则是描述起来略微复杂的多元模式。在多元模式中，人们对何为美好的生活看法迥异，他们向往的社会角色和职业偏好也各不相同。这些社会角色和职业能够真正给人们带来不同的、不可通约的价值取向。可能与不同的人生相对应的是不同形式（或者几种形式相结合）的人的兴盛①。因此人们对何谓"成功"也是仁者见仁、智者见智。这要求社会中包括金钱在内的工具性物品瓶颈不太严重。人们珍视的许多物品并非是占有性的，也就是说，并不会因为他人也拥有就不能享用。

　　在多元模式中，许多不同的机制和把关者（gatekeeper）采用不同的标准来决定谁可以获得某种特定的职位或角色。这类职位和角色大部分没有固定数量，也就是说，根据追求人数的多寡，其数量可多可少。让人们能够有资格竞争这些位置的预备位置也是如此。在多元模式中，许多重要的教育经历、学徒工和初级职务等不再是数量有限、竞争激烈的零和博弈，而是相对具有了非竞争性。即使有竞争时，也不再是单一的竞争，而是存在多种竞争。不同的机构采用不同的标准，因而没有一个标准能造成严重的瓶颈现象。此外，人们在任何年龄都可以追求任何其他路径。

　　最终，在多元模式中，为许多受人珍视的角色和职位把关的，是最去中心化的事物，即市场。那些有志于担当这些角色

---

① 参见本书第278页起的第三章第三节（论完美主义和本书中人的兴盛的作用）。

的人，不需要说服大机构或者招生委员会来使自己获得这个位置，而只需要打出广告、挂上牌子就可以了。要想形成这样的多元模式，其前提就是能够相对容易地获得资本、知识以及其他相关的资源，否则，获取资本和知识的要求就会成为限制人们获得机会的强大瓶颈①。在多元模式中还有更深层的企业家精神这一维度。在武士社会中，只有一种职业；在单一模式中，职业和工作地点在整体上是固定的；而在多元模式中，社会让每个人都能够自主地创造新的领域和追求以前不曾有过的事业。机会结构的这个维度也不仅限于经济领域，在多元模式中，个人有足够的社会和经济空间来从事约翰·斯图尔特·密尔（John Stuart Mill）所说的那种"生活中的尝试"，为自己和他人创造新的活动、角色和社会组织形式。

　　本书的主旨是推进我称为"机会多元主义"的理念，即社会应当将机会结构从单一模式转向多元模式的理念。在第三章中我将详述为什么这种转变，即使是微小和渐进的，也值得我们努力；以及这种转变可能对效率造成的负面影响，这种负面影响其实并不一定有我们想象得那么严重②。不过在这里，让我首先解释一下向多元模式转变会如何改变社会中的一些重要激励因素。

　　大考社会中的父母像武士社会中的父母那样，理所当然地

---

① 此外，市场本身绝对不能制造或强化瓶颈，比如在市场中会出现广泛的歧视。
② 参见本书第267页开始的第三章第二节（八）。效率这个问题很复杂。虽然单一机会结构通常会包含代价最小的考试机制，但是也包含了对人力资本的最大浪费。

将自己所有的优势传给子女,而子女也会运用自己手中所有可用的工具来提高考试成绩。由于考试是通往所有人的(偏好非常特殊的人除外)理想路径时必须通过的瓶颈,因此不这样做就是非理性的。如果家长认为子女可能被其他方向或者其他活动所吸引,就会用尽全力来打消孩子的这个念头,使其回到原本的任务上。考试就是衡量成功的准绳。看到面前横亘着如此难以逾越的瓶颈,任何一个年轻人大概都会将获取成功的定义内化,并且以此来组织自己的生活。

更多元的机会结构带来了不同的激励因素。它给个人提供了思考的空间,使人们能够对自己该选择何种路径来达理想的人生目标进行个性化和持续的反思。处于多元机会结构中的人,不再被锁定在一连串与同龄人的零和博弈中,而是能够看到在自己面前有许许多多迈向不同路径的台阶。只要踏上这些台阶——在许多情况下是改变思想或者开始尝试其他事物——人们就可以追求各自不同的生活目标。不论这些目标最终能够实现多少,但至少这些目标与单一模式中的趋同目标相比,更多的是来自每个人自身的偏好与选择。

此外,多元机会结构保证了那些一开始没有成功的人——比如因为各种原因辍学的人——不至于失去一切。许多路径的起点对他们始终是开放的,同样,对那些在一条路上走了多年以后又决定重新开始的人来讲,也是如此,他们能够通过逐渐积累的经验和资格来追求其他目标。

这个理念的彻底实行可能存在一些天然的限制。人生只有这么长;需要花费很多时间才能学会做好一件事;对儿童来说不难发展的能力,到成年时要想获得就更为困难。社会秩序会通过任意的、刚性的结构来强化这些自然限制，使得人们只有在特定年龄时期、通过特定的竞争才能追求特定的路径。而机会多元主义的存在，削弱了社会秩序的这种强化能力，通过降低这些竞争所起的作用，机会多元主义缓解了（虽然不能消除）上述的许多问题，包括早期优势被不断放大而造成落后者无法赶上的一连串问题。

如果有多种路径，而且每个路径都有其诱人之处，那么这也能改变机会结构的形态。机会结构将不再是经过一系列零和竞争通往越来越窄的顶端这样金字塔式的结构，而是看起来会像一座城市，其中有许许多多不同的结构、道路和入口，使人们无论身处何方，对于下一步怎么走、追求什么样的目标都能够拥有多种选择。

三　本书理论的影响

机会多元主义对很多领域都有重大影响，我在本书中探讨的只是其中的一部分。有时本书理论所得出的结论与其他广义上的机会平等理念的结论遥相呼应：种族歧视、教育不平等、社会经济隔离、医疗差异以及约定俗成的性别角色体系，都可以被理解为在制造机会结构中的瓶颈。而某些考试制度、对学历的要求、经济组织的形式、死板到令人压抑的社会规范，以及我们通常思考机会平等时没有考虑到的许多其他问题，也都会产生这样的效果。

机会多元主义，特别是有关瓶颈的概念，应当促使我们重新审视物质不平等的问题为什么重要，以及如何重要。如果我们把物质财富的差异主要理解为收入的不同,那么我们的关注点可能就会转向那些制造出收入不平等的条件,讨论这些条件哪些是相对公正的,哪些是很不公正的。然而,从机会多元主义的视角来看,重要的不是结果的不平等,而是初始的不平等。如果财富的差异只是让一些人比其他人消费了更多的奢侈品,那么尽管从一些视角来看,这在道德上是个重要的问题,但它对机会结构的影响却很小。不过,如果从物质不平等驱动机会不平等的角度来看,金钱则是一个强大的工具性物品瓶颈。如果富人子弟生活在"机会之地",而其他人生活在"贫困之地",二者的发展体验就会大大不同;如果金钱是进入高等教育的钥匙,如果许多职业路径只对无薪的实习生开放从而造成必须要有父母给予经济支持的状况,那么构建机会多元主义就需要在减少物质不平等的同时架设通路。通过这些通路,才能让那些缺少财富、在很多情况下无法得到机会的人获得机会①。

第四章讨论了机会多元主义对公共政策和制度设计的一些影响,但这里的讨论肯定不能面面俱到。机会多元主义会涉及我们究竟需要什么样的资本主义体系这一问题:每个人的命运都取决于少数大机构中掌权者的决定,这不是我们需要的资本主义体系;我们需要的是有很多不同特性的机构以不同的标准来行事,因而建立新的事业也就相对容易的资本主义体系②。它还牵扯到社会福利政策。在一个社会保障网络十分有限的社

---

① 参见本书第297页起的第四章第一节(论作为瓶颈的阶级)。
② 参见本书第331页起的第四章第二节(一)。

会中，金钱会成为更强大的工具性物品；没有足够的金钱就会面临巨大的风险。一个试图推广机会多元主义的社会，应当尝试建立起一种允许个人选择高风险路径的社会保障网络，比如说可以辞掉工作来创业，或者在更广的意义上，使个人可以自主地建构自己的目标，并且根据多元的标准来选择各自的生活路径，而不是简单地依赖对金钱或者其他类似的工具性物品的需求来选择①。

劳动市场的某些灵活性对机会多元主义是十分重要的。但这不一定要与现在时髦的"灵活性"话语相匹配。虽然提供灵活的、"对家庭友好"的就业机会能够缓解一种重要的瓶颈制约，但这种政策也可能会强化另一种——可能是更根本的瓶颈制约——以性别为基础的职业隔离和性别角色的强化②。

一些最普遍的瓶颈都和所谓的地理机会有关。不幸出生在某些地区的人不得不面对一系列相关的制约，这些制约共同构成了难以通过的瓶颈：不好的学校除了教学质量差以外，其能提供的同窗、校友和成人交际网络也无法帮助学生接触到许多社会本可以提供的路径，更不用说帮助学生追求这些路径了。因此，正如第四章所讨论的，机会多元主义借鉴了许多融合和开放的策略，这些策略能够帮助个人在这些条件下追求更多元的人生路径。③

---

① 参见本书第300页起的第四章第一节（一）和第331页起的第四章第二节（一）。
② 参见本书第337页起的第四章第二节（二）（论灵活度以及"理想工人"的规范与性别瓶颈）。
③ 参见本书第318页起的第四章第一节（三）。

引 言

　　机会多元主义提供了一个独特的大体策略，将机会不平等的巨大图景分割成为一个个可驾驭的部分。其策略是这样的：寻找瓶颈，优先寻找那些单独的，或者组合起来后将个人从许多路径和机会中制约出去的瓶颈；然后适当地结合以下两种办法：或是帮助人们通过瓶颈，或是帮助人们绕过这一瓶颈。比如说在英语是强大瓶颈的社会中，解决的办法是，在提供更多学习英语机会（帮人通过瓶颈）的同时，也尝试扩大那些对不会说英语的人也能开放的路径（帮人绕过瓶颈)[1]。

　　让我们暂时搁置这一办法造成的一些重大问题，比如，在什么情况下这一策略或者策略组合是不适宜的，以及我们如何确定哪个瓶颈最严重这种更宽泛的问题。后一个问题相当棘手，因为它涉及通过追求不同路径达到不同形式的人的兴盛这个过程中最重要的核心，即终极价值的认定。我在第三章中认为，无法完全主观地依据每个人自己的偏好来地回答这个问题。我们需要界定人们可能希望获得的人的兴盛中客观的维度是什么，但仍需要一个很浅显的界定[2]。需要这样的界定是因为机会塑造了我们的偏好；这也是机会之所以重要的原因之一[3]。在这个界定的基础上，我们才能决定在机会结构诸多的瓶颈中，哪一个对人们获得机会构成最重大的影响。

　　缓解瓶颈和推广机会多元主义并不只是国家的任务。私人

---

[1] 参见本书第 255 页起的第三章第二节（五）（论如何处理瓶颈）。
[2] 参见本书第 278 页起的第三章第三节（论这种弱完美主义）。
[3] 参见本书第 180 页起的第二章第五节（三）（论我们如何在与机会的互动中发展出自己的偏好）。

机构，甚至是个人也可以去做。雇主和教育机构所做的选择，不仅仅是雇佣或者录取哪些人，还应该包括如何建构职业和教育路径，这些对机会结构有重大的影响。在一个机构内部或者机构之间向上攀升的阶梯在这里是很重要的；此外，打包成为职务的各种任务组合也很重要。

机会多元主义是审视机会平等法律的有力视角。我们可以大体把这个领域的法律理解为一个反瓶颈原则。本书的结尾将探索以这种视角审视反歧视立法得出的出人意料的心得①。

歧视制造瓶颈。从这个角度来说，性别歧视就是指必须是男性（或男性身份有优势）才能追求的某种机会——也许还包括必须是女性（或女性身份有优势）才能追求的某种机会。即使两性各自的机会都有完全相同的价值，但如果其造成很多其他人无法追求能够给自己带来人的兴盛的路径，那么这种对单一性别的制约，将是明显的规范性瓶颈。

反歧视立法面对的一个深层而棘手的问题，就是应该针对哪些歧视来立法。在种族和性别之外，对体重、社会经济地位或者家庭责任的歧视是否也应该相应地被视为非法，或者在规范性上受到质疑？消除瓶颈的原则为这个问题提供了指引。法律应当注意上述每一个变量是否（以及在何种程度上）构成了实质上的瓶颈从而制约了个人的机会。如果在一个庞大而复杂的社会中，有一个小雇主歧视肥胖人群，那并不是什么大问题。这对某个肥胖的人获得机会的影响是很小的。但是如果有

---

① 参见本书第348页起的第四章第三节（论作为缓解瓶颈办法之一的反歧视立法）。

很多这样的雇主，或者一些机构和制度以此为规定来大规模歧视肥胖人群——特别是如果这种歧视超出了就业领域影响到其他各种机会，那么体重歧视就成为重要的瓶颈了。此时，就有确凿的理由来论述反歧视保护，或者制定适当的法律回应这种规范性歧视，也就十分必要了。

针对瓶颈来进行反歧视立法，这可能为当前反歧视立法领域前沿的实践提供了最好的解释。美国的许多州今年都通过了新的法律，禁止在招聘时进行信用检查，不准雇主发布"失业人士免谈"的招聘启事，规定雇主不能在一开始的申请表格中就询问申请者是否曾被判有罪[1]。多数标准的以群体为基础的反歧视立法理念，都不认为应当保护失业者、信用较差的人士和刑满释放的人士。然而，通过消除瓶颈这个视角，我们就会看到其合理性所在，并且会认识到它和反歧视立法是一致的：它们都致力于打开那些已经限制或者有可能限制个人机会的瓶颈。当信用检查如此廉价以至于多数雇主都会采用时，信用不佳的人就会被阻挡在大多数就业机会之外（这也逼迫他们重建信用）。通过反瓶颈原则的视角，可以看到这和半个世纪之前在工作单位中时兴智商测试所引发的差别性影响（disparate impact）有相似之处[2]。当时的情况是：一系列成本越来越低的测试有成为就业领域中无处不在的瓶颈的危险，而这个瓶颈由于其负面的种族影响，强化了机会结构中一个更大

---

[1] 参见本书第348页起的第四章第三节（一）（论这些法律及其影响）。

[2] 参见本书第246~248页起的第三章第二节（三）（论"格里格斯诉杜克电力"一案）。

更严重的瓶颈,即对有色人种而言十分有限的就业机会。

因此,反瓶颈原则提供了一个新思路来理解反歧视立法中的一些核心特征,特别是美国关于差别性影响的法律,以及欧洲关于间接歧视的法律。我们通常通过反歧视行动的视角来看这些法律;我们只是把这些法律作为将机会从一个群体重新分配到另一个群体的间接手段。而在操作中这些法律并非是完全的零和博弈。当一个关于差别性影响的诉讼推翻了非就业领域中任意设置的测试或要求时,其受益者不仅仅是原告集体,还包括所有难以通过这些瓶颈的人。该法律所做的就是打开瓶颈——移除那些可能阻碍人们获得机会的任意设置的、不必要的障碍。当然,关于差别性影响的法律并不是针对所有瓶颈,而是针对一些行为而制定的,这些行为强化了更大的歧视性瓶颈并且限制了机会,制约了一些具有受保护特征的人群的生活前景。同样,关于差别性影响的立法,不仅缓解了那些受保护人群所面临的瓶颈,也缓解了我们所有人所面临的瓶颈①。

残疾人保护法有时也是这样的。比如,通过改变实体环境中的一些特征使其更加易于通行,这一系列法律使残疾人以及其他人能够进入在其他条件下无法进入的空间。当我们重新设计机会结构的方方面面——包括实体环境在内——使其打开瓶颈时,受益的将是广泛而各异的人群。打开瓶颈,不仅是将利益或机会输送给某类人群,打开瓶颈的价值在于它能帮助我们以多元的方式重新塑造机会结构中的一些内容。

本书剩余的部分是这样安排的:第一章将审视许多知名的

---

① 参见本书第 370 页起的第四章第三节(五)。

和在规范性上引人入胜的机会平等理论,指出它们都面临一些严重问题,而机会多元主义可以缓解这些问题;第二章重新构建了机会与人的发展之间的关系,提出哪怕在理想的理论中也不可能使两个人的机会平等,即使在概念层面也不可能存在这样的社会,使得人人都能达到与其天生才智和努力相对应的水平,因此,不能把机会作为一个总量来再分配或者平等化,我们应当考虑如何重新构建机会,使人们在生命的各个阶段都可以获得更广泛的机会;第三章提出我们应该按照多元模式而不是单一模式来构建机会,这一章解释了我们如何能部分地通过打开瓶颈来进行机会重组;第四章将这个理论运用到三个复杂的问题上,即阶级不平等与教育隔离、就业灵活性以及反歧视立法。

本书的部分主旨是超越关于机会平等的公共讨论,这种讨论因为过度关注功绩、能人统治、歧视和优惠待遇而受到限制。当我们就这些熟悉的问题展开关于机会平等的讨论时,我们倾向于提出政策上的解决方案,例如精英机构实行优惠待遇,从贫困和弱势的群体中挑出那些在他们那种环境中也能取得罕见成绩的个人。为这些杰出个人提供机会是很重要,同样重要的是让人们能接触到更多的发展机会,从而使这些人能够成长起来。同时,还有一点很重要,那就是也要为那些不能在弱势环境中取得超凡成就的大多数人提供更多的机会。

机会多元主义不仅致力于为那些展现出特别才智和潜力的人打开更多的人生路径和机会,而且致力于为所有人——包括那些表现不佳以及那些没有充分利用已有机会的人——打开更多的路径和机会。我的意思不是说要为不能胜任一些职位的人提供这些职位,也不是说这些职位应当优先考虑"资格较差"而不是较好的个人。我的意思是应当超越原有的假设,即所有人都被固定在对稀缺位置的零和博弈中,有人所得就必然有人所失。当然,实际情况经常是这样的;在某种程度上也会一直如此。但本书呼吁的是超越这种熟悉的政治版图——一块充满优惠待遇论战的断壁残垣的版图,它假定零和博弈不受我们的制度和政策选择影响,而是这个世界的外生事物。机会多元主义将关于机会的讨论转移到我们不熟悉的话语上,它不把机会结构作为已经定型的事物,也不把关注点放在如何在这个结构中以公平的方式让个人为竞争位置做好准备,或者如何选出称职的人。机会多元主义要求我们通过宏观或微观的方式来重新搭建结构本身,打开更多的路径,使人们能够追求那些最终有助于实现人的兴盛的活动和目标。

第一章
机会平等及其问题

人们对机会平等的含义存在深刻分歧。一部分原因是人们不能就更大的正义问题达成共识,而这就决定了他们对机会平等存在不同看法。还有部分原因是,有时同一个人也会以机会平等来代指不同语境下的不同事物。本章无意对所有的机会平等理论做出全面概述,但是,为了指出多数当代机会平等理论的谬误,我们必须首先了解这些理论的正确之处——也就是那些能令人信服之处。

因此本章分为三个章节。第一节重新构建了一些重要的机会平等理论,包括那些最为引人入胜的理论。第二节提出,无论采用哪一种理论,都有理由珍视机会平等。第三节随后提出,所有这些理论,包括其他以相同或者类似论点为基础的理论,都存在根本的缺陷,以至于其目标不仅是无法实现的,而且在很多方面甚至根本就不具有吸引力。机会平等之所以无法实现,不只是受制于现实中的制约因素,还有许多更深层次的原因。正是这些问题使得通常意义上的机会平等,只能是一个无法实现的理想。而在某些方面,机会平等即使在理想的理论中，也是根本不可能实现的。

在本章的结尾，我们差不多陷入了僵局。机会平等吸引我们的规范性理由依旧诱人，然而，机会平等的问题看上去却又是无解的。本书的主要观点就是想给这个僵局提供一个解决方案——尽管是不完美的方案。本书的第三章更加完整地阐释了机会多元主义，我的论点并不是说这个理论能够解决本章提出的所有问题，而是说机会多元主义在一定程度上缓解了这些问题。因此，机会多元主义使我们更加有可能在理想的理论和实际的生活中，实现那些促使我们珍视机会平等的目标。

一 机会平等的概念

当人们在公共话语和哲学著作中谈论机会平等时，看上去好像是在讨论好几个问题。造成这种印象的部分原因是，关于机会平等的论战往往至少会在三个不同的（但相互关联的）领域展开。首先是特定的决定和选择节点，比如雇主的招聘和晋升决定，以及一些教育机构的录取决定。这通常是讨论歧视、优惠待遇和择优录取的领域。其次，教育和其他发展机会塑造了这一领域中竞争者应该具备的能力和资格[①]。最后一点是，许多关于正义的概念都要求我们以更加整体的视角来审视人们一生所有的机会，即要求我们全面深入地思考，人们在生命中拥有的优势和机会在很多情况下是不是公平或者平等的。

"公平竞争"大概是我们能想到的最熟悉的一个机会平等

---

① 第二章将详细关注这一发展领域。

原则。这个原则认为在特定的决定或选择节点上，受到评判的应该只是那些与申请者未来在所申请位置上的表现相关的一些特征①，即只是预估申请者的表现。公平竞争的原则旨在选择的节点处创造"公平的竞争环境"。尽管对这个理念可以有不同的解读，但最符合我们直觉的解读是：竞争的规则、条件和目的绝对不能为了照顾某些人而发生倾斜。艾瑞斯·杨（Iris Young）的理论很有说服力。她认为，我们常常在定义表现时加入一些特定的文化性或者群体性假设，因此竞争的"目的"必须是公平的②。对群体的歧视，比如对种族和性别的歧视，虽然不是唯一违反公平竞争原则的方式③，但却是具有代表性的例子。

机会平等最简单的概念始于公平竞争原则，也终于公平竞争原则，我将其称为"形式上的机会平等"（formal equal opportunity）。在这个概念中，机会平等指的只是在工作面试一类的竞争环境中择优录取时的公平；这个原则不涉及总体的人生和发展机会。伯纳德·威廉姆斯所举的武士社会的例子，大

---

① 这个理念在就业领域很简单明了。在教育领域则还需要其他的东西：我们需要界定教育机构的办学宗旨才能确定谁最能符合这个宗旨。参见本书第51页的第1脚注。
② 参见 IRIS MARION YOUNG, JUSTICE AND THE POLITICS OF DIFFERENCE 201-206（1990）。作者进一步论证说，基本上无法以技术官僚和价值中立的方式来定义工作表现。这个论证十分有力。本章中所谈到的机会平等理论都在某种程度上依赖于对成绩和工作表现的稳定定义，因此我们这里必须暂时忽略这个深层的质疑。
③ 比如，任人唯亲就通过照顾个人而违反了公平竞争的原则，但这可能并不会导致对某个定义明确的群体的歧视。

大缓解了形式上的机会平等存在的局限性①。在威廉姆斯的故事中,形式上的机会平等已经实现,然而虽然有公平竞争,但非武士子女仍然无法通过考试成为武士。当然,违反形式上的机会平等的种姓制度已经不存在,人们不会因为来自非武士家庭就被社会拒之门外。但是来自非武士家庭的人,仍然因为不能获得武士子弟才能获得的资源和机会而无法在竞争中取胜,因而在竞争中被排除在外。威廉姆斯认为,这种竞争"对多数人来说是虚假的,甚至带有反讽意味"②。如果机会平等的概念要比这个例子更有实质性内容,就必须涉及发展机会的公平,或者更广义上的整个人生机会的公平。

下一章将会谈到,全面定义"平等的"发展机会是相当困难的③。我们在直觉上认为,人人都应享有平等的发展机会,也就是肯尼迪总统在一次关于民权的讲话中所说的"发展才智、能力和激励因素以及自我成长的平等权利"④(这个讲法认为发展激励因素与发展才智和能力同等重要)。但即使要完美地把平等的发展机会概念化也是非常困难的。不同的人对不同的机会有不同的反应,此外,不同的人因不同的动机和激励会偏好不同的机会。但我们可以暂时抛开这个问题。在当

---

① Bernard Williams, *The Idea of Equality*, in 2 PHILOSOPHY, POLITICS, AND SOCIETY 110, 126 (Peter Laslett & W. G. Runciman eds., 1962),参见本书第 16~19 页。
② 同上。
③ 参见本书第 172 页起的第二章第五节。
④ President John F. Kennedy, Radio and Television Report to the American People on Civil Rights (June 11, 1963), available at http://www.jfklibrary/Asset-Viewer/Archives/TNC-262-EX.aspx.

今的世界中,许多群体无论在绝对意义上,还是在相对意义上,都只有很有限的发展机会,扩展他们的机会肯定会使发展机会变得不那么不平等,即使我们还无法准确描述平等的终点到底是什么样的。

许多当代的机会平等理论把发展机会作为一个更大的原则,我们称之为"公平的人生机会"(fair life chances)原则。这是第三个领域,即整个人生中的机会平等。公平的人生机会原则有很多版本,但是几乎所有版本都至少会同意,人生机会不应当取决于出身背景。我们可以把这个理念具体化:假设我们在医院里看到几个新生儿,我们只知道他们的种族、性别、父母收入、将来的成长环境,以及其他类似的因素。我们只把这些人口和地域特征作为出身背景,而完全不知道他们现在的才智水平或者将来的才智潜力①。如果人生机会是公平的,那么我们就应该无法准确地预测,他们当中哪些人会成功,哪些人会失败。公平的人生机会原则也可以通过描述公平竞争的环境来理解。在这个理念中,人生的总体环境应该是公平的,不应该由于出身背景的不同,而使某些人处于劣势(下面会提到,运气平等主义者在这里走得更远。他们对公平的人生机会原则的解读是:成功的机会不应该取决于纯粹的运气,无论这

---

① 读者可能奇怪,为什么把听上去是个人特征的种族和性别作为出身背景之一。尽管肤色可能不完全是出身背景,但种族却是。种族在一定意义上要看这个人出生在怎样的社会中,这个社会对其身体特征和父母的特征有什么回应。性别也是如此,即使一些生物上的特征不能成为出身背景,但性别却是出身背景之一。

种纯粹的运气是不是以出身背景的形式出现)。

公平竞争和公平人生机会的原则——其中发展机会的平等通常作为公平的人生机会的一个组成部分,扮演辅助角色——并不是哲学家所关注的问题。它们共同反映了萨缪尔·谢夫勒(Samuel Scheffler)所提到的在"多数自由社会中占主导地位的政治道德准则"对机会平等的定义①。政治领袖经常同时提起这些原则。比如,小布什总统在第一次就职演说时就承诺,将为那些"因为差劲的学校、隐性的偏见和出身背景而使理想受限的美国公民"② 采取措施来解决这个问题。这个简明的说法不仅涵盖了形式上的机会平等——"隐性的偏见"一部分应该指的就是违反形式上的机会平等的各种歧视,而且还包括了发展机会的平等("差劲的学校")以及更广义的人生机会取决于出身背景的问题。

在许多情况下,这些原则的声音是一致的。这也是我们通常把这几个原则统一为"机会平等"概念的原因之一。公平竞争原则和公平的人生机会原则各自都能为本书一开始提到的平等主义变革提供理论基础,比如,取消男女隔离,实行男女同校,使教育机构对原先被排除的群体开放,废除世袭特权以及确立不分性别、种族或阶级皆有追求事业的权利。诸如此类的变革既符合公平的人生机会原则(因为它可以缓解出身背景带来的各种劣势),也符合公平竞争的原则(因为它可以让

---

① Samuel Scheffler, *What is Egalitarianism*, 31 PHILOSOPHY & PUBLIC AFFAIRS 5, 5–6 (2003).

② President George W. Bush, First Inaugural Address (Jan. 20, 2001), available at http://avalon.law.yale.edu/21st_century/gbush1.asp.

第一章 机会平等及其问题

原先被排除的群体加入竞争)。

我们之所以认同这些原则有许多理由。公平竞争的首要论据是就业环境中的效率:从雇主的角度而言,如果未来的工作表现能够公平地定义并且准确地预测出来,那么雇用那些未来表现会更好的员工意味着效率的提高。公平的人生机会和公平的发展机会也能促进效率提高,而社会将机会开放,可以促使人们发展潜能,提升人力资本,从而带来宏观效率①。公平竞争的论据有时来自于各种关于"应得"(desert)的概念,尽管应得与公平竞争的联系比表面上所看到的要模糊得多②。有时对公平的人生机会原则的表述是为了促进或维持社会合作的背景条件③。这两个原则,特别是公平的人生机会原则最常见的论据是这两个原则促进了分配的正义,也就是说,促进了哲学家所说的"平等主义正义货币"(currency of egalitarian justice)

---

① 公平竞争主要是关于微观效率,也就是在企业级别上的效率。在公平竞争原则压倒公平人生机会原则的地方,如果一些人由于有限的人生机会无法发展出他们的人力资本,那么,结果并不一定就是宏观上的高效率。见本书第267页的第三章第二节(八)。

② 参见 DAVID MILLER, PRINCIPLES OF SOCIAL JUSTICE 156–176 (1999),米勒极具说服力地论证了一个人不能因为过去的表现值得奖励,或者获得过奖励,就应该获得工作机会。不过,他也认为符合资格的应聘者,其后在工作中的表现如果值得奖励,那么也可以说他们值得获得这份工作。

③ 这一类论据可参见 Seana Valentine Shiffrin, *Race, Labor, and the Fair Equality of Opportunity Principle*, 72 FORDHAM L. REV. 1643, 1653 (2004)。

的公平分配①。最后一个理由下面还会提到，即提倡这些机会平等是为了促进人生规划不再由有限的机会所决定，从而使人们更能按照自己的意愿选择人生路径，实现人的兴盛②。

对机会平等这个概念的不同理解导致这些原则在细节上有所不同，并且将这些原则以不同的方式结合起来。我们已经看到，形式上的机会平等认为公平竞争就是机会公平的全部内涵，而完全不触及公平的人生机会或者发展机会的公平。其他的机会平等理论更加复杂。在本节剩下的部分中，我们将考察四种这样的理论以及它们之间的差异：罗尔斯式的机会平等、起跑门理论、运气平等主义和罗纳德·德沃金的独特观点。这样做的目的不是确定哪种理论最有说服力，而是理解它们的内涵从而引出第二节和第三节中的论点。

（一）罗尔斯的机会平等和起跑门理论

约翰·罗尔斯影响深远的"公平的机会均等"（FEO）③原则是一种结合公平竞争原则和公平的人生机会原则的方式。罗尔斯认为，人生机会不应该取决于出身背景，而是应该仅仅

---

① 参见 Amartya Sen, *Equality of What?* （May 22, 1979）in 1 THE TANNER LECTURES ON HUMAN VALUES 195 （Sterling M. McMurrin ed., 1980），全文可见 http://www.tannerlectures.utah.edu/lectures/documents/sen80.pdf.，哪一种"货币"是最佳选择，换句话说，应该将分配正义视为金钱的分配，还是基本物品、资源、能力、运气或者其他事物的分配？该文为这个持续至今的大论战定下了基调。

② 参见本书第 62 页起的第一章第二节。

③ RAWLS, TOJ, at 63.

取决于"才智"和"努力"①。因此他认为，我们刚才提到的公平竞争原则（罗尔斯称之为"事业向人才开放"）是不够的。我们还必须加上另一条原则：

> 这里的思想是：地位不仅在正式的意义上是开放的，而且所有的人都应该有取得这些地位的公平机会。这里的意思一下子看不清楚，但我们可以说，具有相似能力和技艺的人应该具有相似的生活机会。说得更明确点，假定要对自然资产进行分配，那么那些具有同等才智和能力并同样愿意利用这些资产的人，都应该有取得成功的同样前景，而不管他们在社会制度中的初始地位如何，就是说，不管他们出生于什么收入等级的家庭，在社会的各个部门，每一个具有相似动机和天赋的人，都应该有大致平等的文化和成功的前景。具有相同能力和抱负的人的期望，不应受到他们的社会阶级背景的影响。②

在这一段话中，罗尔斯提到了几个不同版本的变量，以及这些变量是否应该影响人们"成功"的前景和职位的获得，或者人的"文化和成就"。就不影响个人前景这一点而言，社会阶级背景显然是罗尔斯的典型案例，但他也提到了更广义上的"在社会系统中的初始位置"。在其他地方，罗尔斯从这个

---

① RAWLS, TOJ, at 63；另见 MILLER, PRINCIPLES, 117。他也为一种社会理想辩护，认为"每个人获得的优势和奖励的机会应当完全取决于他自己的才智和努力"。

② RAWLS, TOJ, at 63.

典型案例出发,认为我们在评价社会基本结构时所用到的"相关的社会地位",也应该包括由"性别"或者"种族和文化"决定的地位①。对罗尔斯的最佳解读是每个人的成功前景,即获得理想职位的前景,应当与出身背景无关②。

另外,罗尔斯认为有一些因素可以合理地影响人们的前景。对此他有几种不同的提法:"能力与技艺""才智与能力……以及运用这些才智与能力的意志",还有"动机与天赋"。第一种提法似乎忽略了努力,而剩下的提法则明确认为,重要的是才智和努力的结合(在其他地方罗尔斯也提到过这种说法)。然而罗尔斯对"才智"的定义有其模棱两可之处,而这一点十分重要。

对此有两种可能的解读。一种解读是,他所说的才智指的是在成年人寻求就业时"已经发展出的才智"。在这种解读中,"事业向人才开放"应当是职业申请的指导原则。根据这个原则,为了使每个人都有"公平的机会",我们要做的是在更早的阶段提供发展机会,以使人们能够有资格来参与竞争。

另一种解读是,罗尔斯推进的是我称之为"起跑门"(starting-gate)的观点。起跑门的观点认为,要实现机会平等,

---

① RAWLS, TOJ, at 84–85.
② 罗尔斯主要的关注点是社会阶级,也就是我们出生在社会结构中的范式(罗尔斯在《正义论》一书中只在上面所引的段落中提到了种族)。但这只不过是没有刻意强调。就他的理论逻辑而言,公平的机会均等原则对影响人们前景的各种出身背景的人都同样适用。

第一章 机会平等及其问题

必须在"起跑门"之前就实践某种发展机会的公平原则（比如在 16 岁，或者 18 岁，或者在进入工作岗位时）；然后，也就是在"起跑门"之后，再实践某种公平竞争的原则。按照这种"罗尔斯起跑门"的观点，公平的机会均等原则应当限于起跑门之前更早的阶段，那时就需要将发展机会平等化（比如在个人开始竞争工作机会之前的教育阶段）。罗尔斯的观点与这种解读是一致的。在下一段中，罗尔斯认为公平的机会平等原则除了需要其他条件外，还需要"所有人的教育机会平等"，以及其他能够使发展机会变得更加平等的变革①。在起跑门之后，"事业向人才开放"才应当是社会准则。

然而又有确凿的理由表明，罗尔斯眼中的才智指的是其他事物，即不受发展机会中的社会差异影响的"天生才智"。罗尔斯用"天赋"一词来指"自然资产"，在引用的段落之后又指"能力和才智的自然分配"②，这表明就公平的机会均等原则而言，重要的是天生的才智，而不是发展出来的才智。信奉罗尔斯的平等主义者关注天生才智，不依赖起跑门这样的设置（在这一章的后面，我将讨论这一理论的严重缺陷），认为我们能够部分地通过改变公平竞争方式而将公平竞争与公平的人生机会结合起来：在公平的机会均等原则中，只有当竞争能够公平地衡量"天生才智外加努力"，而不是个人由于其在"社会系统中的初始位置"而获得的优势时，这种竞争才是公平

---

① Rawls, TOJ, at 63. 他认为"学校制度……应以打破阶级界线为目的"，而且财富的集中也应该受到限制。

② Rawls, TOJ, at 64.

的①。我们把对罗尔斯的第二种解读称为"罗尔斯式的平等主义"观点。这并不是因为对罗尔斯只能这样解读,而是因为这是更加令人信服的解读,而且能够帮助我们更好地聚焦于下面将要讨论的问题②。

罗尔斯式的平等主义观点和形式上的机会平等观点,这二者之间的差异可以理解为对"功绩"的不同定义,这里的功绩指的是能够影响一个人获得特定职位或者其他稀缺的、有价值的位置的个人情况。对形式上的平等主义者而言,功绩是简单明了的概念:那就是完成工作的能力。我们把它称为"形式上的功绩"。形式上的功绩包括发展得来的能力,比如武士子弟由于出身背景占优势而得到的强壮体魄。因此,按照形式上的平等主义观点,由于武士子弟所做的准备要比非武士子弟多,拥有更多的功绩,因而只有他们才能成为最好的武士。我们可能不喜欢这样的结果,但是,形式上的平等主义者会说,实际情况就是如此。无论武士社会有怎样的问题,都是能人统治的社会。而罗尔斯式的平等主义者则不认为武士子弟就一定拥有更多的功绩。对罗尔斯式的平等主义者而言,功绩最好被理解为才智和努力,而这种才智和努力应该能够排除出身背景

---

① 参见本书第 84 页起来第一章第三节(二)。
② 比较 Clare Chambers, *Each Outcome is Another Opportunity*: *Problems with the Moment of Equal Opportunity*, 8 POLITICS, PHILOSOPHY & ECONOMICS 374, 385 – 387 (2009),结论是"无论罗尔斯的实际想法是什么,至少可以说,支持罗尔斯的公平的机会均等原则、反驳事业向人才开放的论据,同样也可以反驳"我称为起跑门的观点。

第一章　机会平等及其问题

带来的特殊优势。这个观点认为，武士子弟从特殊的训练和自己父母提供的更好的营养中获得的额外优势，并不能构成功绩。

所有的平等主义者大概都会认为，应该将武士子弟特有的发展机会更广泛地分配给社会。鉴于这个社会的机会结构，武士的技艺是至关重要的；每个人都应该接受这方面的训练。但是假设无法将发展机会平等化①，那么如果罗尔斯式的平等主义者要想实践公平的机会均等原则，就必须着力于改变竞争的方式及其结果，使这个过程能更好地反映出罗尔斯式的功绩，即天生的才智和努力，而不是包括出身背景影响在内的形式上的功绩。这最后一点，也是罗尔斯式的平等主义者与鼓吹起跑门的理论家们分道扬镳之处，后者认为只应将起跑门之前的机会平等化，而在这之后，只要按照形式上的功绩来组织公平竞争就可以了。

尽管我认为按照最佳的解读，罗尔斯并不是起跑门理论家，但其他很多学者都认为他是②。起跑门理论在起跑门的两侧运用了不同的原则。然而其理念基本上针对的都是起跑门之前人生机会的公平问题；而在起跑门之后占主导地位的就是某种公平竞争原则。下面我也将谈到，这种做法实际上存在严重的缺陷。不过，罗尔斯式的平等主义自身也有深层次的问题。天生才智真的能从出身背景带来的优势中分离出

---

① 在任何一个合乎情理的社会中，哪怕是相当平等主义的社会中也会存在一些发展机会的不平等。参见本书第73页起的第一章第三节（一）。

② 参见本书第97页起的第一章第三节（三）。

来吗？后天的努力也能被从这之中分离出来吗？①

（二）考试、偏向性和"增强版的形式平等主义"

罗尔斯式的平等主义者与形式上的平等主义者对"功绩"含义的分歧比表面上显示出来的更为深刻。当形式上的平等主义者论证武士子弟比非武士子弟拥有更多的功绩时，这个观点有一个事实上的前提条件，即武士资格的考试确实能够按其设计，准确地预测出未来武士的表现。但是如果不能呢？我们可以设想各种情景，其中带有偏向性的考试系统过高地估计了武士子弟未来的表现，同时也低估了非武士子弟未来的表现。

这里我把"偏向性"定义为，在统计误差之外，考试成绩与对未来表现最准确的预测之间的差距②。偏向武士子弟可以有很多方式。考试可能包括一些武士子弟通常会得分更高的考核点，比如"仪态"，人们可能认为这能够预测未来的表现，但实际上并非如此。武士子弟或许会提前得到一些针对考试的辅导，从而使他们获得更高的成绩，但未来的实际表现未必会因此而提高（或者说提高考试成绩的幅度超过了提高未来实际表现的幅度）。吃不好早餐（哪怕只是在测试当天）的子弟在考试时或许不能发挥全部实力。又比如一些非武士子弟

---

① 我在第 84 页起的第一章第三节（二）讨论了这些问题。
② 当然，"当下最准确的预测"本身就不一定很准确。因此这个"偏向性"定义只包含了考试结果与"当下最准确的预测"这个标准之间的差距。

可能长期营养不良、身体虚弱，仅凭一顿优良的早餐无法弥补这个缺陷，但如果有几个月武士级别的早餐和训练，他们的力量与成绩就能显著提高①。

在存在"偏向性"预测的情况下，形式上的平等主义者会倡导提高考试的准确性（比如取消考试中最容易通过辅导提高的部分，这或许有所帮助）。但是假设：①找不到绝对准确的测试方式，而且，②我们在一定程度上能够准确地了解考试"偏向性"的程度和方向——也就是"偏向性"可能会影响的人群的特征。这时，一些形式上的平等主义者确实会对考试中未来表现被低估的群体给予一定的加分补偿，我们姑且把他们称之为"增强版形式平等主义"（formal-plus）者。这里需要明确的是：给予加分补偿仅仅是为了更准确地预测谁会在未来成为最好的武士。

增强版形式平等主义在现实世界中有其倡导者，尽管他们在倡导形式上的机会平等的人中只占少数。温顿·曼宁（Winton Manning）倡导的就是一种增强版的形式平等主义。他是"教育考试服务中心"（ETS）的资深学者，该组织是美

---

① 也可能一些非武士子弟在考试中因为"成见威胁"而成绩较差，即受到对其阶层不能胜任武士职责这种成见带来的心理影响。研究"成见威胁"的经典论文是：Claude M. Steele & Joshua Aronson, *Stereotype Threat and the Intellectual Test Performance of African Americans*, 69 J. PERSONALITY & SOCIAL PSYCHOLOGY 797 (1995)。

国的非政府组织,负责包括 SAT 在内的各种教育入学考试①。曼宁在 1990 年提出,ETS 在 SAT 成绩之外,还应该加上"学术才智"(Measure of Academic Talent,MAT)的分数,也就是根据一些人口学上的"背景变量"调整过的 SAT 成绩。曼宁的目标是让 MAT 能够比 SAT 更好地反映出应试者在大学中的学习成绩。换句话说,MAT 的设计初衷是为了给形式上的功绩提供更有效的度量②。就大学而言,定义形式上的功绩本身就有些复杂,也颇有争议性;一种结果度量是重视学生在大一

---

① SAT 即"学术评估考试"(Scholastic Assessment Test),应用于美国大学录取。我是从 NICHOLAS LEMANN, THE BIG TEST: THE SECRET HISTORY OF THE AMERICAN MERITOCRACY 271 – 277 (rev. ed. 2000) 一书中得知 MAT 的。

② 见上引书目第 271~272 页。曼宁相信,MAT 能够更准确地预测大学成绩,但是这个计划被取消,他的计算方式也没有得以发表。见上引书目第 275~277 页。一些第三方的实证研究认为,SAT 成绩至少对黑人大学生来说并没有低估他们的大学成绩。见 Christopher Jencks, *Racial Bias in Testing*, in THE BLACK-WHITE TEST SCORE GAP 71 (Christopher Jencks & Meredith Phillips eds., 1998)。一些学者则确认,SAT 成绩或者类似的成绩和其他度量方法的组合,实际上会高估黑人学生的大学成绩。RICHARD SANDER & STUART TAYLER, JR., MISMATCH: HOW AFFIRMATIVE ACTION HURTS STUDENTS IT'S INTENDED TO HELP, AND WHY UNIVERSITIES WON'T ADMIT IT 25 (2012)。另外,根据对结果变量不同的定义,无论 SAT 成绩还是大学成绩,对黑人或者其他群体未来的人生成就都提供了有负面"偏向性"的预测。大体见 WILLIAM G. BOWEN & DEREK BOK, THE SHAPE OF THE RIVER: LONG-TERM CONSEQUENCES OF CONSIDERING RACE IN COLLEGE AND UNIVERSITY ADMISSIONS (1988)。

时的成绩,但这当然不是唯一的度量①。不过,增强版形式平等主义的核心目标是明确的,即通过补偿考试中的"偏向性"而使对应试者未来表现的预测更为准确。

如果目标只是预测的准确性,那么增强版形式平等主义在逻辑上就很有说服力。然而在现实世界中,非补偿的形式平等主义观点更为主流,原因大概是对以下三点存在认知上的怀疑:第一,"偏向性"是否存在;第二,我们是否有能力度量出"偏向性";第三,"偏向性"对所确定人群的影响是否一致。形式平等主义的倡导者也可能会反对根据一个群体的概率信息来对某个个案做出判断,哪怕关于这个群体的信息能够在统计意义下提高个案中对表现预测的准确性②。即使不从上述角度提出反驳,形式上的平等主义者如果力求预测表现,也应该接受增强版平等主义的观点。不管以我们手头哪种考试的成绩来定义"功绩",都只是循环论证,禁

---

① 到底哪种结果度量对大学录取而言是恰当的,这个问题的困难之处就在于,大学培养学生在许多不同而且根不无法相互比较的领域中奋斗。大一时的成绩除了比较容易度量之外,其吸引考试设计者的原因是,大学的招生老师注重找到在大一时表现良好而且不会退学的学生。然而在概念上,这样的短期度量,最多也只是对申请者长期轨迹的预估,说得好些是不完美的预估,说得不好些就是存在系统化"偏向性"的预估。参见 Susan Sturm & Lani Guinier, *The Future of Affirmative Action*, in WHO'S QUALIFIED? 3, 7 - 10 (Lani Guinier & Susan Sturm eds., 2001)。

② 对这个反驳,见 DAVID MILLER, PRINCIPLES OF SOCIAL JUSTICE 168 - 169 (1999)。有意思的是,米勒本人不认为这个反驳适用于上述例子。见该书第 175 页。

不起推敲①。

对罗尔斯式的平等主义者而言，增强版的形式平等主义已经是进步了，但还是不能令人满意。当然，罗尔斯式的平等主义者会说，如果能够通过公平的方式来设计出"偏向性"更小的考试，或者添加一些补偿"偏向性"的加分，从而提高考试的准确性，那么这么做也是好的。在罗尔斯式的平等主义者看来，仅仅预测未来的表现并不能全面地概括功绩。我们还必须确保每个人的前景取决于他们真正的才智和努力，而不是取决于出身背景积累的优势。

武士社会这个例子之所以有意思，是因为情况并不只在于武士子弟更有可能通过与测试相关的各种指标表现出其更有可能在未来成为最好的武士这么简单。这个例子要揭示的是：由于童年累积的优势，武士子弟确实最有可能在成年后成为最好的武士。但是，如果形式上择优录取的武士考试导致的是种姓制度的延续，那么这个社会中所谓的"能人统治"和"机会平等"，就成了掩盖不公正而且永远不平等的社会秩序的烟幕弹②。

---

① 参见 Sturm & Guinier, *Future of Affirmative Action*, at 7（论"想象中的功绩"）。

② 迈克尔·杨（Michael Young）在其反乌托邦的论文/小说 THE RISE OF THE MERITOCRACY, 1870–2033: AN ESSAY ON EDUCATION AND EQUALITY (1958) 中，发明了"能人统治"（meritocracy）一词，预测了形式上的能人统治会演化为这样的种姓体制。该文写作于英国通过《教育法案》的几年以后，此时英国正在开始推广"11+"体系，这是英国第一次认真尝试将英国儿童按照智商进行分类。

在这里，罗尔斯式的平等主义者终于和起跑门理论家分道扬镳，前者认为，如果不能保证发展机会的平等，就需要重新设计考核体系，或者通过调整考试成绩，使得我们能够更准确地度量出"天生才智"和"努力"。这么做的理由不是出于效率而是出于正义：武士家庭这样的出身背景，不应该成为驱动人生前景的力量。

（三）运气平等主义和天生才智

出身背景在道德上确实是有任意性的。然而，能不能说产生罗尔斯所谓"能力和才智的自然分配"的"自然不测之事"（natural lottery）也是如此呢①？我们有很好的理由怀疑，是否真的可以对能力和才智的自然分配进行条理一致的叙述，在下一章里我们将探讨这些理由②。这里我们暂时抛开这些质疑，假定这样的自然分配确实存在。如果我们认同人生结果依赖于出身背景的运气是不公正的，那么如果这些结果依赖于"自然不测之事"中的运气，是否就能算作公正呢？

有一类被称之为"运气平等主义"（luck egalitarianism）的哲学观点认为，答案很简单，那就是否定的。运气平等主义者认为，人生机会完全不应该取决于包括"自然不测之事"

---

① RAWLS, TOJ, at 64. 罗尔斯承认 FEO 原则会带来"自然不测之事中的任意性"。

② 更实际地说，才智就是一个人与其潜能以及各种发展机会之间复杂反应的结果。这些发展机会能够释放潜能并将其塑造成发展完备的特征、能力和才智。参见本书第 132 页起的第二章第二、三节。

中的运气在内的原生运气（brute luck）。按照运气平等主义的观点，人生机会应该仅仅取决于每个人能够完全负责的选择上，也就是"人们已经做出、正在做出或将要做出的选择"①。运气平等主义涵盖了很多相关的观点，其中只有一部分是以机会平等的概念形式出现的②。我们没有必要在这里展开讨论这些观点的细节。就本章所论及的几个原则而言，运气平等主义是公平的人生机会原则的一个特别强的版本。运气平等主义者认为，人生机会不应该取决于才智和努力，而应该完全取决于我们自己能够负责的选择。这条原则成为这一独特而严苛的机

---

① G. A. COHEN, ON THE CURRENCY OF EGALITARIAN JUSTICE, in ON THE CURRENCY OF EGALITARIAN JUSTICE, AND OTHER ESSAYS IN POLITICAL PHILOSOPHY 3, 13 (Michael Otsuka ed., 2011). 科恩和其他运气平等主义者认为，平等主义就是要消除非自愿的劣势——无论是相对的还是绝对的。参见该书第 14 页和第 18 页；Richard J. Arneson, Luck Egalitarianism and Prioritarianism, 110 ETHICS 339, 340 (2000)。

② 参见 Carl Knight & Zofia Stemplowska, Responsibility and Distributive Justice: An Introduction in RESPONSIBILITY AND DISTRIBUTIVE JUSTICE 1, 18-19 (Carl Knight & Zofia Stemplowska eds., 2011)（有些运气平等主义的基础论点将机会平等主义视为"具体指明真正的机会平等的必备条件"，而其他版本的运气平等主义则不包含这么紧密的关系）。理查德·阿尔尼森（Richard Arneson）一开始就把运气平等主义作为"福利机会的均等"。参见 Richard J. Arneson, Equality and Equal Opportunity for Welfare 56 PHILOSOPHICAL STUDIES 77 (1989)［阿尔尼森后来不再坚持运气平等主义，而是更偏向于"支持责任的优先主义"（responsibility-catering prioritarianism）, Richard J. Arneson, Equality of Opportunity for Welfare Defended and Recanted, 7 J. POLITICAL PHILOSOPHY 488, 497 (1999)］。

第一章 机会平等及其问题

会平等理论的核心理念。

运气平等主义者认为，只有一种"不测之事"有理由影响人生的机会，那就是人们在碰运气的时候做出了负责的选择。因此运气平等主义者区分了"原生运气"和"选项运气"（option luck）①。选项运气指的是，在"深思熟虑和精心计算的赌博"中的运气，而原生运气则纯粹是随机之事，并不是我们选择参与的赌博的结果②。在运气平等主义者看来，人生机会不应该取决于原生运气。

运气平等主义是公平的人生机会原则的一个版本，它涵盖了人的一生，只是间接地涉及了其他两个领域，也就是发展机会和特定时刻的决定与选择。然而，为了实践运气平等的公平的人生机会原则，还需要在这两个领域中做大量的工作。我们需要重新分配发展机会，并在其后决定谁能够得到特定的职位和社会角色，而这个决定应当将优势与劣势的分配（或者我们选定的其他平等主义正义货币），从运气导向负责任的选择。

并没有一个完全条理清晰的方法能够将起跑门理论嫁接到运气平等主义上。即便我们非常希望把平等主义的政策制定局

---

① 虽然德沃金不是严格意义上的机会平等主义者，他还是进一步发展了这个区别，并在 RONALD DWORKIN, SOVEREIGN VIRTUE: THE THEORY AND PRACTICE OF EQUALITY 73 – 78 (2000) 中进行了有益的阐释。

② 见上引书目第 73 页。已有大量的文献探讨在这个几乎所有选择都会带来一定风险的世界中，如何区分这两种运气这样一个困难的问题。

限在起跑门之前的发展机会这一领域中，但实际情况是，人们在生命的各个年龄段和环境中，都会遭遇原生运气。按照机会平等主义者的观点，在人生的任何一个时刻，允许这些原生运气影响并塑造人生的机会都是不公正的①。

天生才智在道德上也是具有随意性的，这一点是罗尔斯与平等主义者之间的重要共识。罗尔斯把他的主张描述为寻找一种正义观，这种"正义观不把天赋和社会环境的随机性所造成的偶然情况作为追求政治和经济利益的资本"②。尽管如此，罗尔斯还是把天生才智作为可以合理地塑造人生机会的人的属性，而出身背景则不是。这个明显的矛盾背后，是罗尔斯超出FEO的特别的正义观。罗尔斯运用了其他的机制，主要是差别原则（difference principle）③，来限制人们从道德上具有随意性的自然资产中获取经济、社会和政治上的资本④。换句话说，罗尔斯把公平的生活机会问题分为两个阶段来处理：首先，他认为应该按照他的FEO原则分配机会，使得优势是基于天生才智的；其次，他认为应该采纳差别原则来消除收入与

---

① 实际上，有些运气平等主义者主张采纳包含起跑门在内的运气平等主义，这样的理论好像只在于消除之前的原生运气。见本书第97页的第1注解。然而，这样区分的理由很难成立。
② RAWLS, TOJ, at 14.
③ 这是罗尔斯的"最大化最小值"原则，即当不平等能够改善"社会中最弱势群体"的（绝对）地位时才被允许存在。见上引书目第65~70页。
④ 基本的自由权限制了那些拥有更多自然资产的人从中获得政治资本的能力；而差别原则限制了经济资本（同时也能帮助减少政治资本）。罗尔斯简短地阐述了这些制约中有些也是FEO的先决条件。见上引书目第63页。

财富中在道德上具有随意性的差别①。

与之形成对比的是，运气平等主义者不接受将这个主张划分为两个阶段的做法。就运气平等主义者而言，机会是十分重要的，运气平等主义者的观点是，不能以道德上具有随意性的方式对机会进行分配。运气平等主义者认为，允许机会的分配带来"自然不测之事"的效果是不公正的，因为这是一种变相的原生运气。

人们通常的直觉则指向相反的观点。这个直觉是：从某种意义上而言，我们之所以成为我们这样的人，其实就是运气的结果，哲学家把这种运气称为"生成运气"（constitutive luck）。然而机会平等讲的是创造公平的竞争环境，而生成运气讲的是"参与者"，不是竞争环境。因此按照这个直觉，我们在思考生成运气时，应该与其他形式的原生运气有所区别。特别是，我们应当允许生成运气而不是其他原生运气来塑造我们的前景②。这

---

① 关于这个区别是随意设置的观点，参见 Matthew Clayton, *Rawls and Natural Aristocracy*, 1 CROATIAN J. PHILOSOPHY 239, 248 – 250 (2001)。参考我在第二章中的论点，读者可能会质疑，罗尔斯将诸如就业和教育机会这样相对狭窄的"机会"领域应用到他的 FEO 原则中，这样做是否缺乏条理。不过很难说我们在解读罗尔斯对机会的定义时应该采取何种尺度。参见 Seana Valentine Shiffrin, *Race, Labor, and the Fair Equality of Opportunity Principle*, 72 FORDHAM L. REV. 16343, 1650 (2004)。

② 参见 DAVID MILLER, PRINCIPLES OF SOCIAL JUSTICE 147 (1999)。他认为，人们应该能够为部分来自生成运气的表现而获得奖励；另见 S. L. HURLEY, JUSTICE, LUCK, AND KNOWLEDGE 106 – 109 (2003)（批判了运气平等主义中关于正义就是消除运气，特别是生成运气的观点）。

个直觉的问题是要求我们明确区分生成运气和其他运气,而这很可能是无法实现的。当然,生成运气在原则上是不能够压缩为遗传上的运气,或是限制在出生之前的某个时间段①。人的一生所经历的各种机会都会影响个人的发展轨迹。竞争环境会塑造参与者,反之亦然——不仅一开始如此,整个人生中都是如此,下一章中将探讨这个作用。

(四)才智、运气与德沃金

在关于何种因素能够公平地塑造人生机会的论战中,罗纳德·德沃金做了独特而细微的妥协。德沃金对公平的人生机会原则的解读,也就是他的资源平等理论,不是旨在"消除坏的原生运气的后果",而是"以谨慎的投保通常能做到的方式和程度加以消除"②。德沃金认为,人生的结果应该取决于我们做出的选择,而非我们所处的境遇③。所谓"境遇",在德沃金看来,不仅包括出身背景,而且还有他所谓的"个人资源"(personal resources),即一个人的"身心健康与能力——他的身体条件与能力,包括他的财富才智,也就是他制造他人愿意

---

① 参见 Adam Swift, *Justice, Luck, and the Family: The Intergenerational Transmission of Economic Advantage from a Normative Perspective in* UNEQUAL CHANCES: FAMILY BACKGROUND AND ECONOMIC SUCCESS 256, 263 – 265 (Samuel Bowles et al. eds., 2005)。作者认为原生运气不仅包括遗传上的运气,还包括成长过程中塑造个性和身份的各种变量。
② Dworkin, SOVEREIGN VIRTUE, at 341.
③ 同上书,第 322~323 页。

购买的物品或服务的内在能力"①。到这里,运气平等主义者应该还是赞同的。但德沃金认为,我们的选择应当塑造我们的人生机会,这"包括(我们)所有的品位、偏好和信念",我们的志向和目标,还有帮助我们实现这些目标的一些"性格"——我们的"勤勉、精力、勤劳、固执,还有为未来获得奖励而在当下工作的能力……"②原生运气塑造了上述所有这些因素。在德沃金看来,这些都应该是塑造人生机会的因素。在他对"选择"和"境遇"的划分中,这些都属于"选择"。

德沃金承认,他所定义的选择与境遇是深深地纠结在一起的。特别是我们的才智和志向会"相互影响",以至于德沃金认为,所谓的财富才智既塑造了我们的选择,也被我们的选择所塑造。他写道:"才智是培养和发展起来的,不是一下子被整体发现的……人们基于自身的信念,即做哪一种人最好,来选择发展特定的才智。"③那么,我们又如何能让人生机会只对选择和志向敏感,而对才智、能力和其他"个人资源"不敏感呢?

德沃金对这个深层问题的回应,就是提议在两个版本的公

---

① Dworkin, SOVEREIGN VIRTUE, at 322 – 323.
② 同上书,第 322 页。
③ 同上书,第 91 页。同时,我们的志向和选择"本身就深受无法选择的家庭与文化的影响"。同上,第 324 页。此外,人们"希望发展并运用他们的才智",一部分原因是:"因为运用才智是令人愉悦的,可能还因为人们会觉得没有发挥才智是一种浪费。"同上,第 91 页。

平人生机会原则之间妥协：一个版本允许人们获得才智和能力带来的所有回报（即使这是原生运气的结果），而另一个更加偏向运气平等主义的版本则不然。德沃金要我们想象一个虚拟的保险市场，社会的所有成员都有可能在"财富才智"和其他能力方面运气不佳，因此人人都为此投保。万一某个人确实不具备获得成功的个人资源，保险也能帮助他削减这个风险①。

在真实世界中，当然没有人能够靠这样的保险来维持生活，因为我们对自身的才智已经知之甚多。但假设我们可以问："在初始资源相等的情况下，要对缺乏某种特定级别的技能的可能性进行投保，需要多少投入？"② 从这里出发，作为社会政策问题，我们可以评估事业保险、所得税、地产税等各种政府政策，考虑这些政策是否通过将适当数量的资源分配给那些在才智和能力上运气不佳的人，从而使社会的分配情况更接近于这种虚拟的保险体系所能带来的结果。

这种财富转移，远远不能满足运气平等主义。正如德沃金所写，那些幸运地拥有更多"财富才智"的人还是会收入较高，即使在转移支付后，其收入可能还是比那些运气不佳的人要高得多——而这当中一部分原因就是原生运气的结果③。这就是德沃金的观点。与其尝试采用运气平等主义的方式来消除原生运气的影响，不如仅仅期望削减这些影响，这就

---

① Dworkin, SOVEREIGN VIRTUE, at 92–93.
② 同上书，第 92 页。
③ 同上书，第 104 页。

是德沃金的妥协。即对于原生运气所带来的才智和能力产生的果实，个人只保留一部分，而不是全部。在德沃金看来，这不是补偿不足，而是在两个独立而有力的公平分配理论之间做出妥协①。

德沃金和罗尔斯的想法有许多惊人的相似之处。二者都承认，从深层角度而言，我们的才智确实有一部分是原生运气的结果。尽管如此，二者都认为，在社会中分配就业和社会角色时，最公平的方式依然应该是基于才智的。虽然德沃金没有直接地给出他个人的公平竞争原则，但是他的分析明显认为财富才智较多的人会获得而且从很大程度上应该获得那些要求这些才智的职业和社会角色。在德沃金和罗尔斯看来，这种分配职业和社会角色的方式，其根本的问题是造成了最终道德上不正当的、大规模的分配不平等；这些不平等很大程度上是才智分配中的原生运气所致，而不是我们能够负责任的选择或努力的结果。德沃金和罗尔斯都以收入和财富作为典型案例来度量这些大规模的分配不平等，同时加以延伸，以期捕捉到人们在达成人生目标时所需要的其他外部资源②。罗尔斯的差别原则和德沃金的虚拟保险市场都是要削减，而并非完全消除系统中的分配不平等，使这个系统中的每个人都能够达到其才智所允许的高度。

---

① Dworkin, SOVEREIGN VIRTUE, at 91.
② 参见 JOHN RAWLS, JUSTICE AS FAIRNESS: A RESTATEMENT 54 – 56 (Erin Kelly ed., 2001)。罗尔斯还加入了社会中来自他人的尊重，这种尊重使人能够有"自尊"来追求自己个人的人生计划，RAWLS, TOJ, at 155 – 156。

二　超越分配正义：机会与兴盛

对缓解分配不平等的共同关注，引发了一个我们迄今为止只是简要带过的问题，即为什么平等主义者要关注机会平等。一个核心原因，同时也是上面讨论中一直贯穿的原因是，平等主义者关注分配正义。更具体地说，他们关注的是平等主义正义货币在全社会中的分配①。这个货币可以是金钱，也可能是更宽泛的事物，比如是德沃金所说的资源，或者是罗尔斯所说的基本物品。不管用何种方法度量，我们把机会平等的问题表达为：如何使人们在追求其选择的结果度量时享有平等的机会②。

出于种种原因，许多平等主义者认为，正义允许或者要求不同的社会位置——不同的职业、岗位等——与不同的相关货币所对应。比如，按照罗尔斯的看法，我们可以得出这样的结论，某些"收入和财富的不平等，以及权威和责任的差异"能够"使每个人比在完全平等状态下过得更好"，因此应该被允许存在③。即使那些完全不承认这些分配不平等的合理性的人，也不得不承认这类不平等是不可避免的；甚至很难想象存在一个完全没有这类不平等的社会。这类不平等引发了一个关键问题：谁能获得这些可以带来更多平等主义正义货币的社会

---

① 见本书第 42 页的第 1 脚注。
② 当然，如果我们的货币完全是"机会"，那么解释为什么要珍视机会平等就很简单了。
③ RAWLS, TOJ, at 130–131.

位置呢？

几乎所有回答这个问题的尝试都会涉及某种机会平等理论。从中立的角度来看，特意为一些人保留社会秩序中的特权和有吸引力的位置，而不让其他的人有公平的机会来寻求这些位置，这么做似乎是毫无道理的。到底怎样才能叫作机会平等，这是一个有极大分歧的问题，然而，如果要构想一个存在分配不平等的正义社会，就需要引入某种公平或者平等机会的概念。

并不是只有哲学上的平等主义者才会将分配不平等和机会平等联系起来。在当代政治中，许多保守主义者认为，收入和财富的不平等并不构成任何问题，只要有社会流动性和机会平等相伴，这或许还是件好事情，因为这种不平等反映出人的"功绩和努力"①（那些持此类观点的美国保守主义者应当关注的是，目前美国的社会流动性要低于其他发达国家②）。从这

---

① 参见，如 Representative Paul Ryan, Saving the American Idea: Rejecting Fear, Envy and the Politics of Division, Speech at the Heritage Foundation (Oct. 26, 2011), http：//blog.heritage.org/2011/10/26/video-rep-paul-ryan-on-saving-the-american-idea/（反对减少经济不平等的努力，理由是"这个国家中的阶级并不是固定的属性……美国的理念是，当我们在起跑门上创造公平的竞争环境，并且基于功绩与努力而给予相应的奖励时，正义就已经得到伸张"）。

② 见 FROM PARENTS TO CHILDREN: THE INTERGENERATIONAL TRANSMISSION OF ADVANTAGE (John Ermisch et all. eds., 2012); PEW CHARITABLE TRUSTS, DOES AMERICA PROMOTE MOBILITY AS WELL AS OTHER NATIONS? 2 (2011)（在所有现有数据的类别中，父母教育与孩子结果之间的联系在美国是最紧密的）。关于这其中可能的原因，可以参见本书第297页起的第四章第一节的讨论。

个角度看,机会平等之所以如此重要,是因为它提示了我们,究竟应当以何种视角去审视社会中的分配不平等。许多政治上的保守主义者和哲学上的平等主义者大体上有一个共识,那就是结果的不平等,反映的是努力的差异——可能还包括才智上的差异,这与结果不平等反映了机会的不平等在道德上是截然不同的。

然而,这不是为什么要珍视机会平等这一问题的唯一答案,甚至不是最好的答案。

由于如此多的保守主义者都持上述看法,机会平等有时被视为保守主义的观点。从某种意义上讲,确实如此。如果有人呼吁更加平等地分配平等主义正义货币,而其他人作为回应,也呼吁应该不改变分配制度而只是扩展机会,以使所有的人都能有更平等的机会来挣得更大的份额,那么,倡导机会平等在这二者中就显得偏向保守主义了,因为它并没有触及深层的分配不平等。

然而,从另一个角度来看,机会平等是比分配公平激进得多的理念。机会不仅塑造了我们所拥有的事物,还塑造了我们自身。这些机会塑造了我们的偏好、志向和机遇,以及我们的能力和才智。在第二章中我将阐释,机会是我们用以构建理解的原材料之一,这包括我们对自身、对我们的目标和我们在世界中的地位的理解。对金钱的再分配,确实能帮助接收者达成更多的人生目标。这是因为金钱在功能上也是一种机会:它能够帮助我们做到没有钱时做不到的事。但是当我们扩展机会的范畴,特别是发展机会时,会发现其对人的影响与仅仅改变分配份额相比会深远得多,而且更能带来质的改观。

为了展示这个道理,让我们后退一大步来考虑,在不自由

第一章　机会平等及其问题

的社会中平等主义论点占据何种位置。这种社会与罗尔斯、德沃金，或者运气平等主义者构想的正义社会相去甚远，反倒是这种社会更接近于人类曾经经历过的社会形态。在人类历史的大部分阶段，最合理的平等主义正义货币都是通过明显的、极不平等的方式进行分配的。各式各样的平等主义者一直在倡导更加平等的分配，但是这些关于分配公平的论点不一定会触及机会平等的问题。比如，设想一个中世纪的平等主义改革者，他认为，当地的统治者占有的谷物太多，而分配给被统治者的谷物太少。那么，这个改革者可能会提出有关公平的价值观，认为虽然统治者理应得到更多一些的谷物，但是，如果统治者要占有被统治者依据法律或者传统应得的那部分，就是不公平的做法了。这位平等主义改革者有可能提出明确的平等主义主张，认为应该采取更加平等的分配办法，应该尽量缩小统治者与被统治者所得的谷物之间的差距。这位改革者在提出这些主张时，或许并不会进一步提出其他古怪而不可想象的主张，即每个被统治者都应该享有公平的机会来成为统治者。

　　这最后一个主张是基于通常的分配正义原则之外的一些前提，这都是一些我们想当然接受的前提，但其实我们不应该如此。具体而言，这最后一个主张是基于关于人的可能性和能动性的一些论断，正是这些论断使我们能够设想被统治者也可以成为统治者。

　　这些关于人的行为和潜力的论断，在历史上大多数关于机会平等的论战中都占据着核心地位。妇女能够胜任男性的工作吗？盲人能够学习阅读吗？贫困文盲家庭的子女能够成为接收大学教育的职业人士吗？

瓶颈：新的机会平等理论

当我们第一次看到人的可能性时，也就第一次看到了机会的不平等。我所说的人的可能性，是指一个人能够成功地完成某项工作或任务的可能性，或者是指实现了某个阶段的人类发展或人的兴盛的可能性。有一些成就和表现，曾一度被认为是某些人的专利，然而，如果社会制度的架构能够给更多的人以机会，那么，"其他人"也可以把上述这些可能性作为自己的奋斗目标，并最终实现这些目标。当我们意识到这一点时，机会的不平等就成为一个核心问题。

诸如此类的认识扩展了社会正义的范畴，也就是将以前被认为只是与人类本质差异相关的问题带入了社会正义的领域。我们之所以能够看到在宏观的时间段上人们对机会平等的兴趣越来越浓厚，并不是因为分配的结果越来越不平等，而是因为我们对人的可能性的理解越来越深入。在越来越多的语境中，有许多在过去被视为由人的本质或者内在差异所决定的社会角色，如今我们认识到，这些角色的确定，正是那些在一定程度上限制了人的机会的社会外力造成的。

正如约翰·斯图尔特·密尔在《妇女的屈从地位》一书中所说的，"现代世界的特点"就是"人不再是生而即有其生活地位，并不可改变地被钉在那个位置上，而是可以自由地运用其才能和有利的机会，去获取他们最期望的命运"[1]。密尔写道："如果这一原则正确，我们就应该确信它，并按这一原则去行动，而不应该去规定，因为生而为女孩而非男孩，

---

[1] JOHN STUART MILL, THE SUBJECTION OF WOMEN 17 (Susan M. Okin ed., Hackett 1988) (1869).

生而为黑人而非白人,生而为平民而非贵族,就将终身确定其地位……"①密尔认为应当停止"根据人的出身来规定其终生不能为某些事情进行竞争"②。

这是一条关乎机会平等的原则。密尔极力主张在就业、担任公职,以及在发展和教育领域,应该大规模地增加对妇女开放的机会。在密尔看来,这比分配财物的平均化更为重要。他认为,对妇女开放机会的真正目的,是让妇女能够更加自主地追寻自己的人生道路,也就是他在其他著作中提到过的"个性自由发展"的人生③,即拥有"以各自的方式实现各自追求"的自由的人生。④

这个主张要消除对机会的限制,这些机会使人们能够选择各自的人生追求,而不是把选择强加于个人。一个极端的情况是,当有限的机会使这个人大部分的生活都不是自己选择的结果时,其对个人的影响要远远超出分配份额的减少。正如密尔生动指出的那样,个性日减,直至"心灵本身屈服在枷锁之下……这样下去,由于不允许他们随循其本性,结果也就没有本性可以随循。他们的人类性能枯萎了……"⑤ 密尔认为,个

---

① JOHN STUART MILL, THE SUBJECTION OF WOMEN(Susan M. Okined., Hackett 1988)(1869),第 19 页。
② 同上书,第 20 页。
③ JOHN STUART MILL, ON LIBERTY 54 (Elizabeth Rapaport ed., Hackett 1978)(1859).
④ 同上书,第 12 页。
⑤ 同上书,第 58 页。密尔在这里用"天性"一词来形容个人独特的天性,而不是基于性别的天然区别带来的"天性"。

性是人类福祉的核心元素，是兴盛的人生的重要组成部分①。

在《正义论》一个简短而有力的段落中，罗尔斯指出 FEO 原则比外部奖励的分配问题更大：

> 如果某些职位不是在对所有人都公平的基础上开放，那么……人们的不满可能是正当的，这不仅是因为他们被排斥在得到职务的某些额外报酬如财富和特权之外，而且还因为他们无法通过熟练而热心地履行社会义务来体验实现自我的乐趣。他们被剥夺了一种主要的人类之善。②

罗尔斯在这里雄辩地指出，所有人都需要能使其发展并施展个人能力的机会，只有这样，人类才能兴盛，只有通过这些机会，我们才能"体验自我实现"，这对完成不同的社会角色具有内在价值。罗尔斯通过亚里士多德原则（Aristotelian Principle）发展了这个观点。这条原则认为，人类"喜欢运用他们的现实能力"③。罗尔斯在这里的论断可以规范性地解读为：人类应当有机会发展能力并施展这些能力，因为这是"人类之善的主要形式之一"④。

这两个有关人类如何实现兴盛的理念——其一是个性，其二是发展和施展能力的机会——共同构成了关注机会及其分配的独特而有力的理由。去做其他情况下不能做的事情，成为其他情况

---

① JOHN STUART MILL, THE SUBJECTION OF WOMEN（Susan M. Okin ed., Hackett 1988）(1869)，第三部分。
② RAWLS, TOJ, at 73.
③ 同上书，第 374 页。
④ 虽然罗尔斯把亚里士多德原则表述为对人类的实证观察而非规范性的论断，但是当我们讨论何为人的兴盛时，至少得承认实证与规范性之间的区别是模糊的。

下不能成为的人,这种机会使我们能够发展和施展自己的各种能力,并且按照自己选择的人生追求去实现不同形式的人的兴盛。

同时,"公平"并不一定是表述这个目标的最好方式,其理由就暗藏在以人的兴盛为机会平等的辩护中。设想一个将男性和女性隔离到不同领域中,并严格限制男女机会的社会,即使男女的机会就"外部奖励"而言是等价的——也就是说,即便这些机会就地位、权威,以及对我们选择的任何一种平等主义正义货币而言,都是一样的,这些限制仍然会让对男性或女性开放的"社会责任"和职业只有本该有的一半。玛丽·安·凯斯(Mary Anne Case)提出了一个类比,即一个将人们分为世袭的"僧侣"和"武士"的种姓制度:即便这两个种姓能够提供等价的机会,这样的制度还是会制约每个种姓成员的自主权,并且把他们的发展和兴盛的潜力限制到与各自种姓最接近的方向上[1]。即使没有不平等,性别角色也"必然带来限制——对人们做事、为人和发展的限制"[2]。如果我们珍视

---

[1] Mary Anne Case, "*The Very Stereotype the Law Condemns*": *Constitutional Sex Discrimination Law as a Quest for Perfect Proxies*, 85 CORNELL L. REV. 1447, 1476 (2000).

[2] Richard A. Wasserstrom, *Racism, Sexism, and Preferential Treatment*: *An Approach to the Topics*, 24 UCLA L. Rev. 581, 614 (1977):即使性别角色的制度"没有一个性别对另一个性别的系统性的支配",这个制度也应该"因为其一定会损害个人充分发展各自特征、才智和能力而遭到反对"。还可以参见 Erik Olin Wright, *In Defense of Genderlessness*, *in* ARGUING ABOUT JUSTICE: ESSAYS FOR PHILIPPE VAN PARIJS 403, 412-413 (Axel Gosseries & YannickVanderborght eds., 2011) (主张即使"收入、权利和地位的不平等"不再"与性别联系在一起……性别关系依然会影响那些持'错误'取向的人平等地实现兴盛,无论男女")。

机会平等的一个原因，是它与兴盛之间的联系，那么，将每个人的机会总和均等化（这本身就是一个巨大的——实际上是无法完成的——任务）实际上还远远不够。我们的目标应该更宽泛，应该旨在消除那些可能会制约自主和兴盛机会的不平等。[①]

作为政治理论家中的异数，菲利普·范·帕里斯认为，我们应该通过最大化，而不是平等化的视角来审视机会。他在《所有人的真正自由》一书中提出，自由社会是一个让"每个人有最大的机会来做他们想做的事情"的社会[②]。这个最大化机会，或者说"真正自由"的理念，促使范·帕里斯提出，社会的组织形态应该无条件地为所有社会成员提供可持续范围内的最高收入。他认为，只有这样才能让所有人获得最大的机会来实现各自的人生[③]。范·帕里斯的中心提议有很多可圈可

[①] 我们应当珍视机会平等，因为它促进了人的兴盛，这个观点在一个重要的方面是完美主义的：它包含了何为兴盛人生的理念。然而这是非常弱的完美主义——在表述到底怎样算美好的或者兴盛的人生时，它包含了，实际上也倚赖于深层次的多元主义。参见本书第 278 页起的第三章第三节。

[②] PHILIPPE VAN PARIJS, REAL FREEDOM FOR ALL: WHAT (IF ANYTHING) CAN JUSTIFY CAPITALISM? 25 (1995). 范·帕里斯通过 *lexi-min* 原则来解决人际间累积的问题（选择一些社会安排使得"机会最少"的人尽可能多地享有机会）。

[③] 同上引书目，第 30~41 页。所有人都公认一些阶级的成员，因为"内在天赋"的问题在生活上相对窘迫，他主张这些人应该得到额外的收入，直到不再被公认为生活相对窘迫。同上引书目，第 72~84 页。比较本书第 286 页第 1 脚注（在另一个语境中批判了这一观点）。

第一章　机会平等及其问题

点之处，包括其内核的多元主义。将自由等同于机会，把机会以金钱的形式发放出来，这是有益的一步，这让范·帕里斯从基本上是自由意志主义的前提（最大化自由）得出了再分配的平等主义结论（基本收入）。他的论点不再把金钱主要看作为奖赏，而是把金钱视为机会，这是有益的尝试。

然而，我们有很好的理由来质疑将机会完全化为金钱的观点。金钱确实能经常起到提供机会的作用，但金钱远不是唯一重要的机会类别——其他类别也不一定能用金钱来衡量。此外，增加我们做自己想做之事的自由，并不是机会重要的唯一原因；机会还影响我们的偏好和目标。当然，范·帕里斯并不认为基本收入所指的都是现金的形式；他允许一些收入以其他的形式给予，有些是"教育或者基础设施"的形式［由国家供给这些物品所造成的"正外部性"（positive externality）所致］①。但是由于范·帕里斯的观点从本质上讲是建立在自由意志主义和经济学的基础之上，因此他无法完全接受机会在偏好形成中扮演的角色②，也不接受有些机会可能无法用金钱来衡量。

正如密尔和罗尔斯通过各种方式所展现的，机会平等之所以有价值，一部分原因是，机会使人们能够参与各种活动，并且获得打造自己兴盛的人生时需要发展并运用的各种技能和能

---

① PHILIPPE VAN PARIJS, REAL FREEDOM FOR ALL: WHAT (IF ANYTHING) CAN JUSTIFY CAPITALISM? 25 (1995)，第 42~43 页。
② 范·帕里斯确实承认偏好在某种程度上是由更广的经济制度塑造的，至少人们的偏好在资本主义社会或社会主义社会是不同的。同上第 56 页、第 195~199 页。更完整的对机会如何塑造偏好的讨论，可参见本书第 180 页起的第二章第五节（三）。

力。发展机会帮助我们获得在其他情况下无法获得的做某事或成为某人的资格。它使我们能够体验罗尔斯所说的在运用现实能力时的"自我实现"。钱能帮助我们做很多事,但钱本身无法复制这些发展过程。此外,机会塑造了我们的偏好和目标,它使我们清楚地看到,在可以追求的各种道路中,哪些事物是有价值的,因此它能帮助我们形成并修正自己的目标,也能帮助我们理解自己在世界中的地位。对上述种姓制度中的僧侣或武士而言,问题并不简单的是社会不允许他们实现成为社会赋予另一群体的角色的梦想,问题还在于,他们可能根本就找不到根基来形成对其他角色的任何志向或兴趣——正如密尔在《妇女的屈从地位》中所描述的,妇女不大可能形成追求男性职业的志向。尽管这些都是极端的例子,但在平常的情况下确实如此:我们通常只会发展出追求我们能够看到的路径的志向。机会平等之所以是强大的理想,一部分原因就在于它能够击碎这些阻碍。机会使我们有可能接触到实现人的兴盛的不同方式,并从中挑选出自己的方式。

三 机会平等的四个问题

上述讨论仅仅罗列出并解释了需要珍视机会平等的一大串理由。机会平等的价值实际上被过度估计了。在应当珍视机会平等的各种原因中关注一个或一个子集就够了:分配公平与应得、效率、社会合作或者如上面强调的,促进人的兴盛和自主。

尽管如此,在本章的剩余段落中,我将讨论机会平等无法实现的四个独立（但相互关联）的理由——还有一个令人更加烦恼的问题，那就是如果我们按照上述任何一种方式定义机会平等，那么在某些方面就不应该实现机会平等。

（一）家庭问题

罗尔斯在讨论 FEO 时指出："公平机会的原则只能不完全地实现，至少在家庭体制存在期间如此。"① 罗尔斯将这一点如此明确地讲出来是正确的。不单单是我们今天意义上的家庭使完全的机会平等无法实现，只要存在任何一种我们能想到的、能够被称为家庭的家庭形式，机会不平等这个问题就会产生，至少在很大程度上会产生。

1. 父母优势

这个基本问题产生的原因是父母——或者更广义地说，家庭——会通过各种形式给子女带来优势。父母通过各种形式在不同程度上这样做，制造了机会的不平等，这种不平等很早就形成，效果很深而且难以打破。父母直接给予子女金钱（支付大学学费，或支持创业），这使他们有可能去追寻其他人不可能追寻的机会。经济优势还有一个更微妙的作用：它让这些子女知道，即使自己遭遇什么不测，家庭也能为其提供经济后援，这就使他们在追求自己的目标时可以承受一定的风险。如果父母给予子女优势的主要形式，只是这些直接的经济优势那么，平等主义的政策制定者在推广机会平等的政策时就会容易得多。比如，社会可以用所得税和财产税带来的收入，为所

---

① Rawls, TOJ, at 64.

有的人提供基本收入，或者为下一代提供一定的财富①。然而，父母和家庭给予子女的大部分优势，并不是简单的经济优势，因此要想将这些优势平等化，甚至只是削减这些优势都会困难重重。

举几个例子。父母（和家庭——为节省时间，我主要讨论父母）可以利用关系让自己的子女在就业和教育的竞争中先人一步。比如，父母可以把子女送进更好的学校，无论是好的公立学校还是好的私立学校，都能大大提高子女的教育和职业前景。父母可以选择迁往较好的社区，以此来得到某些优势，包括安全状况、特殊资源，以及与这些特殊群体以及他们的家庭交往可能带来的社会机会，从而为子女创造出能够带来大量机会的人际网络。父母可以提供或者安排从阅读图书到课余爱好，再到旅行的各种活动，这些活动对人生发展而言，都是至关重要的经验。父母可以通过向子女展示（常常以自己为例）这个世界中存在的某些路径，即他们未来也能追寻的路径，而给予子女优势。父母会在不经意间将着装的习惯、使用的词语、说话的方式和其他特征传给子女，一些观察者也慢慢意识到，这些特征后来都会表现为"功绩"的特质，并给子女带来极大的优势。父母和子女进行智力上的交流，教导他们如何认识世界，特别是让他们懂得自尊和功效的概念，这也会给予子女优势。通过日常生活中的交流和关爱，父母帮助子女发展出执行力、基本的社交技能，以及其他对于成为合格成年人而言最重要的能力。

---

① 参见本书第 336 页的第 3 脚注。

第一章　机会平等及其问题

父母的所有这些行为提供的优势是如此明显，以至于将其视为特殊的优势而非简单的良好育儿行为是很别扭的，甚至是有悖常理的。上面所说的后几项尤其如此。但是，在这个有些儿童不幸无法体验到上述经历的世界中，良好的育儿行为，就是一种特殊的优势。虽然对父母究竟应该给子女提供多少优势还存在一些争论，这也涉及与不同文化相关的问题，但多数父母通常都希望能促进子女的发展，许多父母甚至把这作为自己人生的一个主要目标；有些父母认为，帮助子女成长，让他们能够在现实中发挥自己的潜力，成为他们想要成为的人，这是父母的责任。

在这里我们可以区分出两种类型的激励因素——虽然在现实中这通常会合二为一，其原因我会在下面论及[①]。第一种类型，父母希望子女能在人生的竞争中占得先机，能比其他儿童做得更好。从这个角度看，儿童已经在为自己未来的社会角色和获得相应奖励而参与具有竞争性激烈的且最终可能是零和（zero-rum）的竞争，父母当然希望能提高子女成为赢家的机会。第二种类型，父母可能只是希望提高（甚至是最大化）子女的机会，使其能够充分发展自己的潜力，并最终在绝对意义上而不是相对意义上，切实成为有才智的和兴盛的人。对这第二类父母而言，其他儿童有无特殊的机会并不重要（这一点可能最多也就是提供了存在哪些机会的信息）。在某些情况

[①] 参见 ADAM SWIFT, HOW NOT TO BE A HYPOCRITE: SCHOOL CHOICE FOR THE MORALLY PERPLEXED 21-33 (2003). 同时参见本书第214~219页。

下,这两类激励因素会导致父母采取不同的行动,在另外一些情况下,所采取的行动却会相当一致。让我们从不可知论的前提出发,假定只要存在家庭,那么这两种激励因素中,至少始终会有一种因素以某种形式成为人们生活的一个组成部分,而这会带来优势的传递。此外,父母还会在不经意间把自己的许多优势传给子女,承认这一点是很重要的。

父母本身所具有的优势,使公平的人生机会原则无法实现。并不是所有的父母在传递优势时都有相同的动力和能力,即使在家庭制度和儿童教育领域进行大规模的变革,也不可能解决这个问题。只要家庭本身在许多方面存在着差异,只要有些父母在传递优势时拥有更多的资源和能力,完全公平的人生机会就不可能实现。

从理论上讲,我们可以通过完全废除家庭制度来解决这个问题。但是,不能真的如此。有许多有力的理由让我们必须保留这种能够将优势传递给子女的家庭制度。有些理由是审慎的,但许多理由是道德上的。父母有选择生育并且以特定方式育儿的自由和自主权[1]。尽管这些权益有其限度,但重要的是

---

[1] 参见 JAMES S. FISHKIN, JUSTICE, EQUAL OPPORTUNITY, AND THE FAMILY, 35 – 43 (1983) (论"家庭的自主权"); Harry Brighouse & Adam Swift, *Parents' Rights and the Value of the Family*, 117 ETHICS 80, 102 (2006) (基于父母有"与子女保持某一类亲密关系"的基本权利而主张有限的家长权利)。把这个权益称为自主权益,并不等同于认为父母在家庭中享有全面的自主权。父母的权益应当和子女的权益平衡,这是个复杂的问题。大体上可参见 MATTHEW CLAYTON, JUSTICE AND LEGITIMACY IN UPBRINGING 48 – 123 (2006);前引 Brighouse & Swift, 第 101~106 页。

要承认对许多人而言,生育的许多方面是兴盛的人生以及人生道路选择的重要维度。如果我们珍视人的兴盛与自主(更不用说基本的生育自由),那么,社会就不可能消除父母的优势。

2. 缓解与补偿

社会可以采取各种方法来减轻因父母向子女传递优势而造成的机会不平等。国家可以通过特殊计划,为那些不具备传递优势能力的家庭中的子女提供帮助;国家也可以大规模地为所有儿童提供基本的发展机会(比如为所有儿童提供学前教育,或者为所有儿童提供免费医疗),以此来降低机会不平等的影响。

这两种方法都大有裨益,但不能消除这里所讨论的机会不平等。即使我们从原则上可以设想一个国家干预远远超出我们容忍限度的机制,来控制家庭生活和育儿行为,最终仍会出现大到无法消除的差异。家庭将优势传递给子女,并给予他们在未来人生竞争中取胜所需要的形式上的功绩,这种方法实在是太有效了[①]。

作为回应,一些平等主义者可能会想到另外一种办法:"补偿"。这种办法就是对那些在父母方面运气不佳的儿童,给予其他的资源和优势作为补偿。我们通过重新分配资源,能缓解一些运气不佳带来的后果——在这里具体是指在父母和相关出身背景中的运气不佳。这种办法的一个形式,就是德沃金所说的虚拟保险市场。正如德沃金所讲,实际上不需要建立这样一套保险系统,只需要评估诸如税收政策、转移支付政策、

---

① 见本书第 185~188 页。

医疗政策等其他政策在多大程度上等同于我们认为正义的补偿①。

补偿的做法当然也能有所裨益，但即使从原则上讲，也不能完全消除机会不平等的影响。设想一下，如果补偿的做法只是直接向那些在父母方面运气不佳的儿童进行收入或者财富的再分配②，这样确实可以改善这些儿童的福利，并且增加他们的机会（因为收入和财富创造了很多机会）。但是即使社会选择了以极高的赋税来提供大量的补偿性资源，这种补偿仍然不能复制那些让具有优势的儿童成才的发展过程。

第二章将会更详细地审视这些发展过程。这里我们只讨论上面所说的：补偿的做法能够提供罗尔斯所说的"外部奖励"，也能够提供一些机会，但不一定能够打开通往"人类之善的一种主要形式"的"自我实现"的大门。补偿性援助的接收者，将获得很多用金钱可以买到的机会，但是无法获得其他许多不能完全用金钱来衡量的机会。一般来说，金钱无法使个人有能力或者有资格去从事，或者占据那些具有吸引力的职业或社会角色，这些角色之所以具有吸引力并不仅仅因为能获得外部奖赏。

对这个观点的一个回应，就是我们坚持收入和财富之外更广泛的再分配。有许多在金钱之外能使特定职业和社会角色具有吸引力的因素，那么，旨在改变这些因素的分配政策又如何

---

① 见本书第58~61页。
② 这是范·帕里斯的看法，虽然在他看来，只有那些被所有人都公认为生活窘迫的人才应该得到额外的资源补偿。参见本书第70页的第3脚注及相关正文。

呢？保罗·葛姆伯格（Paul Gomberg）主张，社会应当改变工作的结构来更广泛地分配能够"发展复杂能力并将这些充分发展的能力贡献社会，而且使这些社会贡献者受到尊重"的机会，使得"人的工作生涯不会被重复劳动所吞噬"[1]。与补偿一样，这个办法也很有潜力。其核心主张是，应该对资源之外的、那些能使工作回报更高的各种因素进行更平均的分配。正如葛姆伯格所指出的，即便是成年人也能够发展出一些他们原先不具备的复杂能力，而职业结构会影响人们这样做的机会。

然而，这个提议能走多远？在实际生活中，甚至在理想的理论中，它都面临着实实在在的限制。分工有许多切实的好处，即使在理想的理论中削弱职业结构中的分工和等级化，也很难解决早期发展机会的不平等，而早期发展的机会决定了我们将成为什么样的人。只要职业和社会角色还存在差异，发展机会就能决定我们最终会做些什么。家庭提供的优势，超出了在某个未来的医院里确定谁来做医生、谁来当护士（当然这也是家庭优势之一）这样的问题，而是会更深层次地塑造我们的能力、志向，甚至是我们的人生目标。它直接影响我们今后将会参与何种竞争，并在何种竞争中取胜。

3. 家庭与公平的人生机会原则

因此，除非我们愿意废除家庭制而转向集体育儿制，比如像柏拉图在《理想国》中设想的，或者像被神话了的以色列

---

[1] PAUL GOMBERG, HOW TO MAKE OPPORTUNITY EQUAL: RACE AND CONTRIBUTIVE JUSTICE 1–2 (2007).

早期的基布兹（Kibbutz）实验那样，否则，人生机会不可能完全独立于出身背景。任何理论，包括公平的人生机会原则的机会平等理论，都由于家庭的限制而无法实现。我们可以把这个问题理解为理想的理论中三重困境的一部分。三者中只能实现两个，而不能全部实现：①公平竞争的原则；②公平的人生机会的原则；③向子女传递优势的家庭[①]。我们当下的社会和经济秩序，大概可以被视为将形式上的机会平等与传递优势的家庭加以组合，即①和③。子女的人生机会极大地依赖于他们的出身背景。

理论上我们可以设想一个废除了家庭制度的社会——这会极大地侵犯父母的自主权——实现了公平竞争和公平的人生机会，即①和②[②]。如果我们希望保留家庭制度，同时也保证公平的人生机会原则，即②和③，那么剩下的手段就是运用一些机制来消除歧视，比如，让那些在出身背景方面处于劣势的人，能够得到他们没有资格获得的教育机会或职业岗位。然而，也有很好的理由珍视公平竞争的原则，首先就是效率。至

[①] FISHKIN, JUSTICE, EQUAL OPPORTUNITY, AND THE FAMILY, 第 44 页。只要社会中还存在一些更具吸引力的位置就会出现这个三重困境——在任何具有独特职业和社会角色的社会都是如此。我用"公平的人生机会"来指代这个三重困境最初版本中的"平等的人生机会"。即使我们设想人生机会应当取决于天生才智——从这个角度而言也不应该是"平等"的——我们还是无法实现这个三重困境的所有三个元素。

[②] 实际上即使废除了家庭，仅仅这一点也不足以实现公平的人生机会，因为出身背景不只是家庭。还需要消除种族主义、性别主义和其他基于出身背景引发机会不平等的因素。

少，应该有很好的理由来避免出现某种极端情况，即社会角色的分配与个人的技艺、与其他获得这一角色本应具备的相关特征完全没有关联①。

许多旨在削减家庭向子女传递优势的政策具有高度的正当性，特别是那些通过铲平优势来减少不平等的政策。这些政策让我们有了回旋余地。但是，这里需要的不只是一点儿回旋余地。在所有的现代社会中，特别是在美国，人生机会都极大地依赖于出身背景②。

家庭背景的问题是罗尔斯在《正义论》中所阐述的这套理论的一个严重障碍——它以一种奇怪的方式使人们无法对罗尔斯有关正义的特殊定义感到满意。要看清这一点，需要更深地挖掘罗尔斯对正义的特殊定义。罗尔斯强烈反对他所谓的直觉主义，也就是在无法决定哪一条优先的情况下，来平衡各种关于正义的第一原则③。罗尔斯的解决方案是把理论建构在语意（绝对）优先的规则上：基本自由在语意上优先于"公平的机会均等原则"（FEO），而 FEO 又在语意上优先于差别原则。那么如果 FEO 不能实现的话又会怎样呢？FEO 的语意优先似乎表明，接近于实现 FEO，应该比理论中的任何其他元素重要，包括差别原则。只要有可能接近于实现 FEO，那么甚至可以完全不考虑差别原则。可以设想当 FEO 的实现达到一定程度时，其所得可能比不上根据差别原则对分配做出的调整，

---

① FISHKIN, JUSTICE, EQUAL OPPORTUNITY, AND THE FAMILY, 第 55 页。
② 参见本书第 63 页第 2 脚注引用的文献。
③ 参见 RAWLS, TOJ, 第 30~40 页。

但罗尔斯非常明确地拒绝了这种平衡,他把缺乏优先级的正义概念称为"半吊子的概念"①。

罗尔斯不能因为在他所谓的"秩序良好的社会",即制度公正而且所有成员都认同并受到某一类正义原则激励的社会中不会产生这些问题,就回避这一问题②。秩序良好的社会中也存在家庭③,而且即使在秩序良好的社会中,这些家庭的收入和财富(以及其他方面)也存在差异④。只要这两点成立,儿

---

① RAWLS, TOJ, 第37页,罗尔斯在后期著作中对 FEO 相对差别原则在语意上的优先级不再那么肯定,但是既没有提出新的平衡规则,也没有公开支持采取直觉化的态度。JOHN RAWLS, JUSTICE AS FAIRNESS: A RESTATEMENT 163 n. 44 (2001)("现在我不知道哪种最好,只能表达我的不确定")。然而,需要有所变化,不能①坚持 FEO 在语意上优先于差别原则;②坚持家庭足够的自主权使 FEO 无法实现;③实质上坚持差别原则。安德鲁·梅森(Andrew Mason)试图重新建构罗尔斯理论中的这一部分,认为最好的办法是否定 FEO 的优先级。参见 ANDREW MASON, LEVELLING THE PLAYING FIELD: THE IDEA OF EQUAL OPPORTUNITY AND ITS PLACE IN EGALITARIAN THOUGHT 82 – 88 (2006)。塞缪尔·弗里曼(Samuel Freeman)认为,FEO 应该被解读为更有限的原则,而与运气平等主义的近似观点保持更远的距离,这个原则应该只需要"更有节制的措施,即可以使任何人都能够有全面发展能力的教育机会、全民医疗的供给,等等",SAMUEL FREEMAN, RAWLS 98 (2007)。

② 参见 RAWLS, TOJ, 第4~5页。

③ 同上,第405页,注意在另一个语境中"我将假设一个秩序良好的社会的基本结构,包括某种形式的家庭……"实际上,某种形式的家庭肯定在任何社会都存在,无论秩序良好与否,除非是禁止家庭形成的社会,而这明显侵犯了基本自由。

④ 并不是所有的社会地位都能带来相同的收入或财富,由此可以得出这一推论:正是这些不平等使得我们需要差别原则。

童的出身背景就一定会有差异；儿童会出生在不同的"社会系统的初始位置"上[①]。这也是罗尔斯需要 FEO 的原因——综上讨论，它同时也是 FEO 不能完全实现的原因。可能在秩序良好的社会中，父母给予子女优势的动力，能够在一些重要方面被加以限制。但这与解决问题还有很远的距离。许多父母在不经意间将自己的一些优势和劣势传给了子女，而当他们有意为之时，其动力在秩序良好的社会中是一定存在的。因此家庭问题为罗尔斯的理论设置了严重障碍，而语意优先的规则使这些障碍难以被克服。

家庭问题也困扰着其他正义理论，尽管程度可能没有这么严重。对运气平等主义者而言，家庭只是一种不应当影响人生机会的原生运气，但是，家庭却一定会影响——即使这些影响能够被减轻，也无法（也不应该）被完全消除。德沃金的理论能够减轻家庭将各种资源传给子女的问题；其结论是我们需要构建类似于虚拟保险市场那样对资源进行再分配的社会制度。这个办法有其益处。但仍留下了更深的生成性的不平等，即父母传给子女的优势不是以资源的形式出现，而是会塑造子女的指向、性格和选择，这也会造成不平等。这种优势实际上可能是最重要的，罗尔斯认为在所有的基本物品中，最重要的是"自尊"[②]，也是出于相同的理由。

这些优势是父母和子女早期频繁交流的结果，让社会来进

[①] 实际上，即使在没有收入和财富差异的社会中，不同的家庭也会传递不同的优势。

[②] RAWLS, TOJ, at 386.

行干预是十分困难的，在某些情况下也是有违道德的，而对此想以金钱和其他资源来补偿，就显得十分无力了。金钱能让接受者生活得更好，很多的金钱应该能让接受者的生活过得很好，但是金钱实在无法将接受者变成在完全不同的发展条件下可能成为的人。金钱不能让接受者获得在其他情况下能够做某事或成为某人的资格，也不能给人灌输在其他情况下会生成的性格、志向、目标和价值。

平等主义者并不想扫除深植于家庭的机会不平等。在所有真实的世界中，或者从某种程度上说，甚至在理想的理论中，这些不平等也构成了高低不同的地面，平等主义者需要在此之上建构理论。这个地面的凹凸不平，影响了之后的所有事情。机会平等的工程必须在发展机会并不完全平等的世界中继续推行。这个挑战带来下面两个问题。

（二）功绩问题

如果平等主义者不能让人的发展机会完全平等，就需要考虑同时采取另外一种办法：修改公平竞争的原则。与其把人们希望得到的工作和社会角色分给"形式上"功绩最多的人，不如让我们来重新定义功绩。对罗尔斯式的平等主义者来说，这样的功绩定义必须兼顾才智和努力——而不是从出身背景中获得的优势。希望这样做的运气平等主义者，需要一个对功绩的定义，它能够捕捉到一个人负责的选择，同时又能排除出身背景带来的优势以及所有基于原生运气的因素（起跑门问题的理论家们则否定了这种做法：在起跑门之外，他们只追求形式上的功绩。德沃金也向来不赞同这种做法。

他承认我在本节中提出的这些问题，但是对罗尔斯主义者和运气平等主义者而言，这种做法是对家庭优势问题自然而然的回应）。

让我们首先考虑罗尔斯式的平等主义者是如何来做的。他们的做法捕捉到了一个直觉上合理的想法，即职业和社会地位应当根据才智和努力来分配，而不是根据从出身背景中获得的那些不需要学习的优势，比如，那些使武士子弟能够在武士考试中占优的优势。对罗尔斯式的平等主义者而言，"才智"指的是"天生"的才智，而不是通过我们在"社会系统中的初始位置"上累积的优势，这里的前提是在平等的世界中（从某种意义上而言的），同一个人可能有不同的出身背景，比如，其父母的社会经济地位可能与社会上的其他人很不同，而同时人们看待这个人的种族属性或者性别身份的眼光又不一样①。罗尔斯式的功绩砍掉了所有这些因素及其影响。罗尔斯式的平等主义者寻求的功绩定义是：①反映了天生才智和努力，同时②不反映出身背景及由此造成的优势。

对罗尔斯式的平等主义者而言，问题在于这样的功绩实际上是不存在的。至少有许多人，也可能是绝大多数有关个人的情况都是①和②兼有。让我们通过一个例子来审视这个问题。

---

① 见本书第39页的第1脚注。在"无知之幕"背后，还有很多我们不知晓的个人属性，包括种族、性别和遗传特征。罗尔斯把这些变量称为"自然资产"——可能还包括一些遗传属性和许多人的特征，还有"出身背景"，后者包括社会强加于我们的种族或者性别类别。

1. 一个关于招生的例子

假设你我都是一所医学院招生委员会的成员①，我们面前有两位申请者：约翰和莉莎，我们要从中选出一位录取。去年我们做这样的决定很容易，因为当时招生委员会的成员都是形式上的平等主义者。我们只要看一下每个人的入学考试成绩，并以此衡量一下其与医学相关的能力，然后录用分数最高者就可以了。但是，一个到处爆料的记者揭露了我们的录取过程，显示出去年我们所录用的人都来自富裕家庭，我们对此也很震惊。作为回应，可以简单地选择增强版平等主义的方向，尝试修正我们考试录取中的偏向性。但假设我们确信，考试中并不存在偏向性；它相对准确地预测了应试者未来可能在医学上的表现。即使这样，我们还是认可不能只录取富人子弟。作为罗尔斯式的平等主义者，我们决定从现在起只以才智和努力来衡量申请人——而不考虑他们的父母是否为他们购买或者提供过特别的优势。虽然我们现在不能继续录取未来预期表现会最好的学生，但也没有完全放弃考试。我们只需要剔除一些申请者的家庭优势带来的影响。

在面前这两位申请者中，莉莎类似于我们去年录用的学生：她的入学考试成绩比约翰高。但是莉莎的父母很有钱，他们在她的教育中不惜血本——并且运用校友关系帮助莉莎进入了一所优秀的大学，她在那里接受的科学训练可比约翰在一所三流大学所接受的训练要好得多。大学的差异而不是其他才智或努力的差异，或许能更准确地解释他们二者之间在考试分数

---

① 这个例子基于威廉姆斯在《平等的观念》中的论点。

上的差异。约翰或许比莉莎更有才智，只是没有相同的机会来发展自己的这些才智；同时，莉莎也可能真的正如考试成绩所展现出来的那样更加有才智。要做出选择，我们需要回答一个反事实（counterfactual）的问题：如果消除了出身背景的影响，即让他们在同一所大学里求学，那么他们最终考试的分数会是怎样的呢？

幸运的是，我们可不是普通的招生委员会成员。在去年的丑闻之后，我们购买了一台时间机器，让我们能够回到过去，并回答这类明显的反事实问题。我们回到了过去，向录取莉莎的大学招生委员会解释了情况，让他们承诺录取约翰，然后我们再回到现在来看看结果。莉莎的成绩依然更高，但是分数的差距比以前小了。莉莎在大学里学习更加努力，从一入学起就比约翰显示出更多的科研能力。问题解决了吗？不一定。我们仍有一种不安的感觉，因为如果去年就有这台时间机器，那么，这个反事实的测试并不会在很大程度上改变当时令人尴尬的录取结果。

我们认为需要再增加一个反事实。如果约翰同样也曾在莉莎所上的那所学费昂贵的中学就读呢？那所学校因为能够培养学生努力学习的习惯并发展学生的科学才智而著名①。我们再一次回到过去，为约翰提供奖学金到莉莎所上的那所中学就

---

① 有许多证据显示，学校能够灌输勤劳的习惯——换句话说，激励学生更加努力。参见如 Birgit Spinath, *Development and Modification of Motivation and Self-regulation in School Contexts*: *Introduction to the Special Issue* 15 LEARNING & INSTRUCTION 85, 85 - 86（2005）（讨论了干预能够影响激励和自我约束的证据）。

读。然后再回到现在，差距又小了，但是莉莎的成绩依然更好。看起来，即使回到中学，莉莎还是比约翰更努力。她从中学起就是很好的学生。

看到这台时间机器的潜力后，当然没有必要就此罢休了。参观科学博物馆给八岁的莉莎留下了巨大的印象，如果约翰小的时候，他的父母也带他参观过这个博物馆的话，情况会怎样呢？莉莎通过玩积木玩具发展了思维空间，并开发了数学才智，如果约翰的父母在就寝前给他多读几本书，或者给他购买同样的积木玩具，约翰的情况会怎样呢？中学和大学的反事实例子，只是招生委员会成员的二元选择，而我们在这里更加详细地梳理莉莎和约翰的完整人生，以此来发现某种因素，这是至关重要的。如果约翰就是莉莎父母的孩子呢？

这个问题的答案意味着什么并不十分清楚，我们也说不清在何种程度上莉莎父母所生的约翰还会不会是这个约翰。如果因完全不同的出身背景，一个人的人生也就完全不同，那么，又有多少是取决于才智或者付出的努力呢？这个假设性的问题和我们试图找出的才智及努力几乎没有任何联系。我们要的是类似于"现在"的才智和努力，这是排除了基于出身背景带来的优势的因素。每一次使用时间机器，都能移除一层因出身背景带来的优势，但也降低了我们与约翰和莉莎目前实际情况的联系——我们面前是两个真实的、现实化的个人，我们根据出身背景对他们父母的态度加以调整，这是我们想要的。可结果是，当按照唯一可能的方式进行调整后（即使有时间机器），几乎剩不下任何有关才智或努力的标准可供我们评估了。

这个例子看起来恐怕太神秘了，但是请认真考虑一下其中的道理。作为招生委员会的成员，你和我真的必须在约翰和莉莎之间做出选择——而且没有时间机器的帮助。对申请者的评估是否应该基于当下——在我们进行选择的时刻——其全面发展出来的才智？这种做法，也就是形式上的机会平等，当然有一定道理，但在很多情况下，其结果看起来会是十分不公正的。不管怎么说，这是武士社会的做法。如果我们不能做得更好，就远远谈不上实现公平的人生机会原则。因而，罗尔斯式的平等主义者寻找独立于出身背景的才智和努力，也必然会空手而归；因为寻找的对象并不存在。

2. 运气平等主义中的功绩

对希望根据公平的人生机会原则来修改公平竞争原则的运气平等主义者而言，他们的任务可能更加困难。不只是要将才智和努力从出身背景中分离出来，运气平等主义者还需要把负责的选择从原生运气的影响中分离出来，即包括出身背景的运气，以及天生才智的运气。试图采取这种做法的招生委员会，一方面要衡量申请人是否真心愿意将自己全身心地投入某种追求；另一方面又不能奖励那些因原生运气造成的选择[1]。

根本没有办法做出这样的区分，正如才智和努力的内核无法从出身背景中分离出来一样，负责选择的内核也无法从原生运气中分离出来。塞缪尔·谢夫勒（Samuel Scheffler）指出，要区分选择和运气，我们需要确定每个选择源于哪个"自我的

---

[1] 虽然录取这个例子是以个案的形式来表述的，我们同样可以在群体层面讨论这个问题：运气平等主义者必须建立奖励负责的选择，而不是由原生运气影响的制度。这两个问题在许多方面是一样的。

方面"：我们需要"分清个人意愿的贡献以及其才智和个人情况中无法选择的部分所做的贡献"。① 由于我们所有的选择和努力，都与塑造我们和我们所遇机会的经验息息相关，因此这是不可能分清楚的。德沃金也在区分选择和运气时遇到了这个问题，只是形式略有不同。他写道："不可能在抹平才智不平等带来的财富差异的同时，保留那些源自选择的财富，正如夏洛克不可能不流一滴血就割掉胸前的一磅肉。"② 确实，正是这个问题使德沃金决定不再尝试把才智从运气中分离出来，而是尝试通过资源转移和虚拟的保险市场来减轻才智不同对人所造成的影响。

对我们的讨论而言，分离这个问题最直接的影响（无论表述为罗尔斯式的平等主义、运气平等主义，还是德沃金的形式）是：修改公平竞争以达到公平的人生机会，这种做法会遇到很多困难。对运气平等主义者而言，这个问题要更深刻得多，它也构成了对整个运气平等主义工程的强有力的反驳。任何试图实现运气平等主义的做法，都首先要区分来自选择的优势和来自运气的优势，而这是根本不可能做到的。

G. A. 科恩（G. A. Cohen）对这一点的反驳是这样回应的：运气平等主义者并不寻求"真正的选择是否存在这个绝对的区分"，相反，背景原生运气的贡献和真正的选择"只是度的问题，而平等主义纠正的是劣势无法反映真正选择的

---

① Scheffler, *What is Egalitarianism*, at 21. 还可以参见 Samuel Scheffler, *Choice, Circumstance, and the Value of Equality*, 4 POLITICS, PHILOSOPHY & ECONOMICS 5 (2005).

② RONALD DWORKIN, SOVEREIGN VIRTUE 341 (2000).

程度"①。科恩预料到了"拆分"的问题,他的回应是,这个困难绝"不是不遵循其观点的理由"②。

像科恩这样老练的运气平等主义者,承认所有的行为和优势都是运气和选择的共同结果,其模型类似于数学拆分,把来自选择和努力的贡献从来自生成运气和其他类型运气影响的贡献中分离出来。好像我们至少能够从理论上获知一个武士子弟的身体力量中,有60%来自其努力,而有40%则来自其特殊社会地位所造成的饮食或训练方面的特殊优势。

但是人类发展并不是这样的。正如第二章将要阐述的,我们的所有特质和能力,都是个人与其生长的环境发生长时间的、持续的磨合和累积的结果。当然我们能看到前面存在机会,或者被告知自己在某些方面有天赋时,可能会在这些方面格外地努力。由于这个作用,多数优势并不是60%来自选择,40%来自运气,而是100%来自选择,同时也100%来自运气③。

3. 罗默的 EOp 方案以及功绩的局限

近年来,在尝试解决这个问题的理论中,要数约翰·罗默(John Roemer)的机会平等理论最具创新性④。罗默的方案不

---

① G. A. COHEN, *On the Currency of Egalitarian Justice*, in ON THE CURRENCY OF EGALITARIAN JUSTICE, AND OTHER ESSAYS IN POLITICAL PHILOSOPHY 3, 32 (Michael Otsuka ed., 2011).
② 同上。
③ 也有例外。例如小孩收到捐赠就不是选择,而只是运气。
④ 参见 JOHN E. ROEMER, EQUALITY OF OPPORTUNITY (2000);还可参见 John E. Roemer, *Defending Equality of Opportunity*, 86 MONIST 261 (2003)。有用的总结和讨论可参见 *Equality and Responsibility*, 20 BOSTON REVIEW (Apr.-May 1995)。

在于解决公平的人生机会这个整体问题，而是将其应用到更狭窄的、具有相对定义明晰的结果度量（比如医疗和收入）的特定分配领域。他的想法是，存在许多个人控制之外的变量，这些变量和个人在相关领域中的选择（或者努力）有很强的相关性，而平等主义社会应当列举出这些变量①。根据领域的不同，这些变量可能包括性别、种族、阶级背景（划分为有限的几个互斥的类别）等。罗默的机会平等（EOp）函数把个人划分到不同的"类型"中，在每个类型中，所有人对于所列举出的变量都是完全相同的。EOp 函数用这些类型作为分离某种形式的努力的间接手段——也可以从背景变量中分离出人们能够公平地负责地选择某种形式的机会。

罗默方案的高明之处，在于它不试图将可以归结为特定背景情况的那部分努力从其他形式的努力中拆分出来，它不去假定这种拆分是可以做到的。相反，EOp 在同一类型中比较不同的个体。EOp 函数随后把最好的结果，分配给那些看上去相对于其类型中的其他个体付出了更多努力的个人。因此 EOp 使最终的结果变量在统计上独立于定义这些类型的背景变量。EOp 认为，尽管可能无法从理论上把个人责任从背景和经验中分离出来，但可以通过对个人和与其背景类似的人进行比较来找到类似的做法，而不是去比较背景不同的人。

---

① 苏珊·赫尔利（Susan Hurley）注意到罗默的 EOp 函数在另一方面比运气平等主义的工程狭窄：EOp 不奖励通常意义上的"努力"，而是鉴别出社会承诺奖励的努力方向或者类型，Susan Hurley, *Roemer on Responsibility and Equality*, 21 LAW AND PHILOSOPHY 39, 54–55 (2002).

第一章 机会平等及其问题

运气平等主义者对 EOp 代表的有限的务实的妥协并不完全满意。他们没有道德上的理由,来特别关注 EOp 函数所认定的出身背景,而不去关注其他同样没有理由的出身背景。设想有两个人。他们的生活都面临困难,并通过个人卓绝的努力克服了重大障碍。一个人很穷困,这是 EOp 函数认定的一种类型。另一个人很富有,但是在童年屡遭父母的虐待,这一点同样构成了严重的劣势,虽然这个劣势比较与众不同,也难以衡量。运气平等主义者没有理由将这两个人区别对待,但在把贫困而不是虐待作为类型变量的 EOp 函数看来,面临穷困障碍的那个人具有更多的功绩。要把 EOp 函数作为运气平等主义的利器,运气平等主义者可以提出增加一个新的变量,即衡量受到父母虐待的变量①。但是,我们还需要再区分不同类型的虐待和机能障碍。因为每个不幸福的家庭其不幸福的方式都不一样。此外,每个人体内的特质和特征不同,他们与相同境遇的互动也会有所不同,可能还需要加入这些变量。当我们尝试让罗默的方案与运气平等主义相互兼容时,我们一直在添加类型,原则上没有重点,直到最终每个类型里只有一个人存在,那么,EOp 也行不通了。

罗默的目标不是这样来实践运气平等主义。这个世界中,有些出身背景会造成巨大的优势或者劣势,而 EOp 作为"经验法则",能够在一定程度上更接近于公正②(比如在其后利

---

① 罗默主张社会应该民主地决定 EOp 函数应该包括哪些变量。
② 参见 Roemer, *Defending*,第 276~277 页(论作为"经验法则"的 EOp);同上书,第 280 页(论 EOp "会使当代社会比现在更接近于正义")。

用EOp评估政府政策的实证研究中，罗默仅仅根据单一的变量，即父亲的教育背景考察了三个类型①）。可以说，EOp更接近于对公平人生机会的一种有限的罗尔斯式平等主义的定义，而不是类似于机会平等主义，其理念是，结果应该独立于某些列举出来的出身背景。

EOp是一个指导性方案，因为它极大地缓解了功绩的问题。但是EOp并没有完全解决这个问题。如果我们的招生委员会要围绕EOp建立一套招生体系，就根本用不着费心地去比较莉莎和约翰这两个具体的人，只要去看看与他们两个人类型相同的其他人的情况如何，他们做了多少（相关的）努力就可以了。即使我们的系统中只包含了几个基本的变量——收入级别、有关种族的相对简单的问题、性格以及其他几个变量——类别的总数也会高达数百个②。由于我们不会在类别之外比较每个申请者，所以我们的招生委员需要制定非常详细的配额体系，只能从每个类别中录取少数几个最好的申请者。在我们模型中变量的数量还不足以捕捉到出身背景造成的优势和劣势的基本情况时，类别的数量就已经太多了，以至于从每个类别中录取很少几位申请者的做法缺乏基本的可靠性，即不同年份中每个类别申请人数量的波动，会极大地影响个人录取的机会。类别过多也会影响到罗默"慈善假设"的合理性，即

---

① John E Roemer et al., *To What Extent Do Fiscal Regimes Equalize Opportunities for Income Acquisition among Citizens*? 87 J. PUBLIC ECONOMICS 539, 553–554 (2003).

② "类别"的总数即这些变量值"组合"的数目——这样EOp很高明地避免了交叉性的复杂问题。

第一章 机会平等及其问题

我们最终寻找并期望奖励的功绩变量在不同类型之间的分配应该是平均的这一前提条件①。

这些困难并没有阻止一些机构在大学录取中采用现实世界中最接近罗默的方案的做法，比如"得克萨斯州前10%计划"的百分比计划②。这一计划让该州所有在高中位列前X%的毕业生都能进入自己心仪的几所州立大学，从而使这些大学比以前录取了更多的贫困学生。一个审视这类计划的视角是把每个学校作为一个类别，这与EOp函数十分相似③。由于种族的区别和阶级的分化，学校在一些重要的人口学变量上通常是相对同质化的，以罗默的角度看，成绩突出是一个人在其环境中做出最大努力的标志。当然，实际上学校并不是那么同质化的，在每个学校中，出身背景的差异会极大地影响学生的成绩。因此，虽然有成百上千种类型（该州每一所学校是一个类型），这样的做法还是非常粗放的，远远不能反制社会经济劣势背景的影响，更不用说消除所有出身背景对个人的影响了。

如果我们不用EOp函数，而是通过给予出身于各种劣势背景的学生加分补偿的方式来达成另外一种粗略的正义，就可以避免这些问题。但是这样做，也就等于放弃了EOp工程。它所依赖的正是力图将选择从境遇中分离出来，比如决定考试成绩多大程度上是贫困的结果，而这种结果正是EOp工程所希望避免的。

---

① 参见 Roemer, EQUALITY OF OPPORTUNITY 15（解释了慈善的假设，而罗默不再倡导这一点）。
② 参见本书第 375~376 页。
③ 参见 Roemer, *Defending*, 第 277~278 页。

4. 功绩与自我

本节中招生的例子试图重新勾勒出人类发展的复杂过程。我们试图消除出身背景带来的层层优势，而寻找才智与努力的内核（或者对运气平等主义者来说，只是寻找努力）。但是这个工程变成了剥洋葱。当我们试图剥到一个虚构的、由莉莎的父母所生的约翰时，我们已经逐渐剥离了我们面前这个约翰的整个现实化的人生。人类只会以一种方式存在，那就是作为与世界一系列事物互动产物的人——从胎儿开始一直贯穿其整个人生。我们所有的选择，更不用说我们的能力和才智，都无法从我们的经历和经验中被剥离出来①。

这么讲，并不是就要肯定决定论或者某种自由意志的形而上学。这么讲，只是想说明，在成人做出某种自我选择时，促使其决定的那些因素不是一个单独的内核，不能把这些因素与这个人一直在发展的思维，以及这一思维与世界的互动分离开来。无论我们具有何种能动性，行使这种能动性的自我是经验所塑造的。没有办法将个人从其与境遇的互动中分离出来，因为，人正是这种累积互动的产物。

那么，机会平等如何才能超越形式上的机会平等而得以实现呢？当我们试图改变公平竞争的原则以实现公平的人生机会时，我们很快发现，自己已深陷于将选择（或者才智，或者二者皆有）从境遇中分离出来的困境。看起来，在更早的阶

---

① Diego Cambetta, Were They Pushed or Did They Jump? Individual Decision Mechanisms in Education (1996)，对我们的选择和我们周围机会结构的各种元素之间的复杂关系做了细致的案例研究（考察了意大利青年决定继续读书还是辍学的决定）。

段,即在人们被锁定在竞争中之前,实行机会平等应该是更容易的,然后其他的问题就解决了。这就是"起跑门"的做法。当然家庭问题会限制我们在将早期发展机会平均化时究竟能走多远,我们还是要在坑洼不平的地面上来建构机会。即便如此,这个起跑门的做法或许依然更值得我们进行细致的研究,因为如果我们尝试在这之后才开始推行公平的人生机会,那时全面发展的个人已经被锁定在竞争之中了,而起跑门理论至少能够帮助我们避免面对将功绩从非努力性的优势中分离出来的问题。

(三)起跑门问题

各种起跑门理论在关于机会平等的一般政治辩论和哲学著作中相当流行。其原因不难理解,这些理论似乎都在提供一个既能实现公平的人生机会,又能重视公平竞争的方式,当然是一前一后的,它们都以起跑门作为重要节点。我们在这个节点上完成了对发展机会的平均化,这之后就可以进行形式上公平的竞争了。比如,理查德·阿尔尼森就主张个人应该在"成人伊始"面对一系列与自己福祉相关的机会[1]。包括阿尔尼森理论在内的一些起跑门理论,有些在精神上是运气平等主义

---

[1] Richard Arneson, *Rawls, Responsibility, and Distributive Justice in* JUSTICE, POLITICAL LIBERALISM, AND UTILITARIANISM: THEMES FROM HARSANYI AND RAWLS 80, 101 (Marc Fleurbaey, Maurice Salles & John A. Weymark eds., 2008)(该论文写于1996年)。在 Richard Arneson, *Equality of Opportunity for Welfare Defended and Recanted*, 7 J. POLITICAL PHILOSOPHY 488, 490 (1990)中,阿尔尼森放弃了这个观点,并提出了一些机制来消除原生运气。

的，有些则不是①。一种对罗尔斯正义论的解读认为，这也是起跑门理论。我认为这不是最佳的解读。然而，在后来的著作中，罗尔斯肯定了一种起跑门理论，他指出，机会平等的关键是铲平人们"在理性时代之前出生并发展"的环境所带来的影响②。其内在的含义是指，机会平等意味着两个领域中不同的事物：其一，是"在幼年期通过家庭和教育系统，个人的才能和能力的形成"；其二，是"从成人起在高等教育、就业市场和一般的社会生活中每个人所能得到的机会"③。克莱尔·钱伯斯（Clare Chambers）批评了许多平等主义政治思想家，认为他们都有这种想法，而她则明确划出了她所认为的"机会平等时刻"（Moment of Equal Opportunity），我把它称为"起跑门"④。

---

① 如参见 Peter Vallentyne, *Brute Luck, Option Luck, and Equality of Initial Opportunities*, 112 ETHICS 529（2002）（认为他所主张的关于优势的机会平等理论比运气平等主义更优越，而且认为二者都应该被视为起跑门理论）；ANDREW MASON, LEVELLING THE PLAYING FIELD: THE IDEA OF EQUAL OPPORTUNITY AND ITS PLACE IN EGALITARIAN THOUGHT 4（2006）（提出一个起跑门理论，其中在起跑门之前，发展机会按照充裕的原则分配，在起跑门之后，则主要基于唯才是举的公平竞争原则）。
② JOHN RAWLS, JUSTICE AS FAIRNESS: A RESTATEMENT 44（2001）（着重号为笔者所加），提到的"理性时代"是尝试画出一条明显的线来作为起跑门，这在 *TOJ* 中并不明确。
③ DAVID MILLER, PRINCIPLES OF SOCIAL JUSTICE 181（1991）.
④ Clare Chambers, *Each Outcome is Another Opportunity: Problems with the Moment of Equal Opportunity*, 8 POLITICS, PHILOSOPHY & ECONOMICS 374（2009）.

第一章　机会平等及其问题

1. 事先视角的局限

让我们再次回顾武士社会——这次是一个更有意思，甚至是乌托邦的版本。设想平等主义改革者成功地创建了武士技能学院，为所有愿意发展武士技能的人提供了良好、平等的发展机会。我们暂时不去考虑谁能够进入这些学院的问题，假定每个人都能入学。鉴于儿童的能力和不足有多种组合形式，对特定机会的回应也是多种多样，我们也先搁置"平等"含义这个问题。最后，让我们设想这些学院同时也是孤儿院，从出生起就接管了武士子弟，这样就可以完全搁置家庭问题了。

这个激进的"平等教育武士社会"，成功地推行了起跑门理论所持的公平的人生机会原则：在人16岁时——也就是在武士考试时，其前景不取决于出身背景（在运气平等主义的版本中，武士技能学院又消除了天生才智的影响，使得16岁青年在考试当天的表现完全取决于其自身努力的结果）。在16岁时，一部分人在公平竞争中取胜并成为武士——这个群体不再是只由武士的子弟构成，而是看上去仿佛能代表社会的横截面，反映了一个人才智、努力和运气的某种组合（或者在运气平等主义的版本中，仅仅反映了努力）①。

这个社会融合了公平竞争的方式和公平的人生机会。那些在考试中失利的人只能这样安慰自己：考试在形式上的是公平的，他们也曾享有一切机会——确实是他们自身的才智和努力

---

① 我的观点不强调这一点，但是原生运气是任何竞争或者其他排序机制中不可避免的部分。我假定彻底的运气平等主义（也是完全不实际的）版本在这里也能够一定程度上消除运气。

（或者仅仅是努力）不够，才导致了不好的成绩。因而从任何角度说，考试成绩对他们都是公平的。

对于大部分16岁的青年来说，他们内化了这个武士社会的成规，而且倾向于笃信他们周遭社会安排的正义性。失败者会对自己非常失望，但不一定会对社会失望。然而，假设在对此进行了几年或者几十年的反思后，竞争失败者中的一些人开始有了不同的想法，他们开始感到自己受了欺骗。他们不会质疑考试的公平性，但是会说：我们当时还是孩子，导致考试失败的几个小错误，比如一点点松懈、一点点青春期叛逆、一点点对成为武士之外的目标的兴趣等，这些错误的后果不应该如此严重，不应该永久性地减少我们的人生机会。

这个想法在直觉上十分有利，这些人应该有额外的人生机会来竞争并追求更多的目标——如果不是所有的大门都在16岁时对他们关闭，情况就会好一些。但是如果上升到道德的高度来论断呢？这些人事先（ex ante）面对的人生机会是公平的，这满足了公平的人生机会原则。他们经历的发展机会简直就是超自然的公平。此外，竞争本身也是公平的。从事先的角度看，机会确实是平等的，这种平等简直到了在现实世界中不可能实现的平等程度。那么问题出在哪儿呢？

这里反驳的观点，可能是一种运气机会主义的批评者时常会提出的"严酷"问题，即运气平等主义对那些做了不好的选择（或者是选项运气极差①）的人而言过于"严酷"了，把他们推到了特别艰难的处境之中。一些运气平等主义者对这

---

① 参见本书第53~55页。

第一章 机会平等及其问题

个反驳的回应,是重新阐述他们的理论并加入一些对最差者的补偿,即给予那些完全由自己负责的选择所造成劣势的个人一些补偿①。运气平等主义者还可以辩解说,运气平等主义本身并没有通过任何形式要求那些做出不好选择的人必须承担如此艰难的后果。后果造成的范围应该更窄,即结果之间的差距应该被更有效地缩小,使得没有人会面临非常艰难的结果,这个看法与机会平等主义是能够互相兼容的②(我们越是推进这个理念,就越接近于主张分配平等而不是机会平等)。不管怎样,运用上述一个或者多个运气平等主义的回应,成年的非武士可以辩称,他们应该在财富的分配中得到更多的份额,或者应该对他们的福利给予基本的提升。即使完全是他们自己的选择使他们陷入现在的困境中,社会还是应该减轻他们的困难。从直觉上来看,这是很有道理的,而且可以用很多平等主义的分配正义原则重新将其表述出来,比如罗尔斯的差别原则。

然而,它没有触及抱怨的核心部分。那些在武士考试中的失利者,索要的并不是金钱,而是机会——一个人生有所为的机会。他们已经错过了"人类之善的一个主要形式",要弥补

---

① 参见 Kristin Voigt, *The Harshness Objection: Is luck Egalitarianism Too Harsh on the Victims of Option Luck?*, 10 ETHICAL THEORY & MORAL PRAC. 389, 404-406 (2007)。
② 这类举动用到了莱斯利·雅各布斯(Lesley Jacobs)所说的"风险公平"(stakes fairness),即在竞争中的"风险"的公平。LESLEY A. JACOBS, PURSUING EQUAL OPPORTUNITIES: THE THEORY AND PRACTICE OF EGALITARIAN JUSTICE 15-17 (2004)(提出一个以"风险公平"作为核心维度的机会平等理论)。

这一点，他们需要的不仅仅是解决生机的问题。他们需要的是有机会来发展和运用自己的能力，他们需要找到目标并追寻实现目标的路径的机会。

当然，我们可以反驳说，他们曾有过这种机会，是他们自己没有把握住。但是，这个事先视角，即只评估武士考试之前的机会的视角，为什么就该是唯一重要的视角呢？这种理由显然并不具有说服力。对考试曾经失利的成年人而言，他们想要表达的诉求是：他们现在需要机会，也就是需要为他们当下的努力获得回报并运用他们才智的机会。到了30岁或者50岁时，他们在武士考试中的成绩早已成为历史，他们的失利不再是对如今表现的评估，而更像是一个污点或者某个种姓。确实，他们没有生在这个种姓中，却因为曾经的失利而被划入了这个种姓。这一点很重要。不管怎样，对一个机会渺茫的30岁或者50岁的人而言，现时的才智和努力已不能为他赢得什么，即使他的才智和努力再大，也已无法弥补他在16岁时所遇事情造成的影响，这些才智若放在当年，他可能会沿着不同的维度发展，从而成为完全不同的人，特别是在其性格构成和获取动力方面。出现这样的情况似乎是不公正的。

现在让我们从武士社会转到稍微接近实际情况的"大考社会"。在这个社会中，有各种各样的职业生涯和人生道路可供人们选择，但所有那些理想的职业和道路，都要求你必须在16岁时的考试中表现优异。简而言之，假设通过考试将成绩优异的学生送入大学，而今后几乎所有好的职业都需要有大学文凭；其他未能进入大学的人则只能从事低技能的职业，并得到微薄的回报；到了成年时期，你已无法再去上大学，也无法扩大自己的就业前景了。虽然这种二元结果的汇总，是对实际情况过度严重的简化，但这个例子的其余部分却比我们所设想的更加接近事实。实际上，许多国家的教育制度确实都将过多的权重放置在特定年龄段所进行的综合考试上①。

一个社会为什么要像大考社会那样将机会建构在考试之上呢？假设人的大脑只有单一固定的属性，比如说与生俱来的智商，只需要用它就可以确定在所有的任务中某个人会表现如何。如果这种属性的确恒定存在，且能够被度量，那么就效率而言，大考很可能是有道理的。因为它能探查到人的"能力"，让我们避免浪费资源去训练那些能力不是最高的人②。但是，我在第二章中列举了理由，证明这只能是个幻想：不存在这种与生俱来的属性，我们完成不同任务的能力，在我们一生中是随着我们与生活中各种机会的互动而得到发展的。就算能力有这种与生俱来的和恒定的属性，也没有理由相信，其他与此高度相关的变量——比如努力、志向和权益——也可以在

---

① 教育考试的趋势可以追溯到拿破仑并上溯到古代中国，但是在 20 世纪这一趋势极大地加速了。而且这个趋势已经超过了峰值。参见 MAX A, ECKSTEIN & HAROLD J. NOAH, SECONDARY SCHOOL EXAMINATIONS: INTERNATIONAL PERSPECTIVES ON POLICIES AND PRACTICE 2–14（1993）。

② SAT 一开始是"学术能力考试"（Scholastic Aptitude Test）。然而 ETS 承认，考试成绩并不能衡量"能力"。1994 年，ETS 把考试的官方名称改为听起来有些重复的"学术评估考试"。一些社会科学学者此后试图证明 SAT 本质上依旧是智商测试。参见 Christopher Shea, *What Does the SAT Test? The SAT Test … A) General Intelligence B) Academic Aptitude C) Test-Taking Skills D) Nobody Really Knows*, BOSTON GLOBE, July 2004, at G1。

人 11 岁、16 岁，或者 21 岁时就能被可靠地度量出来，并且以后再也不会发生变化。正如武士社会一样，在大考社会中，社会建构选择机会的方式中，带有随意性的因素，这使在考试中失利的人成年后的前景受到了极大的限制，无论他在这之后又付出过多么大的努力。即使人人都在 16 岁时有公平的机会，我们还是有理由对这种安排感到不满，何况，如果人们连这个公平的机会都没有，我们自然就更应该感到不满才对。

从人的兴盛的角度看，以任何类似武士社会或者大考社会的方式来组织社会，都会带来至少两种损害。对考试失利者而言，损害更加明显：无论在考试之前他们曾经有过什么样的机会，但在考试之后，他们面前只剩下非常有限的机会来发展和运用自己的能力，并按照他们选择的方式来实现人的兴盛了。

这种建构机会的形式甚至会影响那些在考试中获得成功的人，这一点似乎不那么明显。在大考之前的整个童年时期，即将来临的考试局限并引导了他们的志向和目标，让他们对自我的认识和对什么才是人生成功的理解更为狭窄，因为这时致力于大考之外的目标，显然是很不理性的（可能还会是灾难性的）[①]。各种起跑门理论都没有看到将机会建构在大考之上带来的这个问题——或者说，它们最多只把这个问题作为对考试制度过于"严酷"的指责，这是起跑门理论中一个真正的道德盲点。

[①] 对高风险考试持批评态度的教育理论家的许多观点都包括这一条批评，比如参见 ALFIE KOHN, THE SCHOOLS OUR CHILDREN DESERVE: MOVING BEYOND TRADITIONAL CLASSROOMS AND "TOUGHER STANDARDS" (1999).

将起跑门的理论作为一个使机会平均化的实际策略,还会面临更严重的问题。前面基本只是单独地讨论了起跑门的问题,而暂时搁置了与其相关的家庭背景及功绩问题。当我们把起跑门与这些问题放在一起考虑时,起跑门理论的谬误就完全展示出来了。读者即使对前面的段落无动于衷,也应该认识到,在存在家庭的社会中——其实也就是在所有社会中,主要依赖起跑门来将机会平等化的做法,存在着严重的问题,甚至往往会适得其反。

2. 复合优势与机会的串联

问题是这样的:正如克莱尔·钱伯斯所言,"每个结果都是新的机会"[1],因此将起跑门设置在哪里都不合理。当我们通过雇用或者录取某个人来奖励功绩,从而实践了某种意义上的公平竞争原则时,我们也就给了那个人一个发展更多功绩的机会。职责更大或者需要更高技能的工作会改变人。它使人们能够发展并完善更多的技能和才智。不是每个人都能在所有的教育和工作中获得成功,但是,当我们确实成功时,我们通常会获得比初始时更多的功绩和更好的前景。无论是工作,还是上学,都是如此。正如约翰·杜威(John Dewey)很早以前就指出的,所有的教育都是经验,而所有的经验也都是教育[2]。

这个事实使"把关者"的决定产生了复杂的影响。录取

---

[1] Chambers, *Each Outcome*;还可以参见 ROBERT K. FULLINGWIDER & JUDITH LICHTENBERG, LEVELLING THE PLAYING FIELD: JUSTICE, POLITICS, AND COLLEGE ADMISSIONS 21-22 (2004)(论功绩的"滚雪球")。

[2] JOHN DEWEY, EXPERIENCE AND EDUCATION 25 (1938).

或者雇用（或者拒绝）的选择，对一个人会有长远的影响，会将那些被选者和落选者之间的差距继续拉大。由于每次选择的决定都会放大上一个决定的效应，出身背景的优势越到后来就越有可能被放大许多倍。当家庭通过特殊的教育机会让子女在竞争中占得先机时——比如说进入了优质的学校，会使自己的子女在以后面临决定和选择时刻之前就发展出了更多的功绩。这其中有多种机制在起作用。在优质的学校就读，或者获得竞争激烈的职位，都能够提升一个人的技能，也就是说让他有机会积累更多的能力通过后来的各种考试。同时，这些经验还可成为代表功绩的资历，而资历常常与考试一样重要（也确实能帮助对未来的表现做出预测）。

因此，在机会不完全平等且存在家庭的现实条件下，起跑门放在哪里都不公平。任何起跑门都只会制造出放大过往机会不平等的效果。此外，机会的串联意味着，在出身背景之外，原生运气也可能产生超出比例的后果。早期的一个好运或霉运，都可能被陆续放大许多倍，其余波会影响到这个人未来参加每一次考试的资格①。

起跑门和功绩之间有着微妙的相互作用，但对结果却有很大的影响。前一节中讨论过医学院的招生委员会，这样的机构旨在实践类似于罗尔斯式的机会平等概念，但它们还有其他的目标——运用形式上的机会平等选择形式，在候选人中间选择

---

① 参见 Chambers, *Each Outcome*, 第 383 页（常常出现两个候选人资质基本相当，但只能随机挑选一个，而这个决定的后果将随着时间的推移越来越大）。

出功绩最多的那个人，即符合医学院需要的人才。这就造成了明显的两难和折中。对面临这种折中方法的机构而言，如果其他预备机构在医学院选择之前，就努力招收并培训更多来自劣势背景的人，使得他们在申请医学院时能够像其他人那样在形式上更具资格，那么事情就会好办多了，其折中的力度也可以大大减小。

在2003年美国最高法院要求密歇根大学维持优惠待遇的裁决中，这个问题就扮演了重要角色①。在这个案子中，法院主要讨论了来自《财富》排行榜中世界500强企业和前美国高级军官这两组非当事人的意见陈述，并认为这些陈述具有说服力。这个案子的问题只涉及种族背景，不涉及更宽泛的出身背景，但是军官的陈述，把这个问题简要地表述为，"目前，军队无法保证军官集体既有很高的资质又具有种族多样性"，除非在更早的阶段给予优惠待遇，具体而言，就是类似在密歇根大学毕业的学生，更有可能成为未来的军官②。一些世界500强企业的人力资源师也认为，他们招聘背景多样的合格雇员的能力有赖于密歇根大学这样的院校实施的优惠待遇③。这

---

① Grutter v. Bollinger, 539 U. S. 306, 330–331 (2003).
② Brief for Lt. Gen Julius W. Becton et al. as Amici Curiae Supporting Respondent, at 5, Grutter v. Bollinger, available at http://www.vpcomm.vmich.edu/admissions/legal/gru_amicus-ussc/um/MilitaryL-both.pdf. 着重号为原文所带。
③ Brief for 65 Leading American Business as Amici Curiae Supporting Respondents, at 5–10, Grutter v. Bollinger, available at http://www.vpcomm.umich.edu/admissions/legal/gru_amicus-ussc/um/Fortune 500-both.pdf.

些雇主实现雇员多样化的努力，并不能完全达到罗尔斯将人身机会与出身背景分离的目标。但是有一些重合的部分。这些雇主意识到，每个机构的录取决定，都会塑造谁有资格参加下一次竞争。

因此，医学院可能更希望本科院校能切实地找到来自劣势背景同时才智和努力都非同寻常的申请者（即使他们在申请大学时没有那么多其他人所拥有的形式上的功绩）。而本科院校也会希望中学能够切实地这么做，以此类推。在每个教育环境中，公平竞争的原则都有一定道理——它有助于学校实现录取形式上功绩最多的学生的重要目标。此外，任何学校都不愿意招收那些形式上的功绩如此之差，以至于无法毕业的学生。因此，在每个阶段，如果符合资格的候选人群体已经在相关方面是多样化的，那么，当一所学校希望选出生背景多样化的群体时，就会容易得多。之后，学校就能像在起跑门或起跑门之后那样，更自由地只是根据形式上的功绩来做出录取决定，而不至于为了"平等"而损害学校的其他目标。

3. 关注最年幼的儿童？

对起跑门和功绩问题相互作用的一个平等主义回应是，应该努力将远至最早阶段的发展机会平均化，即学前和其他幼儿园之前的教育。年龄越小，公平竞争原则的合理性就越弱。在4岁时，就会把最理想的学前位置给予功绩最多的孩子，维尼提为此担忧似乎是多余的，甚至是愚蠢的[①]。所以在这个阶

---

① 然而，新闻报道显示，至少在纽约市的精英区，这个归谬法（reductio ad absurdum）已经在起作用。

第一章　机会平等及其问题

段，我们只要推行旨在使人生机会更公平的政策就可以了。

然而，家庭的问题正是在这几个最早的阶段最为棘手。父母在孩子幼年期对他们境遇和经历的控制，要比在他们以后的岁月中多许多。这部分是由偶发社会情况造成的，比如6岁的孩子必须接受义务教育，而3岁的孩子就不需要。几乎所有推行义务教育的社会都对学龄做出规定。在理想的理论中，父母拥有很大的育儿自由，但不是无限的；无论其界限在哪里，随着孩子逐渐长大，一些反对意见的合理性会有所增加①。因此，一般认为父母对年幼子女的经历和机会的控制，应该比对年长子女的控制更多。不管怎样，实际情况一直是，在真实的社会中，父母在孩子上小学之前都会向他们传递大量的优势——而这正是平等主义政策最难触及之处②。

此外，还有一个实际情况是，平等主义教育改革者对哪些学生能够进入特定教育机构的影响能力，在儿童最年幼的时候是最弱的。申请者来源很广的大学要做的工作多得多，而小学一般则与所在地结合得更加紧密，这里有很多实际的原因，因而整合与平均化的工作也就更难。正如我将在第四章中讨论的，平等主义的政策制定者可以尝试强力推行阶级和种族的整合，但是假设富裕的父母有选择居住地的自由，并按照他们的意愿将子女送到私立学校读书，那么，他们就很容易将他们和

---

① 比如，考虑儿童自身的偏好。我们有很好的理由应当更加尊重较大一些的孩子的选择和偏好，而不是较年幼的孩子的选择和偏好。当儿童能够从公民教育中受益时，社会对公民教育的兴趣也会更高。

② 参见本书第185~190页。

他们的子女与劣势群体分开,这是政策无能为力的,甚至可以说这是对政策的直接回应。

正是这些原因使起跑门不是争取实现机会平等的方式。尽管它在理想的理论中本就有所不足,但若将它作为真实世界中的政策,就会显得更加不合情理。机会平等的倡导者需要其他混合的办法。与其在某个特定位置搭建一个起跑门,不如我们在每个阶段都注意处理并缓解不平等。由于机会的串联,这个任务将是困难的。

4. "那是他们应得的"①

这个死结似乎是解不开的。每一次竞赛的结果——无论公平与否——都塑造了下一次竞争的背景优势。赢者多得,输者少得。即使在每个阶段都进行目的良好的干涉,也无法挽回这些早期优势的放大效果,早期优势的获得者仍能将其他人远远地甩在身后。

但是,真的要这样来安排竞争吗?有没有可能通过完全不同的方式来安排各种竞争,使得一轮竞赛的输者在其他的竞赛中也有机会成为优胜者呢?

到目前为止,我们的讨论都没有提及这些重要的假设。我们假设了所有人都想竞争这些在学术和职业金字塔上层稀缺的位置。我们假设了理想的教育和工作空缺在每个层次都是稀缺的,我们假设了在每个层次中我们对才智和努力的定义大体是一致的:只有一种才智或者努力是重要的。这几条假设并不是

---

① BILLIE HOLIDAY, GOD BLESS THE CHILD (Okeh 1941) ("那是他们应得的 / 那是他们不该失的 / 圣经是这样说的 / 那依旧是福音")。

完全不符合现实的,但同时,它限制了我们的思维,让我们只能考虑类似于多极化大考社会的社会形态。也许,解决方法是让这些假设更为突出明显。我们通过构建一个没有这些假设的社会,或许可以减少上述这些限制。

(四) 个性问题

在本章第二节中,我提出机会平等之所以重要的部分,是它有助于人们"以自己的形式追求各自之善"——通过发展和运用我们的才能,以及追求我们自己的目标实现兴盛。这个观点有助于阐明第四种,也是对机会平等更深层次的一种批评,同时,也提供了解决方案的雏形,一个对上面讨论的三个相互关联的问题进行改良的办法。

1. 沙尔的噩梦和诺齐克的梦想

武士社会的一个不寻常的方面,就是在这个社会中只有一种意义,只有一件事情具有价值,只有一类技能被看作功绩,而且只有一种结果被视为是值得追求的。尽管武士社会从来没有成为社会的真实写照,但设想一下这样的社会将会塑造出什么样的人还是有教育意义的。情况不容乐观:只有一件事值得去做,一种人值得成为,一个生活形态值得打造,没有任何个性可言。在大考社会中,赢者比武士拥有更广泛的机会,但是,我们仍然觉得其机会结构会带来深层次的不良影响。父母会竭尽全力让子女集中精力准备考试,而子女也只能围绕这条光明的、路标清晰的唯一路径来形成自己的志向,并由此塑造他们的抱负以及他们对成功的定义。

约翰·沙尔(John Schaar)在 1967 年的一篇经典论文中

提出，作为"发展一些人在一些时刻十分珍视的才智的机会平等"，在"间接上十分保守"。① 在一个狭窄而僵硬的机会与奖励结构中，实现机会平等并不能扩展对人们开放的人生计划，只能将每个人的努力导向狭窄的、由社会现实确定的计划和目标上。实际上，机会平等甚至会强化这些目标：

> 没有哪一种政策方案，比机会平等的方案在设计上更能强化在美国社会秩序中占主导地位的制度、价值和目标，因为它给了每个人公平与平等的机会以在这个秩序中找到各自的位置……机会平等这个简单的方案……为越来越多的人打开了越来越多的机会，使他们能够有越来越多的能量来实现大众化、官僚化、技术化、私有化、军国化，以及无聊的、追求刺激的、以消费主义为导向的社会——这个社会的成员是一群饱食终日、思想单一、纵情享乐的猴子，它们被各种科技产品和情趣用品所包围。②

在这个层面上，沙尔对机会平等的要求太高了。机会平等只是一个重要的原则，而不是完整的正义理论。它当然更不会是关于美好社会的完整理论。我们肯定需要机会平等之外的原则，来决定社会应该在多大程度上追求刺激、军国化、以消费主义为导向。然而在另一个层面上，这个指责又很难被驳倒。

---

① John H. Schaar, *Equality of Opportunity, and Beyond*, in NOMOS Ⅸ: EQUALITY 228, 230 (J. Roland Pennock & John W. Chapman eds., 1967).

② 同上书，第 230~231 页。

第一章 机会平等及其问题

正如武士社会和大考社会所展示出来的：机会平等确实会强烈地激励每个人，按照机会结构及奖励的方式来形成自己的价值观和目标，从而进一步强化在社会中"占主导地位的制度、价值和目标"。但是，确实应该让机会平等的原则来扩展对每个人占主导地位的激励因素。也就是说，在古老的种姓制度中，可能有一些非武士子弟不会认同在这个社会中占主导地位的价值体系①，可是如果他们也有公平的机会可以成为武士的话，那情况就会不同了。人们会首先审视周围世界中那些在某种程度上可以对自己开放的机会，然后根据这些可能来形成自己的志向和目标，以及为人做事的规范。

即便如此，我们对在社会中占主导地位的制度和价值的批判态度，仍会有强弱之分。沙尔的批判，是从意识形态的角度对机会主义的部分功能进行批判的。他认为，机会平等主张把"发展一些人在一些时刻十分珍视的才智"的机会和推动力给予所有的人，而这种做法，只会导致我们内化社会中占主导地位的意识形态价值，并丧失质疑它们的能力。

沙尔的批判是否深刻，取决于我们一开始为什么要珍视机会平等。如果我们的目标只是提高平等的效率，那么，机会平等似乎相当有助于我们实现这个目标。同样，如果我们的目标只是在回报不均的社会中为每个人找到起点公平的基础，那

---

① 实际上，在种姓社会中，不同的群体很可能信奉迥异的价值观和信仰。一个有趣的问题是，在转向存在更多非刚性区分的更为公正的社会秩序，并最终实现完全没有种姓区分的社会过程中，这种多样性是否能保留下来。比较本书第199~200页（论密尔的一个相关观点）。

么，也算方向正确。即使还有其他原因让我们也同样关注在社会中占主导地位的制度和价值，机会平等的原则依然是有用的。

然而，如果主张机会平等的主要理由，是为了帮助每个人"以各自的方式"追求"各自的人生之善"，那么，沙尔的批判似乎就相当严重了。因为这样一来，我们的原则与我们所要做的事情就完全相反了。要实现"以各自的方式"追求"各自的人生之善"这个目标，仅仅让机会平等似乎是不够的，甚至可能不是正确的做法。我们需要构建的机会结构，不应该是更加强化某种占霸权地位的制度、价值和目标，而应该是让每个人去追求更多元的人生机会，能够更加自主地寻找自己最珍视的兴盛形式。

本章至此为止所采纳的对才智和努力的定义，都隐含有某种假定，即只有一种才智和努力是重要的。我们对发展机会不平等的多次表述，听起来好像只是在说金钱的不平等：好像问题不是出在应该有不同类型的发展机会，而只是在于有些人的机会更多，有些人的机会则少。最主要的问题是我们倾向于假定，为了追求某种理想的工作、社会角色或教育机会，人人都处在与他人激烈的零和竞争中，因为这些位置都是极为稀缺的。如果我们改变这种假设，或许就会出现另外一种情况。

改变这些假设，可能会更好地反映现实状况。不管怎样，我们不是生活在武士社会或者大考社会之中，如今的社会还是存在一些个人志向和人生计划的多样性。我们并不是都在竞争同一种回报。但奇怪的是，对社会寄于这种期望的人在机会平等主义的批评者中更容易找到，而在提倡平等主义的人中则不易发现。罗伯特·诺齐克（Robert Nozick）就对整个机会平等的说法，甚至对其形式上的概念也持批判的态度，理由是"人生不是赛跑"：

> 追逐奖品的赛跑模型常常被用于讨论机会平等。赛跑中如果一些人的起跑点更接近于终点线，或者有些人必须负重跑，或者有些人的跑鞋中掺了石子，那么，比赛就是不公平的。但是生命不是赛跑，我们不是都在竞争一个他人设定好的奖品；不存在由裁判衡量速度的单一的赛跑比赛……不存在集中的机制来衡量人们运用机会的情况；这不是社会合作和交换的目的。[①]

诺齐克憧憬的这种相当去中心化的多元主义，在某些方面相当诱人，但同样也不符合实际。真实的社会处在这二者之间——大考社会和诺齐克梦想的社会——的某一点上。虽然在真实社会中，人生确实不能被简化为单一的赛跑比赛，但是的确存在某种聚合的机制来衡量人们如何"利用他们拥有的机会"，比如说大学招生。确实存在许多人甚至大部分人都会渴望的结果，而且许多人甚至大部分人都会为了这个结果去参与竞争。其原因通常也是合理的，即便这只是社会偶发的理由。这一点在多大程度上成立，取决于我们如何建立机会结构。与此同时，现代社会也确实十分丰富繁杂，包括各种各样专业的职业、活动和亚文化，这至少保证会有相当显著的多元性来容

[①] ROBERT NOZICK, ANARCHY, STATE & UTOPIA 235-236 (1974).

纳不同的赛跑比赛。

然而,我们在阅读大多数平等主义的理论著作,或者在聆听人们在政治领域中倡导机会平等时,却找不到对这一问题的关切。在过去的半个世纪中,理论家和政治家们都大量地使用了"人生就是一次赛跑",或者是某种体育竞赛的比喻,当然还有"铲平运动场"的相关比喻。虽然本章着重讨论了伯纳德·威廉姆斯的武士社会中的体育竞技,但是在这里引用约翰逊总统1965年关于民权的演讲——实际上,也可能是对诺齐克的回应——同样是适宜的。约翰逊总统在演讲中说:"你不能找到一个多年被锁链束缚的人,把他的锁链解除后,将其带到赛跑的起跑线上,然后对他说:'你可以自由地与其他人竞争了。'这之后,你就义正词严地宣告自己的做法是完全公平的。"①

把生活比作跑步比赛是一个很有力的比喻,作为一个简化问题的手段,有其真正价值。各种繁复庞杂并存在深刻不平等的现代社会中都有许多不同的、相互重合的不公正,这个比喻使这些不公正更容易被处理。这个比喻的用处之大,部分原因还在于它阐明了许多不同的机会平等概念。形式上的平等主义者用它来论证公平竞争的原则,但正如约翰逊总统对这个比喻的使用(以及诺齐克的一些例子)所表明的那样,它还能被用来呼唤关注不平等的发展机会,并论证公平的人生机会。

---

① President Lyndon B. Johnson, To Fulfill These Rights, commencement address at Howard University (June 4, 1965), available at http://www.lbjlib.utexas.edu/johnson/archives.hom/speeches.hom/650604.asp.

"公平的人生机会",这一概念本身确实在某些形式上与存在着跑步比赛的想法相吻合,即只有一种结果或者奖励的度量,而且对整个人生的度量,往往要取决于一个人在前一个度量中所处的位置。

然而,生命就是一次比赛的想法掩盖了另一个更为微妙的危害。如果机会结构使得人生真得就如一场比赛那样,竞争完全是零和的,人人都追求同一个奖品,那么,这种机会结构就只会加剧本章讨论的所有问题。这样的机会结构,严重地制约了个人以自己的方式实现兴盛的机会。它使家庭的不平等问题更为严重,因为家庭会有极大的动力运用自己所有的优势来确保子女赢得这场比赛。这种机会结构也大大提高了每个竞争阶段或者每场比赛的风险,使得人人都力图在比赛中获胜,以确保在下一个竞争阶段的比赛中能有参与的资格和获胜的机会。这实际上就加剧了功绩的问题和起跑门的问题。

当平等主义的政治理论家们谈论人生如同比赛,谈论应该创造公平竞争的,或者"公平的人生机会"时,他们头脑中的未来图景,并不是一个高度零和竞争、高度风险竞争的社会。他们绝不希望推动社会朝这个方向发展,他们的想法更加抽象和多元。以此我们应该能够定义某种公平主义正义货币,并且度量这种货币的分配——比如基本物品、优势、资源等——来决定某些社会安排是否符合正义的原则。这些货币旨在度量人们在"实现他们的想法……推进他们的目标(无论是何种目标)"[①] 时,所需要的物品或工具。换句话说,货币

---

① RAWLS, TOJ, at 79.

本身就蕴含了某种自由和多元主义的概念。然而，这种多元主义能否实现人的兴盛所需要的实际条件，即人们能够按照自主选择形成自己人生的目标并追求这个目标的机会结构，却并不在政治理论家们通常思考并论述机会平等的框架之中。

2. 走向另一种机会平等

存在一些例外。沙尔简要地讨论了是否能从"在一个社会中，实际发生的不是只有一种竞争，而是存在很多种竞争"① 这个想法中找到对上述反驳的回应。有一篇回应沙尔的论文扩展了这个观点，提出解决的方案存在于某种可能性中，即创造"足够多的'竞走比赛'，使得一场比赛的输者有可能在另一场比赛中获胜"②。然而，沙尔认为，这种可能性无法成立，因为所有的社会都只鼓励有限的几种才智，而且，即使在"这些被鼓励的才智、美德和竞争中"，也存在着"价值等级"③。

这种价值等级真的无法避免吗？大卫·米勒（David Miller）在一篇关于能人统治和应得的论文中提出，与其将能人统治构建在"单一的功绩金字塔之上"，不如在"建构社会总体关系时应该承认并且奖励多元的功绩类型"④。在这样的社会中，不同类型的功绩在不同的领域中起作用。与其让"经济上的应得决定一切"，不如在其他所有的领域，包括

---

① Schaar, *Equality of Opportunity, and Beyond*, at 235.
② John Stanley, *Equality of Opportunity as Philosophy and Ideology*, 5 POLITICAL THEORY 61, 63–64 (1977).
③ Schaar, *Equality of Opportunity, and Beyond*, at 236.
④ DAVID MILLER, PRINCIPLES OF SOCIAL JUSTICE 200 (1999).

"艺术成就""公共服务"以及"教育和学术",都有自己的应得,即"有自己的报酬方式"①。米勒认为,通过这种让功绩碎片化的概念,我们就能够实现"迈克尔·沃尔泽(Michael Walzer)所倡导的平等主义,如他所说,不是通过平均分配所有优势,而是通过让不同的人有机会在不同的社会领域中获胜而实现平等"②。

为什么在这样的社会中,就不会出现所有的人同时追求相同的目标,从而使机会结构回到"单一的功绩金字塔"上去了呢?问题的答案揭示了价值多元主义和机会多元主义之间深层次的联系。要在机会的领域中实现类似沃尔泽倡导的"复杂平等"③,人们必须对价值观和为人处事存有不同的想法。

沃尔泽的"复杂平等"在某些方面不能完全与机会领域契合。沃尔泽提出应该由不同的理性来主导不同领域中的分配——政治、财富、医疗等。他认为我们应该通过自由交换来分配一些物品,但有些物品的交换则应该基于应得,还有一些物品的交换应该基于需求④。然而,机会通常有助于人们追求多种路径。我们不可能干脆利落地把机会置于某种特定的领域中,此外,机会多元主义强调,社会中不同的社会形态、活动和职业的愿景,应该随时都可以被修正;个人应该能够为自己确定进入或是无法进入某种社会领域的路径。尽管如此,机会

---

① DAVID MILLER, PRINCIPLES OF SOCIAL JUSTICE 200 (1999).
② 同上。
③ MICHAEL WALZER, SPHERES OF JUSTICE: A DEFENSE OF PLURALISM AND EQUALITY 16 – 17 (1983).
④ 同上书,第 21~26 页。

多元主义还是与米勒和沃尔泽有共识之处，即通过多元主义能够实现一种形式的非主导，这能够缓解由"单一的功绩金字塔"而内生的一些问题①。

要实现这个目标，机会多元主义要求我们把注意力转向"机会结构"。我们应该考虑不同的机会如何契合；哪些角色和制度应该是其他角色和制度的前提；哪些属性、特征，或者资质会成为瓶颈。而这些问题尚未被列入对机会平等的常规哲学讨论中。在已往有关机会平等讨论的框架中，我们很清楚哪种才智和方向是重要的，所有相关的人都在追求哪些稀缺的工作或者其他物品，而我们的任务就是决定谁可以获得这些物品。总体而言，到目前为止的讨论中，还都是这样的对话。

查尔斯·弗兰克尔（Charles Frankel）在1971年发表了一篇讨论机会平等的论文，在这篇论文的结语中有一段引人入胜的文字打破了这个传统②。他抓住了公平竞争原则和公平的人生机会原则这两个诉求之间存在着冲突这一问题，而且发现这个问题难以厘清，并提出了一个预示本书核心观点的答案：

---

① 同样，莱斯利·雅各布斯也认为，机会应该安排在许多不同的竞争中，而不是一个大的竞争中；我们应当避免让一个竞争的结果影响到其他的竞争；有些机会应当是非竞争性的，LESLEY A. JACOBS, PURSUING EQUAL OPPORTUNITIES: THE THEORY AND PRACTICE OF EGALITARIAN JUSTICE 23–24 (2004)。

② Charles Frankel, *Equality of Opportunity*, 81 ETHICS 191, 210 (1971). 弗兰克尔主张在他所说的"择优录取"（形式上的）概念和重视"教育"在发展机会上的概念之间取得平衡。

第一章　机会平等及其问题

因此，一个实际情况是，"机会平等"不要求环境或者成就的一致性。它要求的是机会的多样化、在学校和工作中关注点的个性化、创造条件使人们更容易改变方向并尝试新的工作或者新的环境，以及在可行的条件下提供一个大致更为宽容、多元的价值体系氛围。这样的实际政策超越了狭隘的功绩概念。它要求，而且可能会带来社会条件的更加平等化。但是它不会许诺这样一种状态，即无论背景较差还是背景较好的人都能同样容易地满足各自的要求，无论他们碰巧有什么样的要求。[1]

弗兰克尔在这一段中指出了朝他所倡导的方向——也是我在本书中所倡导的方向——前进时面临的两个概念上的障碍。第一个概念上的障碍，是很难想象出终点，不可能有绝对的平等，也不能将此作为目标，我们必须采用改良的思路，思考如何改进，而不是侈谈理想状态。正如弗兰克尔指出的，我们应该把机会平等设想成"一个努力的方向，而不是一个能够完全实现的目标"[2]。实际上，在任何情况下都应该这样来思考问题。对各种实际的或者可能的机会及这些机会要求的相对功绩进行比较分析，或许比高谈阔论远离当前世界状态的理想愿景更有用[3]。第二个概念上的障碍，是我们必须放弃评估结果

---

[1] Charles Frankel, *Equality of Opportunity*, 81 ETHICS 191, 210 (1971), 第209～210页。

[2] 同上书，第209页。

[3] 比较 AMARTYA SEN, THE IDEA OF JUSTICE 8–18 (2009)（主张在正义问题上采取比较的而不是"超越的"态度）。

时采用单一的、清晰的度量,即平等主义正义货币,而是改用必然会更加复杂的度量。以一个单一的确定成功和失败的度量,来理论化"人生机会",这与我的(也是弗兰克尔的)观点中最为核心的理念——多元主义——是不相容的。

然而,正如弗兰克尔比较简略地提到的,以多元的方式重新构建机会与让"社会条件的更加平等化"之间有着深刻的联系。通过让机会结构更加多元,我们能够降低风险,并且减轻家庭问题引起不平等的程度,寻找并解决最严重制约个人机会的特定瓶颈,我们将能缓解社会条件造成的不平等。同时,也是非常重要的一点,是我们将使个人有可能追求以不同的目标和不同的人的兴盛形式组合为基础的人生——这种人生在更大程度上才是属于我们自己的人生。

第三章将会更加系统地探讨这些观点。在第三章中构建了一个和本节勾勒的方向截然不同的机会平等概念。我把这个新概念称为"机会多元主义",因为其目标不是试图将所有的机会平等化,而是要打开更多元化的路径供人们去选择(当然更多的优先权将会给予那些路径更受限的人)。

但是首先还有一些批判的工作要做。我预计,许多读者即使在阅读了本章之后依然相信,通过限制诸如家庭优势这样的一些关键难点,我们至少能够在理论上使所有的人机会平等——只要确实这样做了,那些天生才智最高的人,还有那些最为努力的人,就能够在竞争中拔得头筹。这一观点,是本章讨论的许多平等主义理论的基本前提。同样,许多平等主义理论,包括但绝不限于起跑门理论,其基本观点都认为,我们至少从理论上可以将"发展"的机会平等化,而这应该作为平

第一章 机会平等及其问题

等主义工程的基础。

　　这些观点都是错误的，在第二章中我将对此有所论述。这些理论基于对人类发展模式的错误假设，其结果就是，即使在理论层面上，也无法通过这些方式来定义机会平等。这可能是我们思考机会平等的通常思路中最深邃的问题。因此，我们在第三章中开始进行理论架构的工作之前，我将首先在第二章中更深入地讨论使我们成为现在这个样子的发展机会。第二章的观点和这里列出的四大问题使我们别无选择，只能在完全不同的基础上重新构建机会平等的工程。第二章也会讨论建构机会将如何影响我们的人生，并以此为重新构建平等的工程奠定基石。

第二章
机会与人生发展

　　本章将论述我们作为人,是如何发展成我们现在这个样子的,以及机会在这个过程中扮演的角色。本章的讨论有两个目的。

　　首先,对于第一章谈到的问题,本章旨在更系统化地论述导致这些问题出现的内在机制。本章将阐释,即使在理论层面上也不可能将每个人在起跑门之前或者在其他阶段中的发展机会"平等化"。一种观点认为,机会平等是一个人要达到其努力和天生才智所允许的高度的必要条件,本章将解释这个观点之所以站不住脚的理由。问题就在于,所有的"天生"才智或者努力,都需要通过与这个世界赋予我们的机会互动才能发挥作用,这些机会也包括我们的出身背景。这些论点深化了第一章中的批判工程,它和第一章的观点共同揭示出,我们必须要更换基石来重建机会平等的工程。

　　其次,本章还有一个更加积极的目标。通过阐释机会如何以不同的方式在我们人生中发挥作用,本章解释了为什么我们不仅应该关注每个人所获机会的多寡,而且更应该关注究竟有哪些机会或者哪一类机会是对人们开放的。不同类别的机会使人们发展出不同的才智——并且发展出不同的志向和目标。这正是本书后半部分论点的基石；这个观点的中心思想是：应当围绕一个新的目标来重建机会平等的工程，即应该打开更加宽泛的机会，使人们能够追求不同的路径以实现兴盛的人生。

要同时达成这两个目的，本章需要探讨大部分当代政治理论都不曾涉猎的领域，即人性和人类差异的起源。

一　政治理论中的天然差异

在关于机会平等的哲学讨论中，对人性和人类差异的论断一度占据了中心位置，原因有很多。所有关于机会平等的讨论都是在知识不完备的条件下展开的。我们能够看到人们在拥有某些机会时会如何表现，但无法知道他们在拥有其他一些机会时会如何表现。因此，在讨论机会平等时，我们会涉及关于人在不同条件下可能会如何做事为人的反事实论断——而这些论断通常是基于对人性和人类差异的其他论断。

平等主义者在这些讨论中始终持有一种观点。他们认为，当前的不平等和差异不是"天性"造成的，而是偶发的社会环境造成的，但是社会可以选择改变这些环境①。约翰·斯图尔特·密尔在1869年所写的《妇女的屈从地位》一书，或许可以被视为对这种观点最有力的表述。密尔在该书中用了大量篇幅来驳斥对妇女"天性"的成见，认为那是"任何人借口

---

① 在这个程度上，平等主义者似乎至少为了论述的原因，也会通常接受一个隐含的假设，导致差异的是天性而不是社会环境，社会环境不能弥合这个差异。下面我将谈到，这个假设是错误的。

用天然素质来决定妇女是什么或不是什么,能做什么或不能做什么"①。该书考察了正式的制度、法律的限制、教育的差异、社会一直灌输女性应该遵从的某个社会公认的理想,以及最重要的一点,即女性的人生机会极大地依赖于婚姻(因此也依赖于女性个人的魅力)这一基本事实,因为社会对她们开放的其他机会实在是太少了。基于这些因素,密尔指出:"现在被称为妇女的天性,明显是人为的结果——在某些方面是强制压迫的结果,在另外一些方面则是非自然的刺激的结果。"②

在这个选择性压迫和刺激的基础上,密尔设想了一个场景:男性决定在一半是温室一半是严寒的环境中植树。他认为,男性"懒洋洋地相信,树自然而然会按照他们采用的这种培植方法生长,并且相信,如果树木不是一半保存在温室的暖气中,而另一半生长在雪中,它就会死去"③。这个有意思的画面给我们的启示是,对女性开放的发展方向,决定了人们对妇女"天性"中应有的特征和特质的假设。正是在这个论点的基础上,密尔提出社会应该将对男性开放的所有机会也全部向女性开放。

密尔并不是第一个提出不平等的根源出自社会环境,而不是源于天性,并以此论证机会平等的人。一位在 18 世纪时就倡导扩大教育机会的人指出:"贵族的孩子和农民的孩子之间可能确实会有差异,但是,将同一个植物上得来的种子撒到不同的土壤中,收成也会不同吗?会的。不过,这个不平等是人

---

① JOHN STUART MILL, THE SUBJECTION OF WOMEN 61 (Susan M. Okin ed., Hackett, 1988)(1869).
② 同上书,第 22 页。
③ 同上书,第 23 页。

为的而不是天然的。"① 一个世纪之后，弗雷德里克·道格拉斯（Frederick Douglass）在论劣等种族时也引用了类似的论点。他说，"我承认我们在一些事情上比你们差"，但是"我绝对不承认我们从一开始，或者从天性上"就是劣等的②。

有意思的是，这些对天然差异（或者不存在天然差异）的平等主义论述，似乎比现代思想中对"自然天赋"（nature）和"后天教养"（nurture）的区分出现得更早。直到19世纪末，弗朗西斯·高尔顿（Francis Galton）等人才开始对我们现在称为基因的事物加以理论化③。然而平等主义者对"天性"的讨论出现得更早，这并不令人惊讶。如果我们要论证应该在某一领域中对机会进行重新分配，或者让机会平等化，那么，首先就需要说服读者理解这些机会的重要性。如果在所讨论的问题中，是贵族的出身而不是土壤决定了所有的差异，那么许多支持机会平等的论点恐怕很难得到认同。

这给当代的政治理论家留下了一个两难的问题：一方面，关于机会与人类内在差异的问题——也就是关于天赋与教养的问题——和对机会平等的争论是如此深刻地交织在一起，以至

---

① ROBERT CORAM, POLITICAL INQUIRIES: TO WHICH IS ADDED, A PLAN FOR THE GENERAL ESTABLISHMENT OF SCHOOLS THROUGHOUT THE UNITED STATES 88（1791）；参见 J. R. Pole, THE PURSUIT OF EQUALITY IN AMERICAN HISTORY 141 - 142（rev. ed. 1993）.

② FREDERICK DOUGLASS, *What the Black Man Wants*（1865），*in* SELECTED ADDRESSES OF FREDERICK DOUGLASS 24, 27（2008）.

③ 参见 EVELYN FOX KELLER, THE MIRAGE OF A SPACE BETWEEN NATURE AND NURTURE 20 - 27（2010）.

于我们很难在论述机会平等的原则时不涉及前者；另一方面，这些问题又似乎完全不在政治理论所应讨论的范畴之中。当然，如何处理天然或者内在差异的问题，这是政治理论中的问题；而对当代的政治理论者而言，人类的天然差异这个问题本身就是政治理论学科之外的问题，或者说是在整个人文学科之外的问题。然而情况不是一向如此。《妇女的屈从地位》正是以天然差异为核心的政治哲学著作。但在密尔身后，学科的划分越来越细，以至于当代的批评者会指出：天然或者内在差异的问题最好还是交给基因学、发展生物学、神经科学或者进化心理学的研究者吧。政治理论家和哲学家有理由怀疑依赖其他学科共识——无论是经济学、社会学、心理学，还是生物学——的实证基础来建构政治理论的做法。这种怀疑不仅限于天赋和教养的问题，不过在这里这的确是一个相当棘手的问题。

因此，当政治理论家在面对基因、机会和成就之间的关系这个白热化的当代议题时，一般都会表现得极其慎重，他们努力在得出结论时不依赖在他们看来居于政治理论之外的事实前提，比如，我们的才智和能力是否或者在多大程度上是由基因决定的。举一个例子，安德鲁·梅森撰写了一本关于机会平等的著作，他对父母的育儿方法到底会不会给孩子带来极大的优势这个"实证"问题表达了中立态度①。托马斯·纳格尔（Thomas Nagel）则比其他人更加直接地面对这个问题，他在一篇讨论正义与天性关系的论文中提出，社会公正的道义论表述

---

① 例如 ANDREW MASON, LEVELLING THE PLAYING FIELD: THE IDEA OF EQUAL OPPORTUNITY AND ITS PLACE IN EGALITARIAN THOUGHT 107, n. 22 (2006)。

第二章 机会与人生发展

应该是承认,而不是试图矫正大部分"天然"的不平等——以及大部分由于"天性"与社会互动所造成的不平等①。在这篇论文中,纳格尔拒绝对性别差异究竟是"天然"所为还是社会造成的加以评论,他只是表示"如果这些都不是天然的就好了"②。

我希望在本章中阐示,当我们试图理解机会平等时,这种对人性和人生发展"不触碰"的做法,并不能提供一个良好的基础——我们可以做得更好。具体而言,我们可以在一种对人生发展的解释上,稳固地建构对机会平等的论述,这会大有裨益。这样做有两个理由。

首先,不可能完全不触碰人性和人生发展的问题。比如,政治理论家可以对人类差异中哪些是"天然"的,而哪些是社会造成的观点不予承认,但是这种拒绝承认的态度,只会强化某些表述含糊不清、未经检验的前提假设——在这个例子中,人类差异(至少在理论上)可以分解为"天然"的部分和"社会造成"的部分,并且以此来分类③。实际上,这种分

---

① Thomas Nagel, *Justice and Nature*, 17 OXFORD J. LEGAL STUD. 303, 313-320 (1997). 然而纳格尔没有沿着这个观点导出其作为性别不平等依据这个自然的结论。
② 同上书,第 320 页。
③ 参见如 Hillel Steiner, *On Genetic Inequality*, in ARGUING ABOUT JUSTICE: ESSAYS FOR PHILIPPE VAN PARIJS 321, 322 n. 3 (Axel Gosseries & Yannick Vanderborght eds., 2011). 在论述一开始就假定能力和无能是这些因素的产物:"①这些人自身;②其他人;③大自然",并提出:"各个领域中无数的研究人员——特别是社会科学和生命科学的研究人员——的任务,就是找到这三者贡献的性质和相对比例。"关于一个罕见的范例,参见 LESLEY A. JACOBS, PURSUING EQUAL OPPORTUNITIES: THE THEORY AND PRACTICE OF EGALITARIAN JUSTICE 54 (2004)(认为"所有的不平等都是通过社会制度和习惯来起作用的",因此,都"不是自然的产物")。

解的可能性是许多机会平等理论的核心观点——比如罗尔斯的 FEO 概念,就是将机会平等设想为:一个人是否能成功仅仅依赖于其天生的才智和努力的条件[1]。

可以说,政治理论家对这种分解的前提假设的依赖,从上述学科研究的角度而言是有道理的。如果我们承认存在天然差异,而这个差异又是政治理论之外的一个黑匣子,那么,我们就必须走出第二步:通过某些方法来限制这些天然差异,使其不至于吞噬整个讨论。限制它们最简单的办法就是将其作为一个前提,即人类差异可以分解为天然的部分和社会造成的部分。不管怎样,这个前提是人们所熟悉的。当代的大众话语对它很熟悉,甚至可以说这是我们所谓的大众通俗基因学的核心内容。

问题在于这个前提是不正确的。期望由基因科学或者其他科学的学科来确定哪些特质属于"基因"、哪些属于"环境"、哪些属于"运气"或者"选择"、哪些属于上述的组合——比如 30% 属于一种,70% 属于另一种,这是一个根本性的错误。我在本章中将论述,人生的发展不是这样进行的。此外,这里的错误不是实证的错误,而是哲学上的错误。之所以会犯错,是因为政治理论家们没有意识到,他们只是把当代大众话语中一系列关于人性和人类差异的假设引入了政治理论,却没有对

---

[1] G. A. Cohen, *Facts and Principles*, 31 PHILOSOPHY & PUBLIC AFFAIRS 211 (2003). 这一点讲的是论述的结构,而不一定是采纳我们的规范性原则的原因。正如科恩所承认的,我们的规范性信念一般都来自我们与这个世界中事实的互动和对这些事实的理解。同上书,第 231 页。

这些理论进行认真的考察。这个错误导致我们在思考机会平等的问题时，会出现严重的偏差。

还有另外一个更宽泛的理由，要求我们在对人生发展的论述之上思考机会平等的问题。在实质上依赖对人生发展的粗略的、尚未进行细致理论化的论述，或者试图绕过对人生发展的论述，会使我们难以全面地思考机会如何影响每个人的人生。对人生发展过度简化和过度狭隘的理论思考，可能导致我们对机会如何影响人生、为什么会影响人生，以及机会分配中的风险理论，也做出过度简化和过度狭隘的诠释。第一章讨论的机会平等的主要理论，基本上都是将机会平等表述为一种排序机制：我们假定人人都希望在某个公认的度量上获得成功，当成功依赖于某些事物，比如选择、才智和努力，而不是依赖于诸如出身背景（或者一般的环境）等其他事物时，机会平等就实现了。这些过度简化的理论解释，使我们不可能观察到机会影响人生的所有方式。机会之所以重要，不仅是因为它影响着每个人在某个成功度量上能够达到的高度，还因为它影响着一个人发展的各种心理、生理、能力和才智以及形成的志向和寻求的成功类型。

本章接下来会展开一套对人生发展的论述，使我们能够看到机会影响人生的更多方式。有必要澄清这是怎样的一种对人生发展的论述。简而言之，这是一个哲学化的论述。它不是对基因学、发展生物学或者其他科学学科研究现状的总结，而是提供了一个视角，通过这个视角我们能够诠释这些研究并且理解这些研究对机会平等的规范性理论产生的影响。

G. A. 科恩雄辩地指出，有说服力的规范性观点最终都是基于"事实密集型"的规范性原则。作为规范性观点的基本架构,这听起来是正确的。但是,事实密集型原则的作用很有限。为了建构有实际影响力的政治理论,即使是在较高级的抽象层面,一般来说我们也必须将终极原则与其对这个世界的实际影响结合起来①。换句话说,事实不仅会带来实践,还会影响除了最终原则之外的所有原则的形态。事实当然会影响机会平等这类原则的形态。

因此,我们需要讨论一些事实。然而,这些都是非常基本的事实,并不是前沿的研究成果,不是那种上一年提出、下一年就可能被推翻的成果。这些都是对人类发展和成长相对基本的、没有争议的事实。并不令人惊讶的是,正是由于这些事实相对基本、没有争议,因而在许多当代的机会平等理论对人性的论述中,无论在明确的还是隐含的层面都没有包含这些事实。

二　内在差异、天赋和教养

首先,让我们通过思考关于天赋和教养在人生发展中所起作用的论断来简要地勾画出理论图景——特别是在人的能力和差异的发展方面。由于它和机会平等相关,这将有助于澄清关于天赋和教养讨论的焦点之所在。

---

① 科恩承认这一点。参见上引书目第 235 页和其后的段落。

（一）关于内在差异的论断

我已经通过罗尔斯的 FEO 引入了"天生"才智的概念。有许多机会平等的概念，承认人与人之间的某些差异是天生的这个前提，"天生"才智的概念是其中最突出的一个。以此引入人与人之间内在或者自然差异这个话题是较为别出心裁的。这类论据通常会被讨论机会平等的反方所引用，是那些希望限制机会平等的范围或者完全否定机会平等的人的论断。

具体而言，在对机会平等的讨论中，平等主义者通常反对如下形式的论断："A 和 B 两个人在 X 维度上不平等的结果——你们平等主义者希望将其归结于机会不平等，实际上那是 A 和 B 两个人在才智或者能力上的内在差异所造成的。"让我们把这种形式的论断称为内在差异论断，并把所有基于这种论断的观点称为内在差异论。

这种形式的论断是病因学的论断。其本身是实证的，而不是规范性的。要得出规范性的结论还需要额外的步骤[1]。一个推进内在差异论的方法，是依赖于一个对社会正义的适当范畴的规范性前提。如果社会正义的范畴应该局限于解决或者缓解那些源自社会的问题，那么讨论 A 和 B 不平等的结果，就超

---

[1] 比较 Richard A. Wasserstrom, *Racism, Sexism, and Preferential Treatment: An Approach to the Topics*, 24 UCLA L. REV. 481, 609–615（1977）（在之前的一篇重要文章中，认为在性别差异是"天然的"和性别角色的差异化是正义的这两个论断之间缺少一个重要的环节）；Adam M. Samaha, *What Good Is the Social Model of Disability?* 74 U. CHI. L. REV. 1251（2007）。

出了社会正义的范畴①。根据这种看法,社会不需要也不应当解决不是由社会造成的问题。这个看法的一个变体认为,人与人之间的内在差异是应得的,因此 A 和 B 不平等的结果也是他们应得的②。这些都不是流行的观点。

另一种更为流行的内在差异论,超出了病因学而进入永久性损伤的范畴,它认为社会无法解决不是由社会造成的问题。这种观点认为,旨在通过机会的再分配而使结果更加平等的平等主义政策"不可能奏效",因此不应该被采纳③。对提出这些观点的人而言,这些观点的吸引力,部分来自他们能够合理地自证其内核是实证的而不是规范性的(其唯一规范性的部分是没有争议的,比如我们不应该推行代价高昂又没有效果的政策)。有些持这种内在差异论的人,很乐意指责平等主义者在试图减少或者完全平均化天然差异时,不仅是在倡导不良的政策,而且是在"反对人性",或者更准确地说,是在"反对生物学上的事实"④。

这有点儿意思。从原则上讲,病因学自身不能告诉我们任

---

① 参见 Nagel, *Justice and Nature*(维护这个看法的一个版本)。
② 罗尔斯在《正义论》中反对这个观点。相反观点见 GEROGE SHER, APPROXIMATE JUSTICE 65–77 (1997),还可参见本书第 57 页第 2 脚注及关于生成运气的相关正文。
③ RICHARD J. HERRNSTEIN & CHARLES MURRAY, THE BELL CURVE xxiii (1994)。
④ 参见如 MURRAY N. ROTHBARD, *Egalitarianism as a Revolt Against Nature*, in EGALITARIANISM AS A REVOLT AGAINST NATURE AND OTHER ESSAYS 1, 17 (2d ed. 2000)(对"平等主义对生物学中事实的反对"进行了长篇的平等主义批判)。

何关于永久性损伤的问题。某人的哮喘病无论是由于社会造成的有害环境因素所引起,还是源自他与生俱来的"天性",治疗的办法都是一样的:他需要服用治疗哮喘的药物。社会通常也可以解决天性造成的问题,现代医学基本上就是建立在这个前提之上的。

然而,从病因学滑向永久性损伤是个相当常见的做法。平等主义者通常的回应并不是指出病因学和永久性损伤之间的逻辑差距,而是批评其前提,即特定的差异实际上确实是"天生"的。

内在差异论的观点并不总是需要依赖于上面段落所总结的粗略的永久性损伤论。结合一对更加精致的前提也会产生同样的效果。假设①A 和 B 的自然天赋中某种才智或者能力的多寡不同;此外,假设②教育、培训或者其他社会力量能够增加这个特定领域中的天生才智和能力,最重要的是,教育上或者培训上的机会平等能够在同等程度上帮助 A 和 B,使得尽管 A 和 B 都在绝对意义上取得了进步,但他们之间的才智或能力差异依然保持恒定。如果这两个前提是正确的,那么内在差异论就是合理的。在这种情况下,当 A 和 B 之间的差距恰好等于其"天生"的差异时,我们确实能够判定机会是平等的。

这两个前提都不正确。实际上,只要仔细想想就会发现,这两个前提一点儿道理也没有。没有哪种才智或者能力,会如这两个前提所假设的那样完全是"天生"的。要理解为何如此,我们需要对遗传、环境和人类发展的过程进行更系统化地思考。[91]

(二) 关于天赋与教养的模型

我们生活在基因时代。几十年来，我们的公共话语中充斥着各种将我们的做事为人归结于基因使然的观点。各种令人屏息凝神的媒体报道让我们了解到诸如吸烟、看电视、企业家精神、收入、投票行为，甚至是对某些消费类产品的偏好这样的特征和行为都是"遗传的"①。当然，我们随后要谈到，这些报道背后的研究所指的"遗传"是有特定技术含义的，而不是代指任何能够驱动上述行为的基因机制。尽管如此，在我们

---

① 参见如 SCOTT SHANE, BORN ENTREPRENEURS, BORN LEADERS: HOW YOUR GENES AFFECT YOUR WORK LIFE 10 (2010) （研究发现，在研究涉及的几乎所有和就业相关的维度中，包括工作兴趣、工作价值、工作满意度、职业选择、领导变动、工作表现和收入，人与人之间的差异超过三分之一是由基因决定的）; K. S. Kendler et al., *A Population Based Twin Study in Women of Smoking Initiation and Nicotine Dependence*, 29 PSYCHOL. MED. 299–308 (1999) （吸烟的遗传性）; Jaime E. Settle et al., *The Heritability of Partisan Attachment*, 62 POLITICAL RESEARCH QUARTERLY 610, 605 (2009) （发现对政治党派的认同度有很强的遗传作用）; Itamar Simonson & Aner Sela, *On the Heritability of Consumer Decision Making: An Exploratory Approach for Studying Genetic Effects on Judgment and Choice*, 37 J. CONSUMER RESEARCH 951 (2011) （发现某些消费行为，以及在对诸如巧克力、爵士音乐、科幻电影和混合动力汽车等特定产品的偏好上存在一定遗传性）; Stanton Peele & Richard DeGrandpre, *My Genes Made Me Do It*, PSYCHOLOGY TODAY (July-Aug. 1995), available at http://www.psychologytoday.com/articles/199507/my-genes-made-me-do-it （对当时少得多的文献进行了综述）。

的公共话语中,这类遗传研究被认为是支持了特征和行为由遗传决定这个看法。正如一本关于行为遗传学的大众读物的作者所言:

> 我们认为我们通过养育孩子来塑造他们的性格和价值观。我们认为我们生来就有各种潜能,就有无穷无尽的多种行事方式,而我们有意识地通过所谓的自由意志来找到其中的一条路径……行为遗传学大体上通过对双胞胎的研究,有力地证明了,我们的个人身份很大程度上在受孕时就已经被决定……我们所做的不过是按照基因的剧本如实演出而已。[①]

我们把这个观点称为"强基因决定论"(strong genetic determinism),即认为特征和行为在本质上是由基因决定的。这包括引发关于机会平等的讨论的特征和行为,即对"功绩"而言重要的能力、技能和其他变量。强基因决定论的支持者认为大部分形式的功绩都有其基因根源,即使这些形式的功绩是由社会定义或者创造的。

到20世纪中期,强基因决定论在西方得到了广泛支持,至少在纳粹鼓吹优生学的这一时期,反对者略为失势[②]。强基

---

① LAWRENCE WRIGHT, TWINS: AND WHAT THEY TELL US ABOUT WHO WE ARE 143-44 (1998).
② 参见 RICHARD LEWONTIN, THE TRIPLE HELIX: GENE, ORGANISM, AND ENVIRONMENT 16 (2000)。

因决定论还造就了诸如英国"11＋"考试这样的制度，这个制度假定可以按照儿童在任何年龄段上可度量的一个内在的智商变量来划分儿童——这严重地扭曲了智商测试的本意，而且一直到今天，这个做法都没能得到纠正①。"11＋"这类早期的考试制度，使无数接受较差初等教育的贫困儿童被认定是内在的能力不足，因此，他们只能进入最差的中学就读。这种对失败的预言通常是自我实现的。

20世纪中还出现了一些相反观点的支持者，他们认为所有的人类特征（包括有功绩的特征）都是环境影响的结果。我们将这个观点称为"强环境决定论"（strong environmental determinism）。根据这个观点，每个人来到这个世界时是处于完全的"空白状态"（blank state），是经验勾画了这个人的全部人生。强环境决定论从来都没有如强基因决定论那样流行过，因此可能也没有造成太大的伤害。其主要支持者是心理学家。比如，他们的这种看法，曾给自闭症儿童的父母带来许多不必要的痛苦。这些父母在20世纪中不断地被告知，他们的育儿方式——根据当时盛行的心理学主流意见，无论是太过关爱还是太过冷漠——都是造成他们子女疾病的原因②。今天，

---

① 阿尔弗雷德·比奈（Alfred Binet）最初发明智商测试时，是将其作为判断儿童是否需要特殊教育的手段，而不是判定儿童内在能力的手段。参见 STEPHEN JAY GOULD, THE MISMEASURE OF MAN 182 (rev. ed. 1996)。

② 这些以及"空白状态"倡导者犯下的其他过错可参见 STEVEN PINKER, THE BLANK SLATE: THE MODERN DENIAL OF HUMAN NATURE (2002)。

第二章　机会与人生发展

差不多所有的人都认同，基因和环境在决定我们的为人处事中都扮演了各自的角色。现代的讨论就是以此为出发点的。

那么，基因和环境都扮演了各自的角色究竟是什么意思呢？最简单，或许也是最常见的答案，就是将我们所谓的"弱基因决定论"（weak genetic determinism）和"弱环境决定论"（weak environmental determinism）加以组合。与强基因决定论相区别的弱基因决定论认为，基因本身只决定了我们某个特征的一部分，而不是所有的天赋，同时，它也只是决定了某种行为的一部分，而不是全部。弱环境决定论则认为，是环境决定了上述剩余的那部分。弱基因决定论和弱环境决定论在原则上是各自独立的；可以认同其中的一个或者两个，也可以在认同二者的同时增加第三个因素，比如随机的机会，或者个人的主观能动性，以解释一部分特征或者行为。

弱决定论区别于其他现行观点的地方是，它认为基因和环境是两种独立的因果作用，二者都能够各自发挥一些作用。弱基因决定论认为，基因本身不能完全决定一个人的特征或者行为，但是某些基因型对这些特征或者行为有着稳定的影响；无论环境如何，这些基因型都会比其他基因型给一个人带来更多的某些特征或者行为。弱环境决定论认为，无论一个人的基因情况或者其他情况如何，特定环境都会对人有类似的可预测的影响。我把包含弱基因决定论或者弱环境决定论之一的，或者二者皆有的观点称为"孤立主义"（isolationist），以表示他们将基因或环境中的之一或者二者皆视为单独、孤立的因果作用，即便他们也承认实际的特征和行为是这些因素与其他因素共同作用的结果。

当且仅当孤立主义的观点成立时，我们在理论上可以区分各种变量。有些特征和行为主要是受基因的影响，而有些则主要是受环境的影响。也许科学以后会告诉我们，哪些特征和行为主要会受哪些因素的影响。源自行为基因学的一个研究方法，正逐渐被远至经济学的其他学科所采纳。这个方法能够估算特定特征的"遗传性"，它通过对双胞胎和领养子女的研究，确定某个表型（P）在多大比例上是遗传（H）或者环境（E）的产物，并得到一个统计估值。大体上可以表述为：$P = H + E$。如果遗传和环境对某个结果各自都有一定贡献，那么，原则上可以通过对双胞胎和领养子女的自然实验，来确定这些相对贡献的多寡。然而基因或者环境在决定某个特征或者行为中扮演了相对较大或者较小的角色，研究这些究竟又有什么意义呢？

仔细考虑就会发现，这个问题是没有意义的[1]。没有环境，基因就起不了作用；没有基因，就没有人的存在，环境也就没有了作用的对象。任何真实的生物在发展和生长时，都会有许多复杂的因素同时在起作用，并塑造了其结果。所有这些作用都同时与基因和环境相关。因此，对遗传与环境正确的理解应该是，它们远不是两种对最终结果做出各自独立贡献的独特的因果作用力，我们甚至不应该认为它们是各自单独存在的[2]。

---

[1] 我读过的对这个问题最深刻和最直白的解释可以在历史学家、科学哲学家伊芙琳·福克斯·凯勒的著作中找到。EVELYN FOX KELLER, THE MIRAGE OF A SPACE BETWEEN NATURE AND NURTURE (2010).

[2] 同上书，第6~7页。

（三）甚至不是单独存在的

思考我们在谈论基因或者遗传时究竟指的是什么，有助于我们理解为什么基因与环境不可能单独存在。在这里有必要剥除一些流行的文化意象，比如把基因看成构建一个人未来的蓝图①。基因本身只是代码片段。它们要起到作用，就必须被"表达"出来，或者被激活，使得一个细胞能够根据基因中包含的信息构建某种蛋白质或者其他基因产物②。在某一时间点上，并不是每个基因都会被表达出来。实际情况是，表达是对细胞环境中情况的反应，而这个环境又与这个生物体的整体情况相关③。在很多情况下，产生基因表达的过程，取决于生物体之外的环境条件。比如，激素通常会触发基因表达，而生物体外的环境条件通常会触发激素分泌④。

一种基因产物的形成，只是整个过程的起始点。其他过程——涉及其他的基因活动、环境条件和随机的"发展扰动"——决定了一个生物体用这些蛋白质和其他分子来做什

---

① 参见 LEWONTON, TRIPLE HELIX 5 – 7。
② 有些基因扮演了更复杂的角色，比如控制其他基因的激活。参见 ANTHONY J. F. GRIFFITHS ET AL., INTRODUCTION TO GENETIC ANALYSIS, chapters 11 – 12 (9th ed. 2008)。最终，不是基因本身而是基因活动或表达在人的发展中起作用。
③ 参见 GRIFFITHS ET AL., chapter 10; Gilbert Gottlieb, *On Making Behavioral Genetics Truly Developmental*, 46 HUMAN DEVELOPMENT 337, 348 (2003)。
④ Gottlieb, *On Making Behavioral Genetics Truly Developmental*, at 348 – 349.

么，其中有些会起重要作用，而有些则会被破坏①。还需要额外的步骤才能产生我们能够观测到的特征和行为。这些层累作用的过程在生物体自身产生时，也就是第一次细胞分裂时就开始了，并贯穿整个生命过程。在相关过程中的任何一个时间点上，基因和环境都不是孤立地在起作用。

所有这些听起来可能有些技术化。和我们这里的讨论相关的，不是这个生命体发展变化的层累效应过程的细节，而是存在着这样的过程，以及层累性这个特征。由于基因和环境都不会孤立、独立地起作用，因此不能说某个特征或者行为 70% 来自基因，30% 来自环境。所有的特征和行为都是 100% 来自基因，同时，也都是 100% 来自环境。

科学哲学家奈德·霍尔（Ned Hall）为这一观点做了一个简明的、有助于我们理解的图示，伊芙琳·福克斯·凯勒将其用于她最近的著作《幻想天赋与教养之间的空间》中。设想与我刚才说的所有情况相反，基因和环境各自能够单独对某个特征起一定作用，就好像比利和苏济各自往桶里灌满水（图 2-1）一样。

这个模型体现了孤立主义的观点。但产生特征和行为的实际过程同时涉及基因和环境。因此更精确的模型应该如图 2-2 所示。

---

① 在多次互动之后，很小的早期"发展扰动"也有可能造成巨大的长期影响。参见 GRIFFITHS ET AL., 第 24～26 页；LEWONTIN, TRIPLE HELIX, 第 36～37 页。对基因作用过程较浅显的讨论可参见 LENNY MOSS, WHAT GENES CAN'T DO 95, 186 (2003)。

第二章　机会与人生发展

图 2-1　水桶模型

有一个水桶，比利往里面灌了 40 升水；随后苏济又灌了 60 升水。因此桶中 40% 的水来自比利，60% 的水来自苏济。

改编自奈德·霍尔的草图。

图片来源：Evelyn Fox Keller, The Mirage of a Space Between Nature and Nurture 8（Duke University Press 2010）。

图 2-2　原因的互动

但是实际情况是这样的：苏济把水管放在桶上，然后比利拧开水龙头。这样有多少水应该被算作比利灌进去的，多少水是苏济灌进去的呢？这个问题失去了意义。

改编自奈德·霍尔的草图。

图片来源：Evelyn Fox Keller, The Mirage of a Space Between Nature and Nurture 9（Duke University Press 2010）。

当研究遗传性的学者小心翼翼地表达时，他们不会把问题表述为 H 或者 E 中哪一个遗传基因对某个特征的产生起了更大的作用。他们明白，这样的问题没有任何意义。相反，他们把这些表述为差别的问题。他们的问题是，我们在特定人群的表型特征中观测到的差别，在多大程度上是基因或者是环境差别的结果。换句话说，对任何一个个体而言，H 和 E 是不可分的。但这里的想法是，我们可以观察身高、智商等各不相同的一组人群，然后探讨这组人群中的差别在多大程度上是因这组人群中的基因差别所致，或者在多大程度上是因这组人群中不同经历的不同环境所致。

但是这里我们必须格外小心。我们研究的参量已经发生了细微但重要的变化。我们现在提出的问题针对的是一个特定的人群，有其特定的基因和环境差别。正如哲学家西蒙·布莱克本（Simon Blackburn）曾经指出的："在克隆的世界中，性状的遗传性为零；而在一个环境绝对一致的世界中，遗传性上升至 100%。"① 这一点不需要我们承认基因和环境之间的任何复杂互动。实际上，我们甚至不需要生命体。这一点对于非生命物体也同样明了。正如布莱克本所解释的："如果铁块被放置在一致的环境中，那么生锈程度的差异 100% 是由于铁块成分的差异造成的，而如果相同的样品被放置在不同的环境中，那么生锈程度的差异 100% 是环境造成的。"②

---

① Simon Blackburn, *Meet the Flintstones*, THE NEW REPUBLIC, Nov. 25, 2002 [对史迪芬·平克（Steven Pinker）的《空白状态》（*The Blank State*）一书的书评]。

② 同上。

第二章 机会与人生发展

换句话说,对遗传性的研究提出的实际上是这样一个问题:H 或者 E 这两种形式的差别,哪一种在特定的样本中存在更多,从而影响到我们研究的特征或者性状?我们研究的人群中某种基因的差异是否较多,而相关的环境较为类似——或者这组人群相关的基因是否相对具有同质性,而相关的环境则具有相当的多样性?这个问题的答案决定了,究竟是基因还是环境构成了我们所研究的差别的主要驱动因素。

这个问题的答案在我们发现了控制或者干预环境的方法后可能会发生重大变化,也就是说,当我们改变了可能出现的环境的范围后,原来完全遗传性的基因可能不再是遗传性的了。导致智力残疾的最常见的生化原因是一种基因紊乱:苯丙酮尿症(PKU)[①]。PKU 在 1934 年被发现时,被认为这是纯粹的基因紊乱,即认为,相关基因差别的存在与认知缺陷、震颤和癫痫等可怕病症之间有着完美的一一对应关系。PKU 似乎会光顾任何环境中的儿童。从这种意义上来说,这是一个经典的案例,其中所观测到的差别——不幸患上 PKU 的少数人和其他人之间的差别——可以完全归结为遗传性,而环境与此完全不相关。然而,在 20 世纪 50 年代,研究者开始更多地了解 PKU 的生化机制。他们发现这种症状取决于一个特定的环境因素:一个在许多食品中都能找到的被称为苯丙氨酸的氨基酸。如果儿童严格坚持低苯丙氨酸的饮食,那么 PKU 的影响可以完全

---

① PKU 影响约万分之一的婴儿。相关讨论参见 DAVID S. MOORE, THE DEPENDENT GENE: THE FALLACY OF "NATURE vs. NURTURE" 144 – 148 (2001)。对紊乱如何导致残疾的解释,参见 GRIFFITHS ET AL.,第 54 页。

被消除，使得儿童得以正常发展。为了让所有的父母能够这样做，现在的食品标签上都会标注："苯丙酮尿症：包含苯丙氨酸"。原来被认为是纯粹的基因紊乱，现在却成了人生发展过程中遗传性与环境因素相互作用的教科书式的典型例子。

这并不意味着20世纪30年代的研究者，在认定PKU是纯粹的基因紊乱时犯了错误。相反——在那时，它确实是纯粹的基因紊乱。在当时的环境中，确实存在相关基因差别的儿童会出现这种紊乱症状的事实。就当时的环境而言，那时已经有低苯丙氨酸的饮食原料，但并不是当时所研究的所有人群都能够食用到这些食品。

持怀疑态度的读者读到这里可能会提出抗议：PKU这个例子太简单了，不是所有疾病或者紊乱都像PKU一样。在很多例子中，问题并不是我们还没有发现类似低苯丙氨酸饮食的因素——问题在于，实际上并不存在什么可以被发现的东西。然而，即使不存在与低苯丙氨酸饮食类似的大规模环境干预，各种形式的环境干预，包括更有针对性的干预还是会扮演同样的角色。药物干预可以取代缺失的基因，或者触发基因表达。极端地说，基因疗法有时可以通过改变病人体内一部分细胞的基因代码而更为直接地影响基因表达。如今已有大量的研究投入各式各样的此类干预，比如说特制的病毒，能够使某段基因序列发生相互替换，从而影响病人体内，或者某种疾病，或者身体状况相关的基因表达[1]。

---

[1] 出现了一些专业的科学期刊专门追踪这种二级学科的研究。比如1999年创刊的杂志《癌症基因疗法》（CANCER GENE THERAPY）。

第二章　机会与人生发展

基因疗法尚处在早期阶段。但就我们对人生发展的理解而言，其哲学上的含义是明确的。我们没有足够的信心否认基因缺陷不能通过未来的环境干预——也许是饮食或者药物，或者是基因疗法——而得以改变。从概念上而言，"纯粹"的基因紊乱这个范畴只是一个残留范畴，用来描述我们还没有发现，或者发展出的相关干预或者疗法的基因紊乱。当我们说某种紊乱纯粹是基因在起作用时，想表达的就是这个意思。

将基因疗法包括在"环境"的定义中，从一个角度来看似乎是在作弊。如果我们要把遗传性从环境中分离出来，可能在讨论中应该排除那些彻底把水搅浑的机制。但是基因疗法只是一个特别明显的例证，说明将遗传性从环境中分离出来的工程是愚人之举。基因表达，也就是基因活动之所在，永远是基因、生命体及其环境反复作用的过程和产物。基因疗法当然是我们熟知的层累作用中的一个新过程：生病的人去医生那里看病，然后接受一种以特别直接的方式作用于基因表达的（环境）疗法。然而在概念上，基因疗法很像是低苯丙氨酸饮食，或是能够预防疾病的药物，甚至是一副眼镜。所有这些都是一个人所处的环境因素与提供特定形式的疗法及治疗的现代社会和医疗体系互动的结果。这些疗法为更广义的理论提供了具体的案例。一个人做什么，会成为什么样的人，永远是他的基因活动、个人主观和环境多重作用过程的产物，无法把这些不同因素的贡献分离出来，因为它们是密不可分的。

这是许多机会平等理论需要面对的基本问题：所有这些理论都部分或者完全地将机会平等定义为：让每个个体"天生"的才智能够全面发展，或者为其充分展现创造条件。根据这些观点，当个人的成功与其"天生"才智的水平相符合时，机会就是平等的了。在我们讨论过的机会平等理论中，罗尔斯式的机会平等是最清晰的例子：对罗尔斯而言，区别天生才智和出身背景的影响是最基本的问题①。与之类似的是德沃金，他假定他所说的"财富才智"，即从谁能成功而谁不能成功这个角度来看最重要的才智——"从某种程度上，可能在极大程度上是内在的"，尽管这个观点在他的理论中不像在罗尔斯的理论中扮演如此核心的角色②。在第一章讨论的理论之外，还有许多对机会平等的外行理解也都基于类似的前提。公平竞争的观点最终就是认为，如果运动场是平坦的，那么最好的选手就会获胜；当我们用这个比喻来描述贯穿整个人生中的机会平等时，我们几乎一定要设想这个"最好的"选手——这个选手成为"最好"的原因独立于环境之外——是有天生的、内在才智的人。

但是，如果根本不存在天生或者内在的才智呢？假设不同的人只是特征和潜能的组合方式不同，而每一种特征和潜能都是这个人以往与环境层累互动的产物，而且其中发展机会起到了核心作用，那么情况又如何呢？

三 "正常"的问题

对人生发展有一种流行但却是错误的观点，认为个体需要

---

① 参见本书第 42 页起的第一章第一节（一）（论罗尔斯式的机会平等）。

② RONALD DWORKIN, SOVEREIGN VIRTUE: THE THEORY AND PRACTICE OF EQUALITY 345 (200)。参见本书第 53 页起的第一章第一节（三）。

"正常"的环境来发展和成长；在正常条件下，每个人的基因潜力都会起作用，而特别恶劣的环境则会造成问题。这个观点与强基因决定论有别，但区别很小。这个观点承认诸如"严重到犯罪程度的疏忽、身体虐待、性虐待以及将孩子抛弃在阴冷的孤儿院里"会"留下伤痕"①。但是这个观点认为，如果没有这些特别恶劣的环境，每个人就应该能够达到其内在潜力的高度②。

这个观点的问题是，并不存在一个能够促进所有人"正常"发展的"正常"环境。一个患有 I 型糖尿病的儿童需要注射胰岛素才能正常生活；一个患有 PKU 的儿童需要低苯丙氨酸的饮食。这些环境条件都远远称不上"正常"，在某种程度上，甚至可以说是相当古怪的。但是，这确实是这些特定儿童正常发展和成长所需要的条件。

（一）不存在"正常"

这一点更有普遍意义。设想对学名为 Achillea（蓍草）的开花植物进行一组关于基因和环境相互作用的早期实验，以此来研究比较不同的基因型③。研究者在三个不同海拔高度的地区种植了基因型不同的样本。他们发现，在图 2-3 中所展示

---

① PINKER, THE BLANK STATE, 379–380.
② 平克认为对领养和双胞胎研究的结果显示，在没有这样的恶劣环境时，育儿中的差异，至少在中产阶级家庭中对人的发展的影响是"可以忽略的"，见上书。
③ Jens Clausen, David D. Keck, & William M. Heisey, EXPERIMENTAL STUDIES ON THE NATURE OF SPECIES III: ENVIRONMENTAL RESPONSES OF CLIMATIC RACES OF ACHILLEA 80 (1948). 参见 GRIFFITHS ET AL, 第648页。

的不同基因型中,没有一种基因型在三个海拔地区都能长到最高。实际上,在考虑了三种不同的环境后,我们发现,基因型和高度之间的关联度很低。不同基因型在不同环境条件下的生长高度都不一样[1]。哪一个基因型会在"正常"环境下长成最

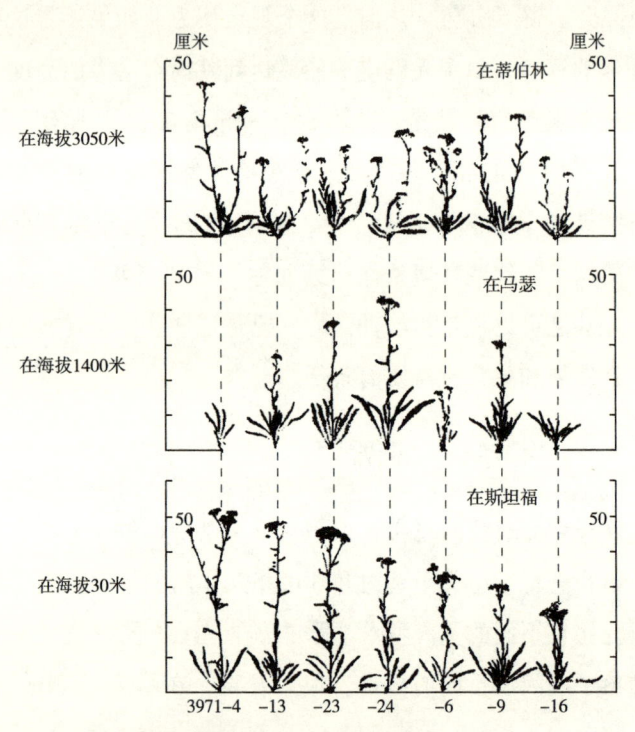

图 2-3 相互作用的例子

这七株蓍草在三个海拔高度不同的地区,与所在环境条件相互作用,长到了不同的高度。没有一种基因型在三个环境中都能长得最高或者长得最矮。

图片来源:Clausen et al., EXPERIMENTAL STUDIES ON THE NATURE OF SPECIES Ⅲ: ENVIRONMENTAL RESPONSES OF CLIMATIC RACES OF ACHILLEA 80 (Carnegie Institution for Science 1958)。

---

[1] 参见 LEWONTIN, TRIPLE HELIX,第 20 页。

高的植物成为一个无解的问题，因为没有很好的理由来确定在这三个海拔地区中，哪一个环境条件是"正常"的，而其他的环境条件是不正常的。

基因学家有时用诸如"反应规范"或者"反应范围"的概念来描述遗传性和环境之间的简单互动。这些概念非常简单，意思就是说，在一定的环境范围中，我们能够期待一个有特定基因形态的生命体长到接近预期范围值的高度，或者在预期范围之内的高度。很有必要说明这种论断的适用范围。正如伟大的基因学家西奥多修斯·杜布赞斯基（Theodosius Dobzhansky）在1955年所指出的：

> 我们最多也只能不完全地了解一个基因型的反应规范。完全了解反应规范需要将特定基因型的载体置于所有可能的环境中，并且观察发展出的表型。这在实际中是做不到的。已有的环境种类已经很多，而新的环境又被不断地制造出来。发明一种新药、新的饮食、新型住房、新的教育体系和新的政治制度都会带来新的环境①。

这样说不是否定反应规范或者反应范围的概念。我们可以清楚地看到，这个概念在许多情况下（比如在预测产量时）是多么不可或缺。多数科学问题不需要我们设想新的科学发展

---

① 杜布赞斯基的话转引自 Gilbert Gorrlieb, *Some Conceptual Deficiencies in "Developmental" Behavior Genetics*, 38 HUMAN DEV. 131, 139 (1995).

或者社会变革可能带来的各种"新环境"。

然而，内在差异论确实需要我们考虑可能出现的"新环境"，原因有两个。首先，内在差异论病因学的部分，实质上是一个论断，即 A 和 B 之间的差异是源于 A 的基因总是比 B 的基因制造出更多的相关特征或者能力——在所有环境中都是如此。如果存在结果相反的环境，其中 B 得到了更多的相关特征，或者只是得到了同等的相关特征，那么内在差异论就会土崩瓦解。A 和 B 之间的任何差异都不能被认为是纯粹源于基因。

当内在差异论从病因学滑到永久性损伤时会产生一个更严重的问题。坚持永久性损伤的内在差异论认为，社会可能提供的环境条件，包括药物、饮食、教育体系、政治制度等，都不可能弥补缺陷或者缩小 A 和 B 之间的差距。因此，要评价永久性损伤的论断，我们必须在考虑现有的环境之外，还要考虑可能出现的"新环境"。这就是内在差异论可能会碰壁的地方。除非我们相信，我们已经生活在科学和社会进步的终点，否则很难坚持认为不存在能够弥补 A 和 B 之间差异的环境。

生活在我们这个基因时代中，经常阅读新闻的读者在直觉上可能认为杜布赞斯基对"一种新药、新的饮食、新型住房、新的教育体系和新的政治制度"会带来新的环境这一警告有些夸大其词。我们可能会反过来在直觉上更相信一个人的内在或者遗传特征，在"正常"的环境条件下是可以带来一些在相对可预测的"正常"水平上或者范围内的特征。比如把智商定义为在智商测试中获得高分的能力。假定教育和成长都是正常的，我们难道不能仅仅根据一个人的基因就大致地预测出这个人的智商吗？

（二）弗里恩效应：一堂环境作用的实物教学课 103

对这个问题的一个有益的回答方式是考察詹姆士·弗里恩（James Flynn）收集的数据。弗里恩展示了在所有我们能够找到数据的工业化国家中，人口的平均智商每隔十年在统计上都会有显著的上升①。上升幅度还相当大。在英国，弗里恩发现上升幅度是如此之大，以至于 1877 年出生的人如果在当时的人群中得到 90% 的分数——也就是说，他的智商比 90% 的同时代人都高的话，那么他在 1977 年出生的人群中只能得到 5% 的分数，也就是说他的成绩要比 1977 年 95% 的测试者都低②。

---

① 参见 James R. Flynn, *Massive IQ Gains in 14 Nations: What IQ Tests Really Measure*, 101 PSYCHOL. BULL. 171（1987）; James R. Flynn, *IQ Gains Over Time*, in ENCYCLOPEDIA OF HUMAN INTELLIGENCE 617（Sternberg ed., 1994）; James R. Flynn, *IQ Trends Over Time: Intelligence, Race' and Meritocracy*, in MERITOCRACY AND ECONOMIC INEQUALITY 35-60（Kenneth Arrow et al. eds., 2000）. 对这个趋势是否延续到了 20 世纪 90 年代之后，不同的研究数据结论不一。

② Flynn, *IQ Tends*, 第 37~40 页及表 3-2。1877 年的样本人群在测试时的年龄比 1977 年的样本人群要大，这可能使差异看上去要比在测试年龄相同的情况下更大（和弗里恩一样，我对智商在成年后不变的论断持怀疑态度）。尽管如此，许多测试年龄固定的实验数据也都能显示出每隔十年的大致变化程度。见上书。

这个"弗里恩效应"有许多重要的影响。其中一个重要的影响是，由于一个世纪之前的人不大可能如数据所显示的那样如此缺乏智力，所以，"弗里恩效应"让我们怀疑，智商测试与我们通常统称为"智力"① 的各种特征之间的关系。但就我们这里的讨论而言，更重要的影响是基因和智商测试之间的关系，不管智商测试成绩度量的到底是什么。

较大人口的基因形态每隔十年不会发生什么变化。因此"弗里恩效应"展示的是：可以通过改变环境或者创造新的环境，使得环境对智商的影响大到可以完全压倒当前人口中个体之间的差异。我们知道，环境的改变可以做到这一点，因为已经做到了。环境的改变可以而且已经在如此大的程度上改变了智商分数，以至于新的分数范围和老的分数范围几乎完全没有交集。

"弗里恩效应"展示出的这种变化极大地削弱了一个看法，即存在一个人们能够"完全"发展基因潜力的"正常"环境。到底是19世纪末的环境"正常"，还是20世纪末或者今天的环境"正常"呢？这个问题有些含糊不清。因此，虽然对双胞胎或者领养子女的研究能够估计出今天在某处某个人群智商的 H 值和 E 值，这个估值也只适用于研究样本中的环境范围和基因差别的范围。即使样本包括相对多样化的环境——而这是很少见的，大量的此类研究是在社会经济地位大体相当的人群中，或者在一个特定的地理范围内进行的，我们应该能想到，样本中智商差别的范围可能会远远小于未来环境

---

① Flynn, *IQ Tends*, at 37.

改变的影响。

这不是科学幻想或者未来主义。正如"弗里恩效应"所展示的,已经有这样的例子了。从某种未来的角度来看,在今天看来"正常"的环境条件下产生的智商分数范围,或者任何特征的范围都是偏小的而且受限制的——在"自然能够并且会对"未来人类所起的影响面前不值一提,可是未来人类的基因和如今我们的基因应该是差不多一样的①。

四 人生发展的层累模型

当我们在机会平等的语境中提及人生发展时,我们的兴趣点在于一个人的实际情况,这些情况影响了他追求人生中重要路径的前景,比如接受高等教育的机会和工作机会。这些情况是怎样产生的呢?一个人是如何获得别人不具备的、从事特定工作的资格的呢?答案是,这是个人与他所处环境之间分阶段的、层累的相互作用过程。在这个相互作用中,发展机会扮演了核心的角色。

(一) 发展能力

我们讨论中的一个重要问题是,人们如何发展"能力"。让我们从功能上来定义能力:某种能力是做某件特定事情的能力。我们通常可以在特定的特征和特定的能力之间建立因果联

---

① JOHN STUART MILL, ON LIBERTY 56 (Elizabeth Rapaport ed., Hackett 1978) (1859).

系，但二者并不一样。比如，假设我们能够找到某种特征来准确预测计算数学公式的能力，这里我们无须了解基因和环境是如何互动而造成了这些特征。现在假设在我们面前的萨拉具有这些特征。然而，萨拉并不是生在一个 21 世纪初的工业化国家，而是生在远古的美索不达米亚还没有开化的农业社会中，那里还不存在数学抽象的概念。

萨拉永远不会体验到——或者发展出能够理解抽象的数学世界的思维能力，尽管她的基因中可能具备这种能力。这并不是因为萨拉始终没有机会运用她的数学抽象能力，而是她根本就无法发展出这种能力。即使在萨拉的一些相关特征中确实存在一些基因孤立主义者想象的"纯粹的基因"诱因，即一个在所有环境中都会起作用的涉及特定基因差别的作用过程，我们也不能说萨拉的相关能力也是如此。

还有一种可以表达这种观点的方法，它借鉴了残疾领域的做法。构建残疾的社会模型的学者们早就指出，与"残疾"有关的大部分问题源自残疾人和周围社会的互动①。人的能力也是如此。也就是说，我们需要一个阐释"能力"的社会模型。无论何种能力——解方程式、驾驶、语言——都一定是源于个人与社会或者环境的某种相互作用。

在对人类历史的叙述中，一个主题是社会复杂度的普遍提升：随着时间的推移，我们创造出愈加多样化的人类奋斗领

---

① 参见 MICHAEL OLIVER, THE POLITICS OF DISABLEMENT: A SOCIOLOGICAL APPROACH (1990)（强调了这个后来被称为残疾的社会模型的观点，区别于将残疾完全置于个人内部的观点）。

域。在创造出新的活动和社会形式的同时，也创造了相应的人类能力。进步不是线性的；在这个过程中我们也丧失了一些能力①。这个进步不是平均分布的。回到我们的例子中，只有非常天真的观察者才会相信，所有生活在今天的人——或者退一步说，所有生活在工业化国家的人——在获得萨拉所缺乏的特定发展机会上都能得到满分。与萨拉一样，在人们如今生活的社会化世界中，仍然会有许多人永远听不到对这些理论的讲解，或者永远不会了解到这些知识，使得他们也无法构建这种发展数学抽象的思维能力。人类社会提供了越来越广阔的发展机会，但不是每个人都能享用到。

人类社会也发展出了切断某些特征和某些能力之间因果联系的能力。正如我们发现饮食和治疗能够避免 PKU 或者糖尿病致人伤残，我们发展出了眼镜、助听器、轮椅、盲文以及其他一些辅助技术，来打破某些特征和特定残疾之间的联系。在没有这些技术的情况下，这些特征就会导致这些残疾成为障碍。一些类似眼球激光手术这样的技术，直接改变了人的相关特征；而其他诸如矫正眼镜度数的技术则不会改变特征，但是二者都能为这方面有问题的人提供完整的视觉能力。因此，正如特征本身是基因活动、个人与环境互动的产物，能力也是个人、其各种特征（比如近视），以及额外环境因素（比如矫正眼镜度数）之间又一层互动的产物。人们需要某些能力来发展其他能力。良好的视力，可

---

① 比如多数现代社会中的人，可能已经丧失了原来重要的记忆并且能够复述史诗故事的能力。

能对运用典型的教室环境中的发展机会格外重要，这也是为什么儿童的视力问题有时候只是在视力影响学业后才被发现。

人类能力的发展过程与植物生长的过程不完全一样。人们需要努力运用发展机会——有时要付出巨大的努力。即使在某些情况中一个人所做的不过是观察，但是被动地观察和主动地思考所观察到的事物，这二者的认知效果是不一样的[1]。反过来的因果关系也是如此。我们更有可能尝试那些我们认为自身有能力做到的事情。我们可能尤其愿意尝试那些我们认为自身特别擅长的事情。

罗纳德·德沃金在探讨"才智和志向相互施加的影响与反影响"[2]时，很好地捕捉到了这个互动。他说，"才智是培养和发展出来的，而不是一下子被发现的"，人们常常"在形成最好成为何种人的信念后才选择发展某些才能"[3]。我还要加上一点，即人们"形成最好成为何种人的信念"也不是"一下子被发现的"。相反，这种信念与人们的志向和对自身潜力的认知都是人们与环境相互作用的产物。

我们可以通过图2-4来反映这些过程。

---

[1] 参见例如 Thomas R. Bidell & Kurt W. Fischer, *Between Nature and Nurture: The Role of Human Agency in the Epigenesis of Intelligence*, in INTELLIGENCE, HEREDITY, AND ENVIRONMENT 193, 203 (Robert J. Sternberg & Elena Grigorenko eds., 1997)。

[2] DWORKIN, SOVEREIGN VIRTUE, at 91.

[3] 同上。还可参见 RONALD DWORKIN, JUSTICE FOR HEDGEHOGS 359 (2011) （"我们的偏好既塑造了我们能够发展的才智，同时也被我们相信自己拥有的才智所塑造"）。

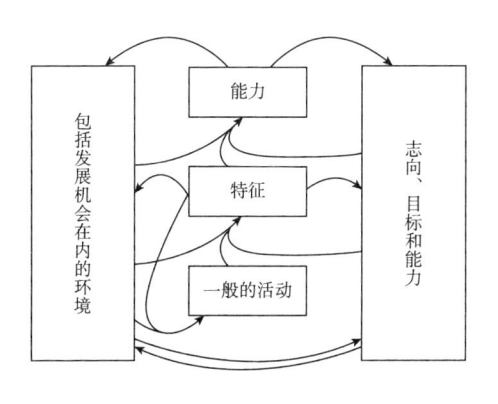

图 2-4　目前的模型

这些过程是层累的作用。如果儿童在幼年展示出一些不寻常的能力，那么这通常会在几个方面影响他的机会。首先，成年人或者社会机构有时会试图为这名儿童提供特殊的机会，使其能够更多地发展这种珍贵的能力。此外，儿童可能自己也会努力寻找这样的机会。在一些情况下，很早就展现出体育、音乐或者数学潜力的儿童，会在其他许多儿童得到的常规机会之外获得特别的机会和鼓励。在其他情况下，由于我们把儿童送到特殊的学校，或者让他们接受针对发展某种能力的培训计划，其他的发展机会就没有得到重视，因此，早期发现的潜力很可能会导致这个儿童的其他机会变少。

同样，特定的"无能"和其他特征，也许会限制一个人能够获得的发展机会。儿童如果缺乏让自己的行为符合教室要求的能力，就可能被送到其他目标受限制，因此在发展机会上也受限制的教育机构；在某些情况下，这些儿童可能直接就被学校开除了。在许多教育制度中，儿童在特定年龄取得考试高分的能力,将永久性地决定这名儿童后来的教育轨迹,而不同的教育轨迹会带来大相径庭的发展机会。

一大类关于机会平等的理论,包括我们在第一章中所探讨过的理论——其中最著名的是机会平等主义和罗尔斯的FEO——极大地依赖于将人们自身负责的选择或者努力从背景环境中分离出来①,而图 2-4 中的模型关系,显示了为什么是这样的。我们对自己机会的认识——以及对自己能力的认识——不仅决定了我们会付出多大努力,而且塑造了我们努力的方向。假设一名儿童直接发现或者被大人告知他在某个方面缺乏才智(比如说学术上的),但是他有其他方面的才智(比如说体育上的),那么,这名儿童其后在体育方面所下的努力会比在学术方面要多,就丝毫不令人吃惊了。或者考虑一个有可能出现问题的情况:假设对一名后来接受了高等教育的儿童来说,很明显(无论事实上是否如此)人人都希望他能在某个显著的维度上有突出的表现②,而这个让人们觉得会给他带来成功的路径却可能涉及犯罪。那么,如果他也相应地进行了努力,那结果会让人吃惊吗?

我们都需要找到自己在这个世界中的位置;也就是说,我们都必须对自己如何融入社会做出自己的判断,并不断修正这个判断。我们必须根据自己的才智和能力确定哪种机会是对自己开放的,自己偏好哪种机会,又适合哪一种机会。其他人的判断会影响我们自己对这些事情的判断,并塑造我们对自身才

---

① 参见本书第 84 页起的第一章第三节(二)。
② 这里显著的维度可能包括居住地、阶级和种族等。

智、行为和潜力的理解——而这最终会塑造我们的志向和努力。

(二) 与家庭和社会的互动

鉴于平等主义者对代际间不平等传递的关注,我们通常把一户人家或者一个家庭视为单一的环境,所有子女都在这个环境中长大。但实际上我们把这个问题看得太简单了。兄弟姐妹在同一个家庭中长大,并在同一所学校就读,我们就认为他们经历了相同的发展机会,这种假设是错误的。

当一对兄弟姐妹生活在同一个家庭中时,他们的许多经历是不一样的。对每个人来说,对方都是环境中重要的组成部分。同时,机会常常会将他们分担的风险转化为迥异的经历。假设两个儿童成长时面临同样的风险因子,即生活在暴力犯罪多发的地区,其中一个儿童运气不好,遭遇了暴力袭击,那么,这两个儿童成长期的经历就相当不同了[1]。此外,由于儿童的行为、外貌和性别等因素,父母和其他成年人与不同子女的互动也不一样。有虐待倾向的父母,有时候会把负面注意力集中在一个孩子身上——原因可能是这个孩子的某种特征、家庭关系或者偶然因素。

行为基因学家一般认为,在解释他们观察到的差别时,他们所说的"非共同经历的环境"比看上去"共同经历的环境"所起的作用要大得多。不严谨的研究得出的这种结论,可能会

---

[1] 参见 Eleanor Maccoby, *Parenting and its Effects on Children: On Reading and Misreading Behavior Genetics*, 51 ANN. REV. PSYCHOL. 1 (2000)。

使领导人相信:"父母的收入、教育、育儿方式、父母间的和谐或者冲突程度以及家庭居住地等因素对子女的学习成绩、社交能力等没有显著影响。"① 但是实际上,育儿方式、居住地

---

① 参见 Eleanor Maccoby, *Parenting and its Effects on Children: On Reading and Misreading Behavior Genetics*, 51 ANN. REV. PSYCHOL. 1 (2000),第 14 页(论及并批评了这些观点)。比如史迪芬·平克坚持认为,基因决定了所有行为特征中 40%~50% 的差别;"非共同经历"的环境决定了大约一半的差别;包括育儿在内的"共同经历"的环境最多只决定了 10% 的差异,而且"通常是大零蛋"。PINKER, THE BLANK STATE, 第 379~381 页。还可以参见 Eric Turkheimer, *Three Laws of Behavior Genetics and What They Mean*, 9 CURRENT DIRECTIONS IN PSYCHOL. SCI. 16 – 164 (Oct. 2000)(发现这些比例在以 H = G + E 为研究方法的研究中总是会重复出现,以至于可以成为"行为基因学定律"),与平克不同,图哈默(Turkheimer)承认这些"定律"一部分是由方法和定义造成的。行为基因学家讨论的是"共同经历"或者"非共同经历"的"影响",而不是"共同经历"或者"非共同经历"的环境。正如伊莲娜·麦考比(Eleanor Maccoby)所解释的,即使一种影响是"家庭中所有儿童都经历的(比如父亲的失业、母亲的抑郁、搬到更好的社区等)",如果它对两个儿童的影响不同,行为基因学家也认为这种影响是"非共同经历"的。参见 Maccoby, *Parenting*, 第 16 页。这种"对'共同经历'一词的简单含义不幸的曲解……可能会导致对行为基因学家研究成果的严重误解"。同上。有一个此类误解的例子可以展示其给关于机会平等的讨论带来了令人遗憾的影响,参见 N. Gregory Mankiw, *Defending the One Percent*, J. ECON. PERSPECTIVES, forthcoming (draft of June 8, 2013, at 8)(引用了一个对被领养的韩裔儿童的研究,这个研究认为,"共同经历"的环境对某些经济结果变量有 11% 的影响,并且得出这样的结论:"如果这个 11% 的数字是大致正确的,那么就表明我们离机会平等的合理定义已经不远了",因为"家庭环境和与家庭无关的基因或环境因素相比,对经济结果中的差别影响很小")。

第二章 机会与人生发展

和其他此类因素常常会给生活在一个屋檐下的两个孩子带来很大的所谓"非共同经历"的影响。一部分原因是每个人与其环境之间的互动过程——包括与我们以不同形式进行互动的父母、老师、同龄人,他们给了我们不同的发展机会,并影响了我们未来发展的形态。

我们可以更广义地表述最后一点。我们的特征和能力在"第一时间点"影响了社会如何看待并对待我们,接下来这又影响了在"第二时间点"之前我们会发展的特征和能力,其中一部分是通过影响我们自身的决定和努力方向。当我们到达"第二时间点"时,这个过程已经在重复了。在许多次的层累效应之后,个人的位置可能与他的起始点已经相去甚远。

一个人与作为其环境的其他人会进行基本的社会互动,在这个发展过程中,人有很大的主观能动性。从这个角度来思考人生的发展并不新鲜。一个世纪之前,约翰·杜威就曾以此来设想教育方式。他呼吁教育工作者不要把儿童看成需要装满知识的容器,而是看成具有"能力"或者"成长力"的生命:"成长不是外人强加的,而是他们自己所做的。"[1] 因此他认为,教育从根本上是层累的社会过程。儿童有"吸引他人合作性注意力的能力",也会运用这种能力;同时,他人的注意力不仅塑造了儿童正在发展的能力,还塑造了他的兴趣和努力的方向[2]。

为了给这些社会过程留出空间,我们必须改进我们的模

---

[1] JOHN DEWEY, DEMOCRACY AND EDUCATION 50 (1916).
[2] 同上书,第51页。

型。我在上文中从功能上定义了能力,将其定义为处理某个特定的、定义明确的任务的能力。社会也会选择性地定义并认可能力,但并不一定都是以简单的功能上的方式来定义的。当社会认可一种能力时,我们有时会给它起个名字,比如"语言能力""社交能力""音乐才智",或者"智商"。无论是否起了名字,我们通常将其视为一个人的属性,而不是与一个定义明确的任务紧密相关的功能性变量。我们用"被认可的能力"(recognized capacities),来表示这些社会认可的能力组合,尽管有时这种分组是模糊的。

这个定义和标识的过程通常不受关注,因为分组似乎是常识性的和正常的举动。但是这类决定却可能暗藏着重大的后果,比如,是否认为存在一个整体性的"智力"或者几种不同的智力。当我们把不同的能力放在一起时,我们会认可那些具备这一组中许多能力的人,而不认可那些拥有我们已经概念化的能力之外的各种能力的人。

族群身份和其他特征也会影响我们认可什么样的能力。一个自信有力,或许还稍微有一些强势的男性,可能在他的社会中被认定为有领导能力的人,而拥有同样特征和能力的女性,则可能就会被认为过于棱角分明,其行为不符合正确的社会规范①。在社会心理学和就业歧视法律中,对认知偏见和无意识成见的研究中有越来越多的大量文献证明,我们对他人能力的

---

① 参见如 Alice H. Eagly & Steven J. Karau, *Role Congruity Theory of Prejudice Toward Female Leaders*, 109 PSYCHOLOGICAL REV. 573 (2002)(介绍了描述性和规定性的性别规范如何造成对女性和男性领导力的迥异看法)。

第二章 机会与人生发展

评价和认可通常会受到成见的影响①。

例如，当雇主在招聘时以性别或者种族为由加以歧视时，他们通常不是有意为之，而是真诚地试图评价哪位候选人或者雇员最有能力。问题是这种评价刻上了族群身份的烙印，影响到哪些人的能力会得到认可。比如，改变求职者简历上方的名字的研究发现，即使多数雇主希望在招聘时做到性别和种族中立，他们还是会依照其姓名所暗示的性别和种族对候选人的能力做出大相径庭的评价②。由于这些以及其他原因，在概念上

---

① 参见如 M. R. Banaji, *Stereotypes, social psychology of*, in INTERNATIONAL ENCYCLOPEDIA OF THE SOCIAL AND BEHAVIORAL SCIENCES 15100（N. Smelser & P. Baltes eds. 2002）; Linda Hamilton Krieger, *The Content of Our Categories: A Cognitive Bias Approach to Discrimination and Equal Employment Opportunity*, 47 STAN. L. REV. 1161（1995）。

② 参见如 Rhea E. Steinpreis et al., *The Impact of Gender on the Review of the Curricula Vitae of Job Applicas and Tenure Candidates: A National Empirical Study*, 41 SEX ROLES 509（1999）（发现在求职表上方表明的名字和性别区别，影响学术成员对求职者资格的看法；男性和女性的评审都更可能认为"男性"的求职者符合资格，并且认定他们应该得到聘用）；还可以参见 Shelly J. Correll et al., *Getting a Job: Is There a Motherhood Penalty?* 112 AMER. J. SOCIOLOGY 1297（2007）（发现与未生育的男女相比，生育后的女性被认为"能力"和"担当"较差，被雇用的可能性更低；而有孩子的男性则被认为对工作会更有"担当"）；Kathleen Fuegen et al., *Mothers and Fathers in the Workplace: How Gender and Parental Status Influence Judgments of Job-Related Competence*, 60 J. SOCIAL ISSUES 737（2004）（研究结果一样）；Marianne Bertrand & Sendhil Mullainathan, *Are Emily and Greg More Employable than Lakisha and Jamal? A Field Experiment on Labor Market Discrimination*, 94 AMER. ECONOMIC REV. 991（2004）（对种族来说是同样的结果）。

区分完成任务或工作的功能性能力和被社会认可的能力之间的差异，这样做还是大有裨益的。①

被认可的能力和功绩不一样。被认可的能力是社会所公认的，而功绩是社会所奖励的——可以获得工作、社会角色，有时还可获得额外的特殊发展机会。雇主作为决定何为功绩的把关者，通常会对哪种被认可的能力应该被视为功绩，以及如何度量这种功绩做出违反直觉的选择。他们的理由有些是效率驱动的，有些则是古怪的，甚至是令人反感的。

（三）与就业领域的互动

在1971年"格里格斯诉杜克电力公司"这个具有里程碑意义的民权案件中，美国最高法院判决，杜克电力公司要求所有想获得理想高薪职位的员工必须具有高中文凭，并且通过"标准化的智力测试"是具有歧视性的做法②。这些要求几乎使所有申请这些理想职位的黑人都失去了资格。按照该公司副总裁的说法，"公司认为这些要求能够大体上提升劳动力的总体质量，因此才被推行"。③ 然而，没有证据显示这些要求和实际的工作表现有关联；当事人没有"认真研究其与工作表现能力的关系"就规定了这些要求④。思考"格里格斯案"的

---

① 讨论"社会"认可的能力是对实际的过度简化。对一个人拥有何种能力，不同的把关人之间通常存在异议；有时在不同社会秩序中的人采用的认可规则也不同。
② Girggs v. Duke Power Co., 401 U.S. 424, 425–427 (1971). 在本书中我会多次提到此案。
③ Girggs v. Duke Power Co., 401 U.S. 431 (1971).
④ Girggs v. Duke Power Co., 401 U.S. 431 (1971).

一个思路,是判断杜克电力公司是否通过选择一个它知道多数黑人都不能达到的要求来有意识地歧视黑人。这种思路主要关注的是雇主的动机,但是法庭并不是这样看的。

法庭提出的是另外一个问题——这个问题也是本书工程的核心。法庭质问杜克电力公司的政策是否制造了"招聘上人为的、随意设置的、不必要的障碍",而这个障碍是否还会对某个种族产生不良的影响①。也就是说,法庭发展了一套新的分析模式,我们现在将其称为"差别性影响原则"。首先,我们基于一个诸如"种族"这类受保护的特征来判断一个政策是否会造成不合比例的影响(在"格里格斯案"中,答案是肯定的)。其次,如果答案是肯定的,我们再通过评估政策本身来判断该政策能否找到某种商业上必需的理由(在"格里格斯案"中,答案是否定的,不存在这种理由)。因此,法庭认为该政策违反了《1964年公民权利法案》,法庭判决要求杜克电力公司修改其对功绩的定义,移除其在招聘中随意设置的、不必要的障碍。

像"格里格斯案"中设置的那种对一般能力或智力的规定与任何工作的实际表现之间并不存在完美的相关性。对一些工作而言,某个测试可能和工作表现完全没有关系;而对其他工作而言,则会有不同程度上的相关性。雇主、学校和其他把关者有各种理由采纳这些测试,比如出于行政上的便利、成本的核算、对工作或者角色内容的信念(无论正确与否),以及对希望见到何种人入职,或者扮演这一工作角色的信念。在决定将什么作为"功绩"时,把关者直接影响着哪些路径对哪

---

① Girggs v. Duke Power Co., 401 U. S. 431 (1971).

些人开放。

由于人们和环境之间的相互作用是层累的，把关者的决定也会在至少两个方面影响人们发展的方向。首先，获得了新工作的人进入了新的环境。他们有了发展与工作相关的新技能和其他能力的新机会，工作的自然过程会使他们的一些能力得到提升，而另一些能力被荒废。这是职场中的一个基本事实。这就是为什么在申请高于入门级的任何工作时，相关的工作经验都扮演了如此核心的角色：这些经验可以展示出求职者已经通过从事相关工作而发展出了相关的技能。因此，当把关者决定将什么作为"功绩"时，这个决定不仅影响着谁能获得这份工作，而且还影响了谁会在未来申请其他某份工作时将拥有相关的工作经验和技能。

功绩的定义还会影响我们最初发展特定技能、才智和其他能力时都会有的事先激励因素。如果一个孩子知道获得大学奖学金的条件是在某个体育项目中有长期优胜的表现，就会有强大的激励因素促使他将时间和精力投入发展该项体育的能力中去，而不是投入其他一些回报看似不那么明显的活动中去。即使他最终没有赢得这份奖学金，该奖学金对功绩的定义也已经影响了他的发展轨迹。

在我们的叙述中还有一步，即使一个人拥有了相关把关者定义的"功绩"，也不能保证他就能够获得这份工作或者社会角色。以"机会"一词最平常的含义来说，他还需要一个机会。如此多的对机会平等的讨论是围绕着大学录取竞争的例子而展开的，数以千计的申请者每年都要走过这个大规模的、公开的申请过程，以至于我们很容易忽视一个事实，即大多数将

"功绩"转化为工作或者社会角色的机会都不是这样存在的。大多数的工作机会远远没有这么显而易见;要找到这些机会通常需要有特殊的信息渠道或者社会关系。这些变量——能够帮助年轻人找到入门级职位的朋友的父母或者父母的朋友、工作中结识的能够提供其他更好的机会信息的联系人——对某种工作机会的获得都是极其重要的①。

这个相互作用的不同层级最终决定了工作和其他社会角色的分配,我们可以按照图2-5的方式把它画出来。

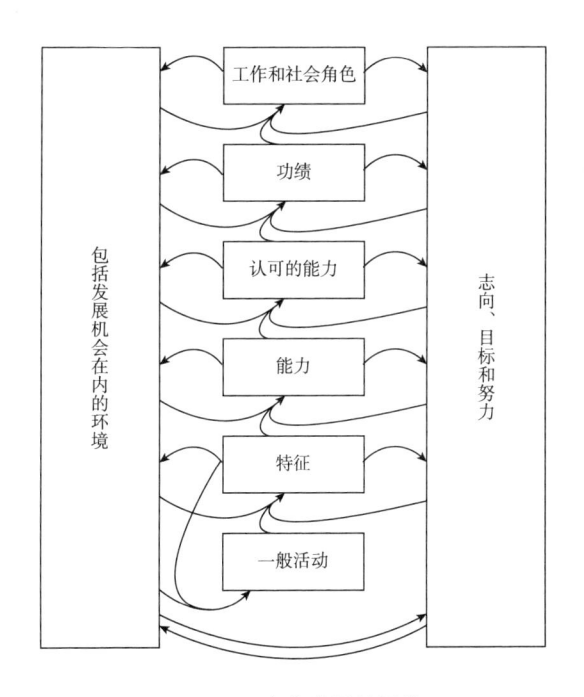

图2-5 人生发展的图谱

---

① 参见本书第318页中的第四章第一节(三)(论网络在机会分配中的作用)。

这个图谱旨在表达的含义中，有一部分是我们的环境及其提供的各种发展机会都会受到图谱中其他元素的影响。人们根据我们的特征、被认可的能力以及我们的工作和社会角色，对我们做出不同的反应。这些反应是环境的一部分。同时，我们的能力使我们能够改变环境从而改变自身的发展。工作和社会角色本身也是我们环境中重要的方面，并提供着重要的发展机会。

没有哪种特征或者能力能够不受这些层累作用过程的影响。心理特征和其他特征一样，也会受到这些层累互动的影响。尽管许多人都有一种让人不太能够理解的信念，即包括MRI在内的脑扫描，是一面窥探由基因决定的或者天生的心理特征的镜子，但实际上只需要中等程度的心理活动、训练、压力，或者其他经历就能造成MRI或者其他脑扫描图像中的物理变化①。重大的人生经历会对大脑造成长久的影响，有时会改变大脑不同区域的物理大小。经历长期的压力可能会使一个人的海马体变小，这是大脑中涉及记忆的部分；出生在一个社会经济地位较低的家庭中，这一点可能会随着时间的推移造成

---

① 参见如 Bruce S. McEwen, *Effects of Adverse Experiences for Brain Structure and Function*, 48 BIOLOGICAL PSYCHIATRY 721, 721–726 (2000) (指出研究者已经观察到哺乳、头部创伤、衰老、训练和压力对 MRI 扫描结果的影响); 还可以参见 Daniel A. Hackman & Martha J. Farah, *Review: Socioeconomic status and the developing brain*, 13 TRENDS IN COGNITIVE SCI. 65 (2009) (描述了一系列探索社会经济地位对大脑功能中可视化部分——比如脑电波图——影响的研究)。

较小的前额叶皮层，这是大脑中涉及执行功能的部分[1]。科学家通过对诸如饥荒和战争这类自然实验对人类的影响，进行流行病学研究并得出结论：许多环境对大脑实体的影响确实是直接的因果关系，而不只是具有相关性[2]。如果我们谈的是大脑之外的身体的任何一个部分，这一点是完全不会让人感到惊讶的：人人都能看到，当一个婴儿发展出行走和奔跑的能力时，就会开始这样做，而练习很快就使得他的力量和肌肉变得更强。但是我们谈论的是大脑，需要强调的是，我们的心理能力同样也是自我和环境不间断地互动的产物。

我们在承认志向、目标和努力都是人生发展中层累作用的一部分时不需要认同决定论。这里所勾勒的模型能够兼容一系列涉及决定论和自由意志等哲学问题的观点。这个模型不依赖于对这些问题的具体回答，而只是依赖于一个不应当特别具有争议性的较狭窄的观点，即我们的志向、目标和努力，不是在以太（ether）中完整形成后才浮现出来的，而是我们生活经历的产物；它们反过来又影响了上述过程中的其他方面，我们通过这个过程才发展出自己的特征和能力，并且说服他人认可我们的能力以及证明自身的"功绩"，从而获得工作和社会角色。我们对如何导向努力的决定，一部分是在每个阶段我们眼前所能看到的路径和选项集合的函数，

---

[1] Jack P. Shonkoff et al., *Neuroscience, Molecular Biology, and the Childhood Roots of Health Disparities*, 301 JAMA 2252, 2254 – 2255 (2009).

[2] Jack P. Shonkoff et al., *Neuroscience, Molecular Biology, and the Childhood Roots of Health Disparities*, 301 JAMA 2254.

同时也是我们根据他人的评价对自身的功绩和能力做出的结论的函数。

五　"平等"的问题

关注发展机会的平等主义者通常持有一个合理的规范性观点，即在考虑其他限制条件的情况下，发展的机会应当平等化。这个论断并不意味着，人人的发展机会都应该是完全一样的。那是不可能的（即便这是个好主意，但实际中能否实现则是很大的疑问）。这个世界中存在太多种类的机会，有些是特殊的，甚至独有的。没有哪两个生命体能够同时具有完全相同的机会组合。比如，只要个体来自不同的父母，并有不同的兄弟姐妹，就至少会有不同的发展机会①。但是这没有什么问题。在这个观点中，我们的目标是平等，而不是相同。发展机会的平等化意味着我们应当将不同儿童获得的不同发展机会组合置于某种度量之上；然后我们旨在达成一种状况，其中，所有人的人生发展机会组合都具有相同的价值，或者在这个度量上具有尽可能接近的价值。

对应用于发展机会的机会平等理论而言，这是一个合理而且常见的规范性出发点。然而，我们越是仔细地思考构成人生发展的层累效应，"平等"的发展机会的含义就越发不明确。很明显，有些环境确实能够比其他环境提供更多的机会。而当我们在考虑儿童或者成年人时就会发现，他们都有其各自的能

---

① 参见本书第 73 页起的第一章第三节（一）。

力和无能的组合，对不同的环境和机会的反应也不一样，不可能把不同的机会组合安排到单一的度量上，或者找到一组发展机会，将其作为所有人平等的一个公平的基准线。

（一）一个简单的平等化的问题

假设一名儿童需要眼镜，而另一名儿童不需要。我们如何将他们的发展机会"平等化"呢？最佳的答案大概就是，这种平等化的要求是让需要眼镜的儿童都能得到眼镜。我们为了让这两名儿童经历的实际发展机会平等化而花费了不平等的资源。现在假设儿童 A 需要的不是眼镜，而是一对一的辅导以便理解并参与课堂学习。没有辅导，A 的学习和发展就会遇到严重问题。与上面的问题一样，发展机会的平等化就应该要求 A 接受辅导。很明显，没有辅导的话，儿童 A 的发展机会将不会与儿童 B 的发展机会平等，因为儿童 B 可以不需要辅导就理解并参与课堂活动。让我们假设，A 在接受辅导后，在学习成绩上超过了 B（让我们暂时不考虑是否存在一个单一的、适用于所有人的成绩度量）；让我们再假设，如果 B 也接受辅导的话，就会再次超过 A，因为额外的辅导能够让 B 更好地完成任务。

在这一点上，B 似乎确实受了某种委屈。在机会平等化的大旗下，A 得到了额外的资源，使得他超越了 B，而得到资源的理由是 A 需要辅导而 B 不需要。教育体系必须时刻做出谁需要特殊照顾而谁不需要的界定。一般来说，学校根据哪一个学生被确诊为残疾来做出这一决定（情况可能是，A 因为是聋儿才得到辅导，辅导的作用是把老师的话翻译成手语；如果 A

只是不能集中精力,而其原因不能构成任何可诊断的病症,那么就不能获得辅导)。但是"残疾"与正常的人这两者差别之间的准确界限有时是非常模糊的,而划出这种界限的规范性理由也是很模糊的。在实际层面上,这个划界的过程可能被父母操纵,因为他们都想最大化自己子女的机会[1]。

对这些问题的一种回应是退回到更简单的前提,即我们真正应该做的是,为 A 和 B 提供资源上、成本上相当的机会。但是,如果目标真的是要将发展机会平等化,那么这个回应就显然不够用了——也就是说,让 A 和 B 二者的经历一致,这个经历有助于图 2–5 中画出的各种过程,通过这些过程,A 和 B 将发展出各自的能力。在许多情况中——从 A 需要眼镜这个简单的例子到复杂得多的例子——问题只是为 A 提供机会比为 B 提供机会的成本更高,因为导致他们二者具有不同发展需求的情况与社会的情况共同决定了要满足 A 的需求,成本会更高。

我们可以尝试着再退一步,提出机会平等的定义也许不应该包含 A 和 B 的特定需求以及他们的特征。根据这个观点,我们已经提供了某些机会,许多人都能够利用这些机会,如果

---

[1] 比如,父母想方设法得到对其子女特定的残疾诊断,以使子女在标准化考试中能够得到加分的待遇。参见 REBECCA ZWICK, FAIR GAME? THE USE OF STANDARDIZED ADMISSIONS TESTS IN HIGHER EDUCATION 100 (2002); ROBERT K. FULLINWIDER & JUDITH LICHTENBERG, LEVELING THE PLAYING FIELD: JUSTICE, POLITICS, AND COLLEGE ADMISSIONS 90 (2004) (讨论了加州的一个研究,发现私立学校的学生获得此类照顾的可能性是公立学校学生的 4 倍之多)。

第二章　机会与人生发展

A 由于看不到黑板，而且没有人给他眼镜，因而使他无法利用这些机会，那很明显他是不幸的，但是问题在于他，而不在于我们是否提供了平等的机会。

这个后退让我们处于极其被动的局面。无论我们出于什么原因采用机会平等的政策，这样做都不能实现机会平等的目标。我们没有给 A 和 B 随着时间发展和成长的机会，而是基本上把这些机会都给了 B，在实际层面上，留给 A 的是，他的机会将受到很大局限。机会平等主义要想具有工具价值，需要有更多的实质内容，无论是帮助人们实现某种程度上自主的兴盛人生，还是仅仅将目标设定为将人工的生产力最大化。

换句话说，我们需要给予人们的是他们实际能够运用的机会。正如最高法院在"格里格斯案"中所判定的，不能"仅仅是像寓言中给狐狸和鹳喝牛奶这个意义上的机会平等"①，还需要更多。因为人是有差异的，他们需要不同的机会来发展和成长。

有时人们就像图 2-3 中所画的蓍草：它们在不同的环境条件下都能存活。一个严重强调运动的教育体系，可能恰好能够发掘某个特定儿童的潜力，而他在其他方面则可能成绩不佳；然而这个强调也可能会挫伤另外一个有其他兴趣的儿童。一个社会化的儿童可能在与群体和团队共同工作的机

---

① *Griggs*, 401 U. S. at 431. 在这个寓言中，狐狸邀请鹳吃晚餐，晚餐的汤盛在很浅的碗里，鹳的喙太长喝不到。作为回应，鹳也邀请狐狸吃晚餐，食物装在一个又高又长的容器里，狐狸没有喙，所以也吃不到，AESOP'S FABLES 81（Laura Gibbs trans., 2002）。

会中如鱼得水，而另一名儿童可能会在这种情况下完全对他人封闭，他的能力只有在其独自工作的情况下才能得到最好的发展。这都是些程式化的例子，但意思相当简单明了。我们不是完全一样的人。当我们考虑到个体不同的需求和情况这一事实，将发展机会绝对化或者精确地平等化，就成为一个没有明确含义的想法①。给两个不同的人任何一组机会，都会使这两个人以不同的方式在不同的程度上发展。以成本的平等化作为答案是不够的；有时一个人的发展需求就是比其他人的需求成本更高。

（二）如果我们的目标不完全一致呢？

上述讨论假定我们对发展的方向或者目标十分明确，即提高在学校中的成绩。当我们离开学校后——或者仍在学校中，当我们进入高年级后，很明显，不是人人都有兴趣追求同样的成绩或者目标。这个问题给如何运作"平等"的发展机会带来了第二个也是更深层的问题。为了找到一个能够适用于所有

---

① 这些发展机会平等化中的困境印证了一篇经典的文章，Christopher Jencks, *Whom Must We Treat Equally for Educational Opportunity to be Equal?* 98 ETHICS 518（1988）。杨珂斯（Jencks）探讨了一个纯粹的资源分配问题，其中只有一种可替代的资源，即老师的时间和关注，他指出对这种资源的"平等"分配可能意味着几种不同的情况，而这几种情况都不会完全令人满意。在这里我的观点是，当我们去除问题只是如何分配单一资源这个（有益但是有局限性的）假设后，会遇到更加棘手的理论困境。一些学生需要其他学生不需要的某种特定照顾才能参与、发展和成长。此外，在资源限制之外，对学生不同的照顾可能因为其他原因而发生冲突或者不兼容所有

发展机会组合的通用度量（哪怕只是排序而不是打分），我们需要一个客观的办法来判定不同路径，以及由此决定的不同发展方向的价值多寡。

我们并不清楚如何才能找到这种通用的度量——或者说找到之后意味着什么，原因有两个：不可通约性和偏好的内生性。所谓不可通约性，指的是不同的发展机会因为不同的原因而各有价值，而有些原因和其他原因是不可通约的。不同的发展机会使我们通过不同的方式来发展，最终达成不同的人生，其中，我们由于相异的原因而珍视不同的价值。能够使人有朝一日成为时尚设计师的早期机会应该是很有价值的；而使人能够有朝一日成为部长、小说家、军官，或者地产大亨的机会，同样也是有价值的。一些人在展望未来可能的人生时，会认为一些能够帮助他们追求某些路径的机会是没有价值的，因为他们并不想追求这些路径（一些父母可能会持这种观点，认为这些路径作为他们任何一个子女的可能轨迹都只有零价值，甚至负价值）。但是，人们对哪种路径有价值，哪种路径没有价值当然还存在异议。而令事情更为复杂的是，一个人对这些价值的看法——以及在更广义上，他们对有一天可能会去追求的遥远未来路径的看法——通常是不成熟的，这也不难理解。此外，经历过某种特定的发展机会后，人们有时也会改变自己的偏好，因为某些从抽象的角度看上去不是特别有吸引力的路径，可能又一下子变得很有希望了。

通用度量的问题比简单的异议，或者人们的看法不成熟，或者会发生变化等问题都更要深刻。假设我们认为一个人最好的机会组合,是能够最好地促进这个人未来福祉的机会组合①。这听起来是一种超越对何种路径为最佳的分歧而达成某种排序或度量的办法,至少在理论上是如此。但是对福祉进行仔细思考,就会把我们更深地拉进这个我们试图挣脱的问题中。对此,约瑟夫·拉兹(Joseph Raz)在《自由的道德》(The Morality of Freedom)中给出了一个有益的论述。拉兹认为,如果我们对福祉的定义,是从一个人自己的视角捕捉到人生的成功程度,就必须考虑到个人视角中都会有的个人承诺和依恋②。因此他认为,福祉的正确含义中应该包含一个人成功地实现自己的目标和事业③。通过"接受这些目标和承诺,进而关心不同的事情",人们才"逐渐地形成各自的人生,决定什么是成功的人生,什么是失败的人生"④。特定的目标、事业、承诺和依恋,都对我们的福祉有所贡献,因为我们"有

---

① 我会把这个表述带来的其他许多困难先放在一边。首先,我们可能相信一些机会对自己是有价值的,因为它们能够使自己为他人的福祉做出贡献,哪怕是以牺牲自己的福祉为代价。其次,问题是机会组合不会带来可以完美预测的福祉程度;相反,机会预示着状态的概率分布,其中每个人的福祉程度可能根据情况不同而程度不一。人在这个概率分布中的偏好将取决于一个人规避风险的程度和其他变量。但是一个人规避风险的程度可能也是内生于下面讨论的偏好形成过程之中。让我们先把这些困难放在一边,原因不是它们能够轻易解决,而是因为更深层次的不可通约性问题使它们在某种程度上失去了意义。

② JOSEPH RAZ, THE MORALITY OF FREEDOM 289 – 290 (1986).

③ JOSEPH RAZ, THE MORALITY OF FREEDOM 290 (1986).

④ JOSEPH RAZ, THE MORALITY OF FREEDOM 387 (1986).

第二章　机会与人生发展

意地接受"了它们①。因此,拉兹认为自主对福祉十分重要,而人生中有许多我们可能珍视的事情,因为我们珍视这些事情,它们才对我们的福祉做出贡献②。

我在本书的一开始曾经简短地讨论过,机会平等的一个独特的诱人之处是,它能够使人们在更大程度上追求自己的人生目标,而不是被他们能获得的有限机会所束缚。不平等的机会最明显的例子,就是诸如种姓制度、阶级制度或者性别角色制度这样的社会结构,它们会限制人们选择实现何种人生。这些结构引导我们(在极端的情况下,是迫使我们)按照社会认为对我们来说恰当的剧本来演绎我们的生活。从这个角度看,机会平等的一部分诱人之处在于,它能够给我们更多的机会来偏离这些剧本——用拉兹的术语来说,就是使我们成为"自

---

① JOSEPH RAZ, THE MORALITY OF FREEDOM 369 (1986). 拉兹认为"有意地接受"有时不是自由、刻意的选择。我们有意识地接受各种依恋:比如对父母的依恋,我们没有选择,但不管怎样这也对我们的福祉有所贡献。在一些人和整个社会的生活中,主要的目标、承诺和依恋都不是自己选择的。他们也许能实现某些形式的福祉,但他们缺乏拉兹所说的自主。

② 虽然对这一点还存有争议,拉兹似乎认为自主只是在"提升自主"的(现代)社会中才是福祉的必需品。这大大偏离了《论自由》中自主性论点的普遍性,同时也偏离我的观点和其他一些大体上同情拉兹的当代读者的观点。参见 Jeremy Waldron, *Autonomy and Perfectionism in Raz's Morality of Freedom*, 62 So. CAL. L. REV. 1097, 1120 – 1123 (1989). 对拉兹在这一点上持模糊态度的讨论,参见 David McCabe, *Joseph Raz and the Contextual Argument for Liberal Perfectionism*, 111 ETHICS 493, 494 n. 3 (April 2001).

己生命的作者之一"①。

然而，正是这个机会平等的特征，使得我们在试图客观地衡量不同的机会组合并决定哪一个组合最好时——比如，可能成为时尚设计师的机会，或者可能成为牧师的宗教发展和成长机会——遭遇到不可通约性的问题。这个问题不仅使客观的观察者很难决定哪一种机会最好，更重要的是，由于不同的人有不同的目标和承诺，这直接决定着不同的路径在他们眼中的价值。我们不能在这个人之外决定哪些路径和机会在客观上对他最好——这不是因为我们无法找到答案，而是因为问题的答案根本就不存在。

不过这一点也不能无限地引申下去。我们总是可以对哪种路径对一个人更好或者更不好加以评论。有些路径在客观上对所有人而言都是不好的，比如，由于在客观上存在自我毁灭性——有些路径可能明显地不适合特定人群的兴趣和能力，以至于我们有信心预测某些人不会选择这些路径。但是在很多情况中，即使对一个人，或者即使我们最大化地认同一个人未来福祉的目标，也不可能客观地判断两组发展机会的优劣。

（三）偏好和目标的内生性

这个不可通约性的问题与另一个问题相关，并且因为这一点而使问题更加复杂，即导致人们接受某个目标的偏好是具有内生性的。人们一般不会在一大早醒来后就决定做一些他们从来没有听说过的事情，或者成为他们从来没有听说过的人——

---

① RAZ, MORALITY OF FREEDOM, at 370.

没听过指的是这些人或事甚至不是任何熟悉的人或事的一个可辨认的变体。与此相反，人们通常是根据周围的事物，即他们能接触到的"社会形态"来形成自己的志向、目标和承诺①。比如，至少今天有许多儿童会说，他们的志向是成为投资银行家（我们猜想，他们当中很多人的父母是投资银行家）。对其他许多儿童来说，说出这样的志向就好像生活在远古的美索不达米亚的萨拉决定自己的志向是成为数学教授一样不大可能。如果萨拉真的这么说了，人们也弄不清楚她所说的含义是什么。为了确定其含义，需要重建她听到这些词语的过程。我们对世界中存在着哪些我们可以追求的路径的想法总得有个来源。实际上，我们需要的不仅仅是听到些许词语或者句子，或者或多或少地知晓某种路径的存在，我们还需要能够理解（至少是部分地理解）这个路径的价值之所在，以及我们为什么应该追求这个路径。

在某些情况下，这种理解可能是很浅层的，而且并非来自个人渠道。通过观看有关律师的电视节目，人们可能会了解到，这个工作常常需要进行辩论，工资很高，可以买一件好西服，而且具有一定的权威性。有时，知道这些就足够了。而通常我们会通过更深层地了解获得更多的各类知识，以此形成我们应当追求哪种角色的想法。正如拉兹所讲，许多最重要的社会形态是"致密的，即它们超出了个人，哪怕是那些对此有经验的人能够明确描述的范围"②。我们往往通过"习惯化"，

---

① 这是拉兹的表述，还可以参见本书第 199~202 页。
② RAZ, MORALITY OF FREEDOM, at 311.

而不是"慎重思考"①来学习如何扮演这些角色,以及想要扮演这些角色的理由。比如,我们作为孩子经历了亲子关系,从而获得了对何为父母的最初(不完全的)了解。在许多情况下,我们在职场中的抱负,可能介于从粗略印象中得到的浅层知识与从持续、直接的个人体验中获得的深层知识之间。

比如,埃利斯·科斯(Ellis Cose)在研究"布朗案"的判决对最近50年来美国学校种族融合的影响时,采访了退役的海军司令J. 保罗·里森(J. Paul Reason),后者作为黑人学生曾在位于华盛顿特区的一所职业高中就读,该校在"布朗案"后才开始对所有种族开放②。里森说,在这所高中就读重新塑造了他的志向和人生历程,这主要是因为他的物理老师曾经是一名海军军官,用里森的话来说,这位老师给了他"原来还有海军这么一个事物的最初印象"。这是相当有震撼力的说法。在这之前,里森并不是不知道有海军的存在,但他解释说,他此前并不知道海军是怎么回事,即海军"是一个需要有工程师、物理学家、化学家等人才方可运转的高度技术化的环境"。他说,这段经历"改变了(他的)人生",因为这为他打开了一个科学与工程的世界,展示了通过成为海军的一员,他可以继续运用和发展自己在这些学科中的技能,并且可以卓有成效地将这些技能用于实践③。作为一个高中生,里森

---

① Raz, Morality of Freedom, at 311.
② Ellis Cose, Beyond Brown v. Board: The Final Battle for Excellence in American Education 28 (2004).
③ 同上。

已经（在学校中）接触到了特定的发展机会，通过这些机会，他发现自己有学好技术学科的才能，而且乐此不疲。然而，如果他没有遇到这位曾经当过海军军官的老师，他就不大可能会发展出成为海军军官的志向。这个故事出现在一本讨论学校中种族融合的书里并不是巧合。正如我在第四章中将要谈到的，种族融合的一个核心功能就是使这种社会融合成为可能，让所有的人都能接触到更加多种多样的可以追寻的路径。

由于我们是在自己能够知晓的知识范围内构建我们的志向和目标，因此改变一个人的发展机会，将对我们的目标、能力以及我们对自己的理想和潜力的理解带来深刻的影响。很难说一种改变就一定会比另一种改变更好。设想一下，同一个儿童在父母离异的两个家庭中生活就有可能经历不同的发展机会。如果他和父亲生活在一起，他会在郊区的一所学校就读，这里几乎所有的同学都会选择上大学。周末，他会代表学校去参加体育比赛，或者和父亲一起去户外探险。而如果他和母亲住在邻近城市的公寓里，他就会在一个更大更多样化的学校就读，这个学校的学生不一定都会选择上大学，但是这所学校会提供一些在科学发展上不寻常的机会，例如，他会参加科学展会，加入机器人研发小组，学习各种编程语言，但是不会参加什么体育活动；周末，他会到母亲常去的教堂里去当义工。他在这两种环境中经历的发展机会组合是相当不同的。一部分原因是他周围环境中的人物是不同的：不同的老师、不同的父母，还有格外不同的同龄人，这些人会对他将如何发展造成重大影响。

根据这两组塑造他的经历的不同机会组合，他将成为完全不同的人，这个假设是合理的——这里说的不仅仅是他的能力，而且还有他的目标、价值观，以及他对自身在世界中位置的理解。如果他和父亲一起生活，他长大后可能会强烈地认同自我选择的这条道路就是最好的。但是如果他处于另一种环境中，那么，另一个他未来也可能会同等强烈地确信自我选择的另一条道路是最好的。这两个未来的自我选择或许都是对的。不管怎样，在这个例子中，假设一切顺利，他会获得引导他走上如今所珍视的人生道路的各种实实在在的发展机会——而如果他和父母中的另一位一起生活所能获得的就不是这些机会了。

我们的偏好与价值观的内生性——特别是它们对我们的发展机会和经历的依赖——使我们很难，甚至根本不可能事先就知道哪种发展机会的组合对一个人来说是最好的。这不是一个纯理论的问题。比如，调节家庭问题的法官肯定会遇到类似问题的、实实在在的案例：正如上面的例子所展示的，在争夺监护人的案子中，父亲或者母亲给孩子提供的机会很可能是完全不同的，但只能由法官从中做出决定。把法庭的例子放在一边，还有许多父母、学校，甚至孩子自身所做的决定同样会带来这些问题。

（四）基本的发展机会

上一节中的论点不能无限引申下去；不可通约性和偏好的内生性这两个问题很容易被夸大。有些机会组合从客观上衡量就是比另外一些要好。虽然我们不可能对所有的机会组合进行完整的排序，但是我们可以客观地说，有些发展机会的组合能给某个特定的人带来更多的好处，即与其他组合相比，它们能

第二章　机会与人生发展

够更有效地帮助这个人的发展和成长。这方面最简单的一个例子是基于我们称谓的"基本的"发展机会，虽然这不是唯一的例子。

人们需要发展各种不同的特征和能力，以使得他们不仅能够选择追求几条路径，而且能够选择社会中提供的多数或者全部路径。基本的发展机会就是发展这些特征和能力所需要的机会。有些发展机会几乎对所有人类社会而言都是最基本的机会。比如，通过与他人进行口头（或者符号）交流，即听和说，我们发展了自己的基本交流能力。

其他发展机会之所以也是基本的机会，是因为社会本身就是通过偶然的因素来建构的，而这些机会恰好成为基本的机会。在现代社会中，学习阅读的机会是基本的，因为我们的社会组织形式要求识字的能力成为其他许多路径的前提条件。需要识字才能运用学校提供的发展机会，不会识字，一个人在特定年龄后就无法像他的同龄人那样参与发展更多复杂能力的互动过程。此外，识字是大部分工作的前提条件，特别是绝大多数能够提供良好工作环境、优厚待遇和（不同的）高额回报的工作，而我们恰恰都希望获得这些工作。

我们说某种发展机会是基本的，并不是指人人都需要相同版本的此类机会。比如，学习手语的机会对聋哑人未来接触这个世界提供的其他机会而言是基本的。但是对其他人而言，这只是语言接触带来的学习语言和交流的基本机会的一个变种。在抽象的层面上，这个机会是人人都需要的。言语交流的能力在人类社会生活中的重要性怎样评价都是不过分的。

我首先谈到语言学习是因为贝蒂·哈特（Betty Hart）和

托德·里斯利（Todd Risley）研究了儿童是如何通过固定的、每天与大人进行的口头交流来学习说话的，他们得出了许多惊人的结论①。对这种交流在语言学习中的作用早就有很好的记录②。但是通过对42个0～3岁儿童的家庭进行长时间的观察，哈特和里斯利对幼儿如何通过模仿父母的语言模式，以及幼儿是如何学会口头交流这一"社会舞蹈"的，做出了丰富的解释③。

他们根据社会经济地位把研究样本大致分为三个组别："劳保人群""劳工阶层"和"专业人士"。他们发现在口头交流的数量和丰富程度上这三个组别之间有很大的区别。作为"专业人士"的父母与子女谈话的总量是"劳保人群"父母的3倍，并且提供了相当丰富的口头交流方式、谈话主题和词汇量④。通过时间的层累，孩子对父母言语的回应以及父母对子女的再回应造成这三组之间语言表达的差距越来越大。能够观察到"专业人士"父母的子女在3岁时，其在交流中掌握的词语量比"劳保人群"父母的词语量还要丰富⑤。

---

① BETTY HART & TODD R. RISLEY, THE SOCIAL WORLD OF CHILDREN: LEARNING TO TALK (1999); BETTY HART & TODD R. RISLEY, MEANINGFUL DIFFERENCES IN THE EVERYDAY EXPERIENCE OF YOUNG AMERICAN CHILDREN (rev. ed. 2002).

② 参见 FROM NEURONS TO NEIGHBORHOODS: THE SCIENCE OF EARLY CHILDHOOD DEVELOPMENT 134 (Jack P. Shonkoff & Deborah A. Phillips eds., 2000).

③ HART & RISLEY, SOCIAL WORLD, at 31–138.

④ HART & RISLEY, MEANINGFUL DIFFERENCE, at 119–134.

⑤ HART & RISLEY, MEANINGFUL DIFFERENCE, at 176（表5）.

哈特和里斯利发现，要为"劳保人群"的孩子提供与"劳工阶层"（也就是中间的）这一组孩子相当的口头交流的发展机会，所需要的干预量之大令人震惊：每周必须要有不少于 4 个小时的强化替代①。尽管这一工程巨大，人们还是在小规模上尝试过这类干预。这两位作者引用了密尔沃基的一个例子，后者成功地对 70 个家庭进行了干预，其中包括让新生儿从 6~8 周起就接受保姆提供的一对一全托幼教，再加上为家长提供育儿培训和辅导，干预的结果是相当惊人的②。

在一个口头表达能力很重要的社会中，可能值得为此类干预花费巨大的成本。但这个问题并不是我要讨论的主题。我想说明的是，为此值得如此花费，原因在于这些能力在一个人追求其他发展机会以及在社会中可能的人生路径时是非常非常重要的。类似的问题还有是否值得以一种强力的干预来提供其他发展机会，比如说学习阅读和写字的能力，或者基本的算数能力，在现代社会中，答案可能也是肯定的；这个答案取决于这些发展机会在多大程度上是"基本的"——是程度的问题，而不是有没有的问题，同时这二者又取决于更大的机会结构。

在大考社会这样的社会中，所有的理想工作和社会角色都被留给了那些能够通过考试的人，因此不管在这个特定的考试

---

① HART & RISLEY, MEANINGFUL DIFFERENCE, at 202.
② HART & RISLEY, MEANINGFUL DIFFERENCE, at 206. 哈特和里斯利的报告指出。一个贫困儿童在 8 岁时的成绩水平能够达到其年龄组的正常值——这是一个不寻常而有力的结果。

中需要什么样的发展机会,这些机会都是基本的。如果大考只是力量的比试,那么相关的体育机会就是基本的;如果考试主要是数学技能的笔试,那么发展这些技能的机会就是基本的。在一个更加多元化的机会结构中,单一考试或者技能的权重会比较低,对不同的路径有着不同的决定者和准入点,每一个路径都会要求不同的技能组合,这样一来,对一个人可能追求的所有路径来说都是必需的发展机会,就只有有限的几种了。

因此,机会结构的单一性或者多元性对不同机会组合的通约性能够产生一个很有意思的影响。机会结构越单一,我们就越能够客观地判定一组机会是否比另一组机会更好或是更差。当我们接近程式化的极端例子,即通过单一考试的成绩就完全决定一个人未来的各个方面时,那么在通常的情况下也就能相对容易地确定,哪些机会组合对特定的人来说是最好的——那就是能够将他通过考试的概率最大化的机会组合,而其他的组合就都不重要了①。

即使在相对多元化的社会中,一些发展机会也是非常基本的,比如哈特和里斯利指出的能够帮助人们学习说话的互动。同样的论据也适用于儿童通过与关爱自己的、没有虐待倾向的成年人不断互动而获得情感发展的机会。这个互动对一个人基本社会能力的发展,比如说理解他人想法和情绪的能力来说也

---

① 假定这里考试的结果是通过或者不通过,那么最大化通过概率就是唯一相关的标准。

应该是基本的①。一组相互重叠的发展机会对构建心理学家所说的"执行功能",即一个人的自控和自我选择行为的能力来说可能是基本的②。这些基本的机会和其他机会是我们人人都需要的特征和能力的基石。实际上,我们对这些能力的需求是如此基本,以至于很难想象当一个人缺乏这些能力时,其他人能够提供怎样的帮助。

因此,本节和上一节结合起来的结论是:虽然我们无法对所有可能的机会组合进行客观排序,但我们还是可以客观地说,有些机会组合对于一个人或者更多的人而言是有价值的,这其中的部分原因在于这些机会组合包含了(更多的)某些相对基本的发展机会。哪一种机会是最基本的(以及基本到何种程度),对其准确的界限不能完全从人的特质中得出,它们还取决于社会——以及机会结构,特别是后者。

从平等主义的规划者试图评估哪些人的机会更多这一相对狭窄和理论化的视角来看,一个单一的机会结构应该使情况更简单。当我们接近大考社会这个极端的例子时,发展大考中应试能力的机会就成为基本的机会,再没有什么其他发展机会比这更重要了。这似乎给了支持机会平等的人一个理

---

① 参见 Jeremy I. M. Carpendale & Charlie Lewis, *Constructing an Understanding of Mind*: *The Development of Children's Social Understanding Within Social Interaction*, 27 BEHAV & BRAIN SCI. 79, 80 (2004)。

② 参见 SELF AND SOCIAL REGULATION: SOCIAL INTERACTION AND THE DEVELOPMENT OF SOCIAL UNDERSTANDING AND EXECUTIVE FUNCTIONS (Bryan Sokol et al. eds, 2010)。

由来选择更加等级化的、单一的机会结构。如果我们能够十分清楚地知道哪些发展机会的组合更好或者更差，我们也就可能更容易判定谁拥有更多或者更少的机会组合，以及在这个基础上决定我们应该如何重新分配这些机会以使其"平等化"。

但是实际上，无论是平等主义者还是其他关心机会分配的人，都应该倡导相反的观点。单一的机会结构只会使机会平等化的工程更加困难，因为它放大了第一章中所探讨的所有问题。在大考社会中，基本的机会就是指帮助人们通过考试的那些机会，有能力的家长有各种动力来最大化子女的这些发展机会，以保证他们的子女比其他孩子得到更多此类机会。这反过来为驱动功绩问题和起跑门问题的引擎点了火：对那些没有平等的、基本的发展机会的人来说，不存在公平的办法使他们的机会平等化。最后，从个性化问题的角度来看，单一结构也是最差的一种结构。在这种机会结构中，人生就如同一场比赛，只有一个所有人都公认的目标；没有其他的空间或者更好的理由来向不同的方向发展，或者致力于其他目标，抑或是为自己规划出新的路径。

因此，虽然单一的机会结构可能有助于使机会平等化的问题在概念上更易于把握，但是在现实中其实质的影响恰好相反：它会使那些一开始吸引我们珍视机会平等的事物更加难以实现。我们需要一个概念上更为广义的机会平等理论，一个不是致力于构建单一机会结构，而是致力于推翻这个结构的理论。

第二章　机会与人生发展

* * *

对那些到目前为止至少认同我的一些观点的读者而言,我们似乎走到了一个真正的死胡同里。在将两章的篇幅都用于批判后,我们珍视机会平等的理由完全没有受到任何影响;这些理由一如我们开始时那样坚实有力。实际上,本章对人生发展的解释反过来加深并强化了那些引发我们关注机会平等的最有力的理由:机会能够决定我们追求的路径,从而实现我们自己选择的(各种不同的)兴盛人生。但是我们思考机会平等的常规思路却无法满足这一点。

第一章认为,这些关于机会平等的寻常思路直接导入了一系列问题,即我所说的家庭问题、功绩问题、起跑门问题和个性化问题。本章则使情况更加糟糕。我们发现,在理论上是不可能将发展机会平等化的,根本不存在一个公平的度量让我们来对诸如哪些人拥有了更多的机会,或者哪些机会组合最好做出完整的排序。此外,我们发现,使机会变得重要的一些原因其实就是机会重塑我们的偏好和目标的能力。这意味着机会平等的问题不能被充分地简化为资源分配的问题。给予人们更多的资源使得他们能够从事(现在)所做的事情,这并不能替代给予人们更多的机会使得他们能够发展出新的、不同的方向,从而使人们能够形成不同的目标,并最终通过不同的方式实现每个人的兴盛。

所有这些都使我们需要一个思考机会平等的新思路——一个不依赖平等化的范式,也不依赖将我们可以追求的各种丰富和多元的路径（在单一尺度上）通约化的理论。我们需要一个考虑机会平等的思路，它能够捕捉到为什么对海军司令里森而言，遇到那个高中物理老师是重要的，即使同样的机会对他的其他同学的人生来说并没有带来什么不同，或者根本没有带来任何影响；我们需要一个考虑机会平等的思路，它能够捕捉到为什么对萨拉而言，将其从远古的美索不达米亚带回到能够发展自己独特数学才智的当代社会和教育体制中是如此重要。我们还需要考虑个性化的问题——也就是说，我们需要一个考虑机会平等的思路，它不把人生作为一次追求某个奖励的比赛，而是致力于构建其对立面，即构建使个人能有自己的空间来追求自己选择的、不可通约的、不同目标的人生路径的社会。本书剩下的部分将尝试构建并且应用一个从广义上能够做到上述所有这些目标的机会平等理论。

第三章
机会多元主义

　　一个真实社会的机会结构是庞大和复杂的。这是一个由无数岔口和相互交叉的路径构成的复杂网格。它使我们拥有不同的教育经历、资质条件、工作职业、家庭背景和社区身份，并将我们引向各种具有内在价值或者工具价值的事物。

　　在任何真实的社会中，这种机会结构的各个组成部分都有着不同的组织方式。能够成为总统的唯一路径或许是一种以金字塔形式构建起来的一系列竞争激烈的零和选举①。而担任父母角色的路径当然就不是这种形态了。各种对领养和生育的社会规范及法律限制定义了一个人要想在社会中拥有子女（或者获得他们的监护权）需要做什么，这些规范和限制塑造了通向父母角色的路径。总体而言，成为父母的路径不会像成为总统的路径那样充满了对固定数量的稀缺机会的零和竞争。

　　同样，由谁来控制对不同路径的准入（如果真的有人能够控制的话）问题在机会结构中也有所不同。要成为一名神

---

① 相对于美国总统，这一点可能对其他国家的最高政治职务来说更是如此。在美国政治中，没有做过民选官员的候选人经常能够成为参议员或者州长，有时还能成为总统的有力竞争者。

经外科医生,肯定需要首先有一位或者几位专业的把关者,同意给予当事人一个可以在专业医院中实习的稀缺的、令人垂涎的位子。而在其他方面,比如开展销售某种手工产品或者软件的生意,可能只需要一个人学习相关的技能,得到一些资本,并且找到愿意购买其商品的顾客就行了,并不需要特定的具有权威的决策者来对谁能够追求这条路径做出决定。

每个社会的内部都是极度复杂并存在巨大差异的,而机会结构的总体形态在不同的社会中也会各异。实际上,机会结构的形态在很大程度上取决于社会的实际情况,而这一点很少引起人们的注意。在有些社会中,更多值得追求的路径的组织形式包括了零和以及高赌注的竞争。有些社会确实与大考社会的形态十分接近,其中许多职业路径都取决于人们在特定年龄时的一次关键考试,这些路径所占的比例高得令人惊讶。在其他社会的机会结构中,只有一些不大起眼的领域存在这样的形态。总体而言,这样的社会机会结构有助于创造出通向大多数理想职业和角色的各种路径,使人们能够在人生的不同时刻都能在这些路径上迈出最初的几步。不同的社会还在一个相关的维度上有所不同:在所有的社会中,种族、性别、阶级、外貌,或者一个人成长的地理环境等特征都会影响对这个人开放的路径;这里有直接的原因,也有间接的原因。但是这些影响的程度不尽相同。在影响强烈的地方,这种结构正是通过将人们引向社会公认的对他们最恰当的一组人生路径而限制了他们的其他机会。

机会结构形态的差异通过不同的形式发挥作用——有些是显而易见的,有些则是意料之外的。这些差异的作用之一,就

第三章　机会多元主义

是决定了我们在第一章中所讨论的一系列连环问题的严重程度：包括家庭问题、功绩问题、起跑门问题和个性问题。通过朝着我所说的"机会多元主义"的方向重塑机会结构，社会就能更容易地处理上述每个问题。朝着机会多元主义方向的变革不会完全消除来自家庭和其他出身背景等并非通过学习获得的优势，但是会减小这些优势带来的后果；这些变革能够降低零和竞争中择优录取的赌注，并因而改变激励因素；它能够打开更多的空间让人们在人生的各个阶段都能追求新的路径，而不是迫使他们将所有的努力都集中在一个关键的起跑门上。此外，这些变革有助于创造一种社会，在这个社会中，人们能够最大限度地为自己选择追求的路径，以及选择对他们而言重要的活动和关系，而不是必须追求那些机会结构中由人为观念而界定的重要目标。

本章第一节提出四个共同定义机会多元主义的原则或者条件；第二节更细致地讨论了其中之一的反瓶颈原则，并论述了它的一些影响；第三节讨论了这个论述引发的关于可通约性和不同机会价值的更深层次的一些规范性问题。

一　单一的机会结构和多元的机会结构

机会多元主义的核心可以简化为四条原则：①社会中应当存在"多元的价值和目标"，即人们对他们珍视何种人生和兴盛的形式存在分歧，对他们希望追求哪些具体的物品和角色也存在分歧；②应当尽可能多地让人们珍视的这些物品与"位置无关"（或者不那么依赖位置），而且在人们珍视的角色中，应当使尽可能多的角色是"非竞争性的"（或者竞争不那么激烈的）角色；③在尽可能的情况下，应当存在通向人们珍视的不同物品或者不同角色的多元路径，而且不存在限制人们追求这些路径能力的"瓶颈"，因此我把这第三个原则称为"反瓶颈原则"；④这也是最后一个原则，即对于其他原则描述的各种元素来说，应当存在"多元的权威来源"，不应该由一小群把关者来决定追求关键路径需要什么，而是应当有更多元化的决策者，他们能够促使人们有能力追求某个路径，而且社会应该使每个人自身都能具备创造新路径的能力。

这些原则同时也是条件：当满足这些条件时，这些条件和原则就共同描述了一个我称为"多元模式"建构的社会。我把这四个条件描述的模式的反面称为"单一模式"，它与威廉姆斯的"武士社会"或者我们说的"大考社会"相近。在对任何真实社会的描述中，机会结构将处于单一模式和多元模式这两个理想型模式之间的某处。

下面我们依次讨论这几条原则。

（一）个性与多元主义

诺齐克在论述自愿交换的正义时有一段文字令人印象非常深刻。他让读者设想这样一种场景，有按照字母 A 到 Z 命名并排序的 26 名男性和按照 A'到 Z'命名排序的 26 位女性，他们都是希望结婚的异性恋者①（出于某些原因，他们脱离了社会，我们假设他们被困在一个孤岛上）。这些男性和女性按

---

① ROBERT NOZICK, ANARCHY, STATE, AND UTOPIA 263 (1974).

照自己的偏好对异性中的婚嫁对象做出了高低排序，而这个排序与命名完全一致，即每位女性首先都希望能嫁给 A，其次是 B，然后一直到 Z；而每位男性也都希望能娶到 A'，其次是 B'，然后一直到 Z'。当处在孤岛上的每个人完成（与名字相近的异性）配对后，可怜的 Z 和 Z' 就只能在一起了，因为虽然"每个人都偏好另外 25 个对象中的任何一个"①，但他们还是宁愿选择结婚，而不愿意单身。诺齐克在这里想强调的是，这个故事的意义在于 Z 和 Z' 的婚姻是自愿的；他认为 Z 和 Z' 的条件比其他所有人都要差，但他们的婚姻并不是不公正的。让我们把这个例子再稍微地放宽一点，由于每个人都希望把现有的对象换成排名更高的对象，那么，假如 A 或者 A' 中一位去世了（但不是二者都去世），从而引发了 25 次离婚和 25 次再婚，那也没有什么不公正的，甚至不令人感到惊讶。诺齐克从这个例子出发，迅速地将这个论点从人的私密关系领域转到了薪酬和工作的领域。一些读者可能不会跟随他跨越这个门槛。但就这里的讨论而言，这个例子之所以有意思，不是因为它讲述了一个自由交换和嫉妒的故事，而是因为它描绘了一种只存在单一偏好的反乌托邦情景。这 52 个人是多么不幸，他们发现自己的偏好与某个通用的度量完美契合，以至于每一个人都更喜欢邻居的配偶。

应该谢天谢地的是，在实际生活中，人的私密关系情况绝非如此。人们有着更加多元化的偏好，不仅是偏好不同的异性对象，而且还包括偏好不同的性取向和是否选择婚姻生活。此

---

① ROBERT NOZICK, ANARCHY, STATE, AND UTOPIA 263 (1974).

外,人们的偏好还会随着时间和亲密接触而发生变化。一些人会更加偏好自己已经选定的伴侣,因此25次离婚和25次再婚在实际生活中是不会发生的,如果真的发生了,那就太残酷、太不可思议了。然而有一些力量可能会使我们在这个私密关系领域中的偏好变得不那么多元,而是变得更加单一和等级化。比如,假设人们公认在择偶时最主要的一点是外貌的魅力,而且又存在一个有关外貌魅力的通用标准,那么这很可能让人们的择偶过程非常接近诺齐克所描述的情景[1]。

如果人生的任何一个方面存在某些有价值的物品、角色或者地位的稀缺,那么人们就会以竞争的方式来获得这些事物。竞争的规则和竞争的赌注都取决于本章所述的机会结构的各个方面。首先,一项竞争最明显的特征大概就是有多少人参与这项竞争,又有多少人能赢得这项竞争。赢得竞争的比例取决于有多少人想要(或者需要)参与这一竞争。如果社会中每一个人都想得到的某个特定工作,而又只有少数人才能够得到这个工作,那么竞争就会相当激烈——实际上,这就会像武士社会中的竞争那样,人人都(可以说是正确地)将成功的人生定义为成为武士。在真实的社会中,不是只有一种工作或职业,而是有很多种工作和职业。但是如果人人都认同一个对这

---

[1] 比较 Anne Alstott, *Marriages as assets? Real freedom and relational freedom*, in ARGUING ABOUT JUSTICE: ESSAYS FOR PHILIPPE VAN PARIJS 49, 57 (Axel Gosseries & YannickVanderborght eds., 2011)(论另一个可能造成同样影响的机制:我们都会根据收入来衡量可能的婚姻对象,如果有些人收入太低,他们选择婚姻对象的自由实际上可能是相当受限制的)。

第三章 机会多元主义

些工作和职业的高低排序,而每个职业中空缺的位子又很有限,那么我们的竞争情况就会与诺齐克所举的孤岛婚姻一例相当类似,只不过这次是发生在职场中。

任何实际的机会结构模式都必须考虑到我们对希望追求的那些角色的偏好具有内生性。也就是说,机会结构本身会塑造我们的偏好。因此,对职业高低基本的社会共识可能会自我延续,原因有几个。首先,一般说来理想的职业或者角色通常会给人带来社会声望,而这本身就是人们最想得到的东西。其次,我们一般会从我们周围的人那里获取一些固定的想法,即工作中或者其他领域中哪些东西是好的、是有价值的和值得去追求的想法。那么在什么条件下,人们才会有能力自己决定他们应该珍视什么并且希望追求什么呢?答案是:只有在多元化即存有各种分歧的情况下,人们才能接触到对什么有价值、什么值得追求的不同观点。

这个论点是密尔所著的《论自由》一书的核心。密尔认为,具有个性必须要有两个"先决条件":"自由和境地的多样化"[1]。仅有自由本身是不够的,因为在社会单一化程度非常高的条件下,我们个人没有能力行使我们的自由来反映或者促进个性。密尔把《论自由》作为"一个单一真理的哲学教科书",即"多样化的性格以及给予人性在无数不同的、相互冲突的方向发展的充分自由",这一点"对人和社会的重要性"[2] 是不可或缺的。

---

[1] JOHN STUART MILL, ON LIBERTY 55, 70 (Elizabeth Rapaport ed., Hackett 1978) (1859),密尔两次提到这个观点,它引自威廉·冯·洪堡 (Wilhelm Von Humboldt)。

[2] JOHN STUART MILL, AUTOBIOGRAPHY 189 (Penguin 1989) (1873).

密尔聚焦于"境地的多样化"和"性格的多样化"的重要性,这使他关注大众文化,如果来自不同行业、职业、居住地和社会阶级的人都开始"读相同的东西,听相同的东西,看相同的东西,去相同的地方,所抱有的希望和恐惧也都是指向相同的对象"——简而言之,"围绕着不同阶级和个人并塑造其性格的各项情况日益趋于同化了"①。密尔认为这种情况造成的单一化会使我们构建人生计划所能用到的材料更加有限。他写道:"说一切人类存在都应当在某一种或少数几种模式上构造出来,那是没有理由的。"② 像欧洲这样多元化的大陆之所以成功是因为不同的人(和国家)"闯出了各式各样的蹊径,而且每条蹊径都通向某种有价值的方向"③。

在一个层面上,这似乎是将人的境遇设想为可以通过观察他人的"模式"来构建自己的人生,并且提炼自己的价值观。这个图景当然是太有局限了,总会存在反对传统观念或者持不同意见的人。不是人人都会采纳父母或者同龄人的价值观,也不是人人都想按照他人的模式来构建自己的人生。然而还是有很好的理由让我们相信,密尔对"多样化"的担心是有充足

---

① MILL, ON LIBERTY, at 3, 70.
② MILL, ON LIBERTY, at 64.
③ MILL, ON LIBERTY, at 70. 密尔勾画的图景中一个模棱两可的地方是,这些"不同的阶级"、行业和民族是否存在足够的流动性以使人们能在其中自由移动,或者是否存在能够选择跨界的价值观。从机会多元主义的角度看,价值观和生活方式的多元化是人们所必需的,并且在一定程度上是普遍的:如果多元的价值观和生活方式只限于那些长期存在的、固定的群体或者种姓的成员,那就没有什么意义了。见本书第 204~205 页。

第三章 机会多元主义

依据的。在约瑟夫·拉兹论社会形态的作品中，我们也可以找到更复杂的例子来阐述为什么应该担忧缺乏"多样化"的问题①。正如我们经常会对词汇和语言进行组合、改变和试验，人们也会对他们在世界中所见到的社会形态进行组合、改变和试验②。但是我们不可能凭空地变出某种社会形态。拉兹认为，我们通过与他人共同实践不同的社会形态而逐渐适应社会，又通过这种适应来学习各种社会形态（例如不同的人际关系）的价值所在③。我们通过自己在生活中的经验来决定应该珍视哪些事物，即使我们不接受周围许多人（甚至所有人）对于哪些事物是最重要的看法，我们这么做是基于我们在与世界的互动中发展出的其他价值观，以及我们目前已经理解的社会形态。

这就是为什么密尔认为多样性是如此重要——境地和性格的多样性，"每条通向某种有价值的方向"的"蹊径"的多样性。并不是说人们只能在自己周围所见到的模式中进行选择。如今的过程更加复杂了；我们可以修正并且混合他人的价值观、计划和追求，从而形成新的事物。但是一个具备密尔所说的多元化社会，即存在各种分歧的社会，能为个人提供更加丰富的材料，使他们能够随着时间的推移来决定什么事情对自己

---

① 参见本书第 180 页起的第二章第五节（三）。
② 参见 JOSEPH RAZ, THE MORALITY OF FREEDOM 309 (1986) （"不大可能区分一个表达实际和象征用法之间可能存在的关系，更不可能事先区分对一种社会形态而言起作用的偏差范围"）。
③ 参见 JOSEPH RAZ, THE MORALITY OF FREEDOM (1986)，第 310~311 页。

是最重要的。

因此机会多元主义的第一个组成部分是一个可以这样表述的条件：

条件一：价值与目标的多元化

这个社会中的人对何为善，对他们珍视的人生形式和兴盛形式以及他们想要追求的物品和角色都存在各种各样的看法，并且他们将这种分歧公之于众。

这个条件的覆盖面很广，从对何为善的不同理解这一基本层面，到希望在自己的人生中获得哪些角色（工作、关系和社会中的其他角色）以及那些物品是否存在多样性这个更为实际的层面，这些不同的层面通过复杂的关系交织在一起。我们对善的理解决定了我们大体上会珍视什么，这是我们对于哪些事物更为重要的看法——从人们之间的关系、我们自己的活动，到我们希望活在哪种社会或者世界中。一个人对善的理解中有一部分能够表明对他而言，什么样的生活是美好的，或者是优良的；而这又会决定他在一些更加具体的事情，诸如偏好扮演哪种角色、从事哪种工作、获得哪种关系等方面选择的优先级。

我刚刚指出的是一种从一般到特殊的逻辑关系，但是从心理学的角度看，实际情况可能在正反两个方向上都存在。我们可以设想一个人决定成为医生，其原因有可能包括从一般到特殊的关系：他在寻找一个可以帮助他人、收入丰厚、社会地位优越，并且可以运用到自己的推理和观察能力的职业——先有了这些一般的目标，他才决定尝试成为医生。反过来，我们也可以设想一个人在没有这些抽象目标的情况下，仅仅通过观察一个正在行医的医生，就认定这份工作是有意思的，因而形成了要成为医生的志向，直到很久以后他才清楚地明白在这个职业中，究竟有哪些方面对他期许的人生而言是最为重要和最为核心的。这种假设至少也是合理的。这两种过程，特别是第二个过程，更有可能在一个人有能力更多地直接并且持续接触某个特定角色时出现。这种接触的分配是不平等的。在某些家庭和居住地中成长起来的儿童，能够通过家庭成员和朋友接触到其他儿童根本想象不到的职业。在第四章中我会讨论这个问题以及扩展这种接触的可能手段[①]。

我们不是生来就有对何为善的全面理解，也不是生来就知道我们想怎样度过自己的人生，或者哪些角色和物品对我们而言是重要的。只是随着时间的推移，我们通过在世界中的经历才逐渐形成了对这些事情的看法。在有些情况下，可能只有通过直接的经验才能理解一些活动、关系和角色的价值，以及其引人入胜之处。在其他情况下，我们通常会先形成一些相对明确的大体目标，比如帮助他人，或者生活无忧，但是需要更多的经验才能正确地决定哪些路径是能够通向这些目标的，而且是我们可以追求的。我们的看法可能不完全具有自洽性或者连贯性，也可能不是我们完全能掌握的。但是当我们为追求那些机会做出艰难的选择时，我们也在某种程度上提炼了并且澄清了这些看法。在这个过程中，我们看法的每一个层面，即从宽

---

① 参见本书第 318 页起的第四章第一节（三）。

泛的人生目标到具体路径的价值所在这样特定的看法,也都对其他层面施加了一定影响力。

137 密尔的"境地的多样化"和"性格的多样化"要想取得理想的效果,就需要人们首先能够接触到对人生方式的不同想法。在一个割裂的社会中,不同的群体或者种族相距遥远、缺乏互动,总体上来说,对什么才是良好的人生等许多观点存在很宽泛的多样性,但是个人接触不到这个多样性中的大部分内容。这就是为什么这个"条件一"的最后一点是必要的:不仅要存在观点的多样性,而且人们应该能对这些不同的观点都有大致的了解,这样才能找到自己的观点,这一点是非常重要的。

同样,如果对一些人而言,应该做什么或者成为什么样的人的观点存在多样性,但是对其他一些人或者群体而言,则不应该有这些志向,而只能对追求另一组路径存在共识,那也没有什么好处。这就是密尔在《妇女的屈从地位》中所描述的情景。"一切道德都告诉她们,女人的责任以及公认的多愁善感的天性",决定其要扮演一组极其受限制和克己的角色,"除了同她们喜爱的人在一起之外,没有其他生活"①。密尔详细描述了这些占主导地位的社会规范、社会对妇女机会的实际限制,以及妇女的志向和人生规划之间的复杂互动。密尔认为,由于教导妇女只有依靠男性,特别是丈夫来获得"每个特殊的利益和享受"以及"社会认同的一切目标",所以"如

---

① JOHN STUART MILL, THE SUBJECTION OF WOMEN 16 (Susan M. Oki ned., Hackett 1988) (1869).

果吸引男人这个目标没有成为妇女所受的教育和性格培养中最首要的部分,那真是咄咄怪事了"①。

这个情况造成了一种特别普遍的瓶颈(下面将详述),即只有男性才能在自己的人生中追求多数路径②。如果要让所有的人都能够从他们周围对何为善或者何为好的生活观点存在的分歧和多样性中受益,除了必须允许将分歧公之于众外,还要规定其必须有一定程度的普适性,从而使这些关于何为善或者何为好的生活观点,大体上不会被局限于特定的群体,而成为任何人都可以选择并应用于自己人生的观点。只有这样,人们才能够用所有可用的材料来构建自己对哪些事物重要以及他们要过哪种生活的想法。

(二) 与位置相关的物品以及需要竞争的角色

假设一个社会中的所有人或者多数人的主要志向之一都是成为这个社会中最富有的人——或者形象地说成为如最富有的1%人群中的一员。仅从定义上来说,就可以知道绝大多数人是不可能成功的。这种竞争完全是零和的,位置是有固定数量的,只要有人挤进来就会有人被挤出去。这个事实会强化对所有发展机会、职业以及一切可能带来这种财富的事物的竞争:如果赢家的名额有限,那么最好的办法就是能在竞争中占得先机。

---

① JOHN STUART MILL, THE SUBJECTION OF WOMEN 16 (Susan M. Oki ned., Hackett 1988) (1869).
② 对妇女而言,还存在另一种瓶颈:即使不是在很大程度上受限制的机会,也都要求女性具有对男性的吸引力,有许多机会都有这种要求。

我们也可从另外一方面来设想一个稍微不同的情况。假设人们同样珍视金钱，但程度不同，具体而言，假设多数人或者所有的人都认为获得某个绝对（而不是相对）数量的实际财富是很有价值的。这个目标是人们在现有社会和经济安排的条件下可以实现的许多目标之一。实际上，如果这个目标的临界值并不高——假设我们都只是希望避免贫困，那么我们可以想象几乎社会中所有的人都能达成这个目标。

这两个例子的差别在于人们是否将相关的物品（这里指的是金钱）作为"与位置相关的物品"——也就是说，这个物品的价值取决于占有这个物品的人员数量的多寡①。有些物品可能本质上就是与位置相关的，比如，与拥挤相关的事物②。但是，有关许多物品的社会建构，既可以与位置相关，也可以与位置无关。一个人可能非常想拥有一套大房子和特定的实际收入③，或者特别重视要受过特定程度的教育，而无论其他人是否也有类似的愿望。但是如果一个人所珍视的是在周围的居住地中拥有最大的房子、成为收入最高的人，或者在受

---

① Fred Hirsch, Social Limits to Growth 27 (1976).
② 例如，一个公园如果没有很多人的话可能会更加宜人。
③ 金钱属于比较特殊的例子，因为"票面上"的货币可能本质上就是与位置相关的：如果明天所有的人都突然有了双倍的钞票，那么商品的价格可能也会随之翻一番，拥有与原来相同的"票面"货币的人的购买力就只有从前的一半了。让我们先不考虑这个复杂的问题，假设我们所说的金钱指的是实际的而非票面的价值，同时让我们先不考虑长远的一些更深层的复杂问题，我们社会中其他人拥有的实际财富可能会塑造我们自身的偏好和期望值。理论上，至少在短期中我们可以设想珍视一个实际金钱的绝对临界值。

教育程度上达到（或者超过）以某些其他人为参照的高度，那么这就是将这些物品表述并评价为与位置相关的事物了。

虽然我是从最熟悉的例子入手，但是不应该假定所有关注与位置相关的物品的人，都是想达到某个顶端。有时，其更主要的目的是达到中间层或者避免落入底层。托斯丹·凡勃伦（Thorstein Veblen）在一个世纪以前就解释过，金钱作为与位置相关的物品，不仅能在富人之间，而且能够跨越所有阶级结构成为一个人"良好声望"的基础——这也就是为什么我们会看到"炫耀性消费"的现象①。一些人可能希望拥有平均以上的收入——或者仅仅看上去如此即可；不落入贫困，或者看上去没有落入贫困是十分重要的②。在一个价值多元主义的世界中，对哪些物品的价值应该与位置相关，而哪些物品应该具备绝对意义上的价值会有一些分歧；对许多人而言，对一个特定物品的两种估值方式都会对他们的想法产生影响。

同样，人们珍视的不同角色中有些可能是竞争性的，有些则不是（虽然在这里人们还是会把同样的角色用不同的方式表述出来）。如果想成为神经外科医生的人比社会能够培训并且雇用的人要多很多，那么竞争就会很激烈——不仅在受聘成

---

① THORSTEIN VEBLEN, THEORY OF THE LEISURE CLASS 52–54（Dover 1994）(1899).

② 比较 Kerwin Kofi Charles et al., *Conspicuous Consumption and Race*, 124 QUARTERLY J. ECON. 425（2009）（指出来自贫困"参照组"的人，这里定义为同一国家、同一种族中的其他人，这些人在可见的消费品上的支出在收入中所占比重更高——可能是为了显示他们并不贫困）。

为神经外科医生这个竞争的最终阶段,而且贯穿于这之前为获得能够帮助进入下一阶段的资质和发展机会而进行的每一次竞争中。但是,如果许多人甚至大部分人都寻求基本上没有什么竞争性的角色,比如,如果大部分人都想结婚、生子,或者成为他人的朋友,那当然就不会造成这种激励竞争的因素。虽然在谁能够结婚或者生子方面也有法律、社会和技术上的障碍,但由于婚姻和生子没有固定数量的限制,这些物品是非竞争性的;一个人做这些事情的能力不会受到做出同样选择的人的数量多寡的影响。

当然,除了养育幼儿之外,几乎所有的其他事物都会与其他人是否进入,或者是否维持某种关系的决定有关联。虽然这不是追求理想工作的零和竞争,但确实引入了一些竞争元素。如果人们都像诺齐克所描述的小孤岛上那些不幸的男女一样,具有共同的偏好或者度量,从而导致对偏好伴侣的高低排序,那么这个竞争会更加激烈。想要结婚是一回事,而想要和某个公认的在理想伴侣排名中得分最高的人结婚则是另外一回事。同样,想成为别人的朋友(或者拥有朋友)是一回事,如果其目标是要成为某个社会金字塔顶端人群的密友又是另外一回事了。想要孩子是一回事,想要有个各方面都最好、成就最大、让所有同龄人都相形见绌的孩子当然也就是另外一回事了。这些差异影响了我们的激励因素——而且,如下面所说的,这些差异还影响了家庭问题、功绩问题和起跑门问题的严重程度。

目标的"打包"同样重要。几乎所有的人在自己的人生中都不会只有一个目标。多数人会有一个很长的清单,列出他们珍视程度不一的角色和物品,理由在他们看来可能不具有可通约性。从机会多元主义的角度看,这些目标是否可拆分也很重要,即实现一个目标并不取决于另一个目标的实现,还是说这些目标其实都是相互关联的。假设金钱、社会地位和"良好"的婚姻之间有着紧密的联系:金钱是良好声望的基础,有了良好的声望才能赚到更多的钱;同时要想获得良好的婚姻也需要拥有更多的金钱,或者是很高的社会地位。在这样一个组织结构的社会中,一个人一开始追求这些目标中的哪一个并不重要,实际上也是无法将它们分离出来的。将这些角色和物品组合起来的效果,就是将人们本来各自不同的目标捏成了一个目标。这里我们从密尔的世界转到了简·奥斯汀的世界。这些不同物品的"打包",特别是私人关系与诸如社会地位和金钱的组合,足以让奥斯汀小说中的图景成为现实。①

此外,这种"打包"在现实世界中产生了许多后果,比如,没有爱情的婚姻,一些人结婚主要是为了获得某些东西、从事某些事情,或者成为某种人,因为在他们的现实生活中,要想获得这一切只能取决于婚姻。"条件一"中的价值与目标的多元化,即如果想要使人们真正追求不同的目标,就需要对人们珍视的各种物品和角色进行拆分。

这些变量共同决定了人们会追求哪些物品和角色,以及这

---

① 参见 JANE AUSTEN, PRIDE AND PREJUDICE 1(Vivien Jones ed., 2002)(1813)("凡是有钱的单身汉都想娶位太太,这是一条举世公认的真理")。

些物品和角色在多大程度上被"打包"在一起,这引出了第二个条件:

> 条件二:非竞争性以及价值和目标的拆分
>
> 受人珍视的物品和角色应当尽可能多的是"与位置无关的"(或者不那么依赖于位置的),并且是"非竞争性的"(或者竞争不那么激烈的);此外,各种物品和角色应当是可以拆分的,而不是被"打包"在一起的。

当"条件二"得到满足时,就能够缓解功绩、家庭和起跑门这三个在第一章中讨论过的相关问题。父母当然一定会通过为子女提供发展机会和其他优势来制造机会不平等。家庭的问题不会因为有些人寻求的物品或者角色与位置无关,或者是非竞争性的就消失。然而,朝"条件二"的方向前进还是会使问题得以缓解。零和竞争以及与位置相关的物品压缩了绝对优势与相对优势之间的区别——也就是说,它们把一个人的优势转化为另一个人的劣势。如果人们寻求的多数物品和角色是竞争性的或者是与位置相关的,那么就会有强大的激励因素促使拥有资源的父母将这些资源转化为自己子女的各种优势,使自己的子女能够拥有超越其他参与竞争的儿童的优势。在这些条件下,父母为传递优势和机会所做的一切不仅提升了其子女的(绝对)地位,同时也降低了其他人子女的优势和机会。

当(更多)人们珍视的物品和角色是非竞争性的或者与位置无关时,这种联动效应才会消失。你的优势不再是我的劣

第三章 机会多元主义

势,这将大大缓解因家庭背景引起的问题。它还有助于避免"军备竞赛"效应,即资源更多的父母为了在竞争中领先,将越来越多的资源转化为其子女的额外优势。同样,假定功绩的问题也是因为存在对稀缺角色和教育机会的零和竞争,而且只有在这种条件下才会产生这种问题,当人们获取其所珍视的物品或者角色不存在零和竞争时,功绩的问题也就缓解了。

"条件二"能走多远是受到一些限制的。在任何一个至少存在一些劳动分工的社会中——或者说,在任何存在足够复杂的工作,因而需要某种专业化的社会中——对于某个特定职业所需要的人数肯定会有一些限制,即使不是很大的限制。只要想追求这些角色的人比所需要的人多,追求这些角色就不可避免地会存在一些竞争,无论最终分配的办法是什么。

同样,任何涉及市场竞争的角色或职业也不可能完全是非竞争性的。当然,一个拼命要成为自己所在领域中最成功的人与一个仅仅希望成功的人是有区别的,尽管后者的目标可以被表述为与位置无关,但是在大多数领域和行业中,"仅仅"是成功就意味着要在竞争中超越他人。在这种情况下,为了取得绝对意义上的成功,必须要在与相对竞争者竞争时取得相对意义上的成功。

全方位思考这些不同物品和角色的最清晰的办法,就是不要将它们作为与位置相关还是与位置无关,或者是竞争性还是非竞争性这样的二元选择来看待,而是把它们看成这些边界点之间一条连线上的一点。这样,我们就可以根据机会结构中的其他特征来说明,某个物品或者角色是否变得"更加"或者"不那么"与位置相关了,或者不那么具有竞争性了。

瓶颈：新的机会平等理论

在任何真实的社会中，人们珍视的一些物品和角色都会具有高度竞争性或者与位置高度相关，或者二者皆有，而很多物品或角色却不是这样。但是机会结构的各个方面影响了不同的物品和角色会落在这条线上的哪一处。比如，假设在两个社会中，许多人都十分珍视教育。在一个社会中，更注重的是所受教育的多寡；在另一个社会中，更看重的则是根据某个公认的排名而确定的教育机构的相对名气。很明显，后者中的教育更具有竞争性，也更加与位置相关。

但是为什么在这两个社会中的多数人珍视教育的方式会有所不同呢？可能是对名气和地位更加看重的社会风俗和态度在其中起了很大的作用，但是问题的答案主要取决于这个社会中机会结构其他部分的形态。假设为了能在机会机构中受到许多人珍视的路径上前行，需要的是绝对数量的教育——比如说一个特定的资质或者文凭——而这是很多教育机构，包括一些录取政策相对开放（非竞争性的）的机构都可以提供的，那么在这种情况下，人们可能会将受教育的机构视为相对非竞争性的和与位置无关的。

相反，假设为了追求机会结构中许多受人珍视的路径，必须具备来自非常有名的学校提供的资质；假设不同的教育机构是按照等级化排列的，一个接近顶端的学校的文凭与排名在中等位置的学校的文凭相比会带来更多的机会，而且对一个人前景的影响也会重要得多，而排名在中等位置的学校的文凭相比于底层学校的文凭也会有用得多。在这种情况下，在相对知名的学校就读就成了重要的瓶颈（下面会详细论述）。如此，人们就会理性地将受教育的机构视为与位置更加相关的变量，并

第三章 机会多元主义

且会特别在意当与竞争对手相比时自己处在何种位置①。

罗伯特·弗兰克（Robert Frank）和菲利普·库克（Philip Cook）在 20 世纪 90 年代发现，正是这种现象驱动了当时美国高等教育中的变革。"如果获得最好的工作越来越多地取决于"在知名学校获得优等教育资质，那么"我们预料（学生）会竭尽所能地提高他们的资质，而他们实际上也是这么做的……从前最出色的高中毕业生通常会到离家最近的州立大学就读，现在他们则越来越集中到几所最难申请的私立高等院校中"②。教育的工具价值更加等级化又影响了学校自身的制度选择，继而使其将更大的精力放到与同等级中的其他学校的竞争上去了③。这一点可以被推广开来，机会结构的形态影响着哪种物品会与位置更加相关，以及哪种角色会更具有竞争性。如果人们对机会结构足够了解，就能够看到这些差别，那么这些差别反过来也可以塑造人们自己的行动和偏好。

---

① 在这些例子中，我们将工作竞争本身对人们价值和目标的影响程度保持恒定。但是假设在工作竞争中取胜稍微有些不那么重要，这同样会使人类珍视教育的原因向与位置无关的方向稍稍移动。人们珍视教育一部分是出于内在的理由，与工作竞争无关；如果工作竞争的赌注略微减少，那些内在的动力就会起到相对较大的作用。参见 Harry Brighouse & Adam Swift, *Equality, Priority, and Positional Goods*, 116 ETHICS 417, 488 – 489（2006）（解释了诸如"平等化薪酬"或者"改革职业结构使工作在趣味度和职责上更加平等"的变革能够缓解教育中竞争性和与位置相关的方面，"抽签分配工作"等办法也是如此）。

② ROBERT H. FRANK & PHILIP J. COOK, THE WINNER-TAKE-ALL SOCIETY 148（1995）.

③ 同上书，第 149 页。

论述到这里时，值得强调的是机会多元主义所讨论的并不是满足偏好。由于我们在形成自己的偏好时，在很大程度上是对我们所了解的机会结构的回应，因此可以预料，比如说，很多机会受限的人的偏好是具有适应性的，即这些偏好反映了他们所受到的限制①。从快乐的角度来看，发展出有适应性的偏好，很可能是有益的，它使人们不会去奢求自己得不到的物品和角色②。但是从人的兴盛的角度来看③，这种回应——只是缓解但不可能消除造成人们自主选择的机会受到限制的情况。

如果有些人的机会相对于其他人的机会是受到了限制，那么在机会结构中就一定是有某些事物在起限制作用。某些事物与相关的一些人的某种特征发生互动，并且切断了他们与许多机会的联系。这些事物，无论是什么，都构成了我所说的瓶颈。我们下面要谈到的这个多元模式中的理论机制旨在缓解这些瓶颈，要优先缓解那些严重造成一些人机会受限的瓶颈。

（三）反瓶颈原则

假设"条件一"和"条件二"都得到了满足。人们对何为善有着丰富多样的想法，对希望过什么样的生活有着千差万别的憧憬，看重出于不同原因而受到自己珍视的不同角色和物品，而且

---

① 参见如 AMARTYA SEN, THE IDEA OF JUSTICE 283 (2009) （"那些受剥夺的、毫无希望的人也许缺乏勇气来渴望任何激进的变革，他们通常倾向于将自己的欲望和期望值调整到他们认为合理的一个很小的值上"，这会带来"快乐和满足欲望功用的度量受到扭曲的后果"）。

② AMARTYA SEN, THE IDEA OF JUSTICE 283 (2009).

③ 参见本书第 278 页起的第三章第三节。

第三章 机会多元主义

这其中有很多考虑与位置无关，也没有高低之分的角色。然而，假设机会结构仍是如大考社会中那样建构的：为了追求大多数人珍视的角色和物品，一个人必须首先在16岁时顺利通过一次极为重要的、竞争激烈的考试，否则就不能进入通向人们珍视的多数职业和部分非工作角色的大多数路径。我们就把这种考试看作一个"瓶颈"，即一个人为了追寻对岸许多路径中的一条，并且最终获得各种受人珍视的角色和物品而必须通过的狭长地带。

大考这样的瓶颈很可能抵消我们在缓解第一章中所述相互关联的问题时取得的任何进展——这些问题包括家庭背景问题、功绩问题和起跑门问题。父母和家庭有各种理由来为他们的子女提供（各种）优势。有些理由不一定是出于想要得到优势。比如，有的父母可能只是打心眼儿里喜欢给自己的孩子读书；而有些父母的理由则是工具性的，比如，父母是为了增进孩子的智力发展而给孩子读书[1]。

在这些工具性的理由中，有些是为了绝对利益，有些是为了相对利益。父母可能在某个绝对意义上希望子女能有一份充实的职业或者好的生活，也可能希望子女成为学校中表现最好的学生之一、最棒的运动员之一，或者未来是成年人中收入最高的群体中的一员——也就是说，父母的目标就是让自己的子女超过其他人[2]。如果"条件一"和"条件二"得到满足，

---

[1] 这是亚当·斯威夫特（Adam Swift）所做的区分。参见 ADAM SWIFT, HOW NOT TO BE A HYPOCRITE: SCHOOL CHOICE FOR THE MORALLY PERPLEXED PARENT 21–33 (2003).

[2] 这也是斯威夫特所做的区分，参见上引书目第30~31页。

那么不同的父母对他们想让子女有能力做什么或者成为什么样的人就会有不同的想法——其子女也会逐渐地接触并且形成他们可能想做什么或者成为什么样人的不同想法——其中许多目标是与位置无关的，或者是非竞争性的，或者二者皆有。

瓶颈压缩了这些区别。不管一个人原来对自己或者自己的子女有什么样的目标，如果通向这些目标的唯一路径都要求在16岁时的一个高赌注的零和考试中取得好的表现，那么就会带来强大的激励因素，让人们致力于在这个考试中取得比他人更高的分数。懂得这种机会结构形态的家长，有很好的理由将可用的资源和精力集中用于确保自己子女的分数比其他人高。即使他们为子女设定的最终目标是与位置无关的，并且是非竞争性的，即使他们只是希望子女能有一份充实的职业，或者希望子女根据自己未来的倾向有追求其他各种教育和职业的机会，情况也会如此。瓶颈将这些与位置无关、非竞争性的目标也转化成了有竞争性的以及与位置相关的目标。在这种情况下，即使父母一开始的动机并不是想要给予子女相对其他儿童的优势，他们后来也会狂热地追求这些优势，包括将子女送进合适的学前班。这种情况可能会引发这些父母在其他情况下不会感受到的一些竞争动机。因为风险很高，这些竞争性、工具性的动机就会起更大的作用，可能会挤掉内在动机，造成父母将整个育儿过程理解为更具竞争性的过程。

对子女而言也是如此，他们的动机甚至可能更具有可塑性。如果达到许多不同的人都珍视的目标需要通过一个明确的通道，而且只有很少的孩子能在这种考试中获得优胜，那么这还会使那些到目前为止因自身缺乏成功先例而垂头丧气的孩子

第三章 机会多元主义

不能发展出强烈的动机去争取在这种考试中获胜。通过这样的路径成了成功的定义。

换句话说,一个相当强大的瓶颈本身就足以重新排列机会结构中许多参与者的激励因素和动机,使其与武士社会中人们的激励因素和动机非常接近。这就是为什么虽然在大考社会有人们可能追求的路径的多元化,但还是会像武士社会那样,使家庭、功绩和起跑门的问题更为严重。在这样的一个社会中,我们会看到父母动用许多或者说是所有可用的资源,以使自己的子女在所有人都依赖的零和竞争中超过其他人。由于父母的资源不同,这加重了我们讨论过的一系列问题。

多元模式创造了不同的激励因素和动机,当"条件三"成立时,即使那些最初全力让自己的子女超越其他孩子以取得相对成功的父母,对普遍公认的前进路线图的认可也会低很多。当满足反瓶颈原则时,就会有许多对资格要求不同的路径来引领孩子实现自己特定的理想;没有一个单一的准备阶段组合是所有路径唯一或者最佳的准备方式①。因此,试图让子女拥有相对他人的优势的父母们,就不会做出完全相同的选择,也不会强迫自己的子女都走向完全一样的终点。这本身将有助于降低功绩问题的竞争压力。同时,有志于在绝对意义上而不是在相对意义上推进子女发展的父母,将会有更多的自由去致力于通过其他方式帮助子女成长和发展,以使他们能够实现自

---

① 当然,一些育儿行为,比如口头交流,对孩子而言,无论他们未来追求哪种目标都会是很重要的。参见本书第 184 页起的第二章第五节(四)(基本的发展机会)。当这种接触还不是很普遍时,这些接触就构成了我所说的一种发展瓶颈。

已选定的人的兴盛的目标——而不是通过需要特定考试或者必须由把关者认可的成长和发展方式。没有了竞争的压力，那些工具性动机和内在动机并存的父母，才会有更大的自由按照自己内在的动机行事，或者根据对他们而言最强烈的动机行事——而不是必须重新安排他们的目标和价值使其从属于机会结构的要求。

我们可以这样表述反瓶颈原则：

条件三：反瓶颈原则

应该在尽可能多的情况下，创造通向受人珍视的角色和物品的多元路径，而没有人们必须通过才能得到这些角色和物品的瓶颈。

这里的"路径"是指一系列预备学校、培训机会、经历和资质，以及其他使人们能够发展技能或者取得资质从而获得受人珍视的角色或者物品的中间步骤。比如，德国通向大学教育的路径中，有一种被称为文理中学（Gymnasium）的高级中学，它培养了很少的一部分中学生，其中绝大多数（超过90%）的学生会被大学录取[1]。进入文理中学需要很好的学术成绩和小学老师的推荐。如果小学毕业后没有被文理中学录

---

[1] Thorstein Schneider, *Social Inequality in Educational Participation in the German School System in a Longitudinal Perspective: Pathways into and out of the Most Prestigious School Track*, 24 EUROPEAN SOCIOLOGICAL REV. 511, 512 (2008).

第三章　机会多元主义

取,那么之后要想转学"几乎是不可能的"①。由于文理中学差不多就是通向高等教育的唯一路径,而高等教育又是获得许多理想工作必经的瓶颈,因此研究者发现,中产阶级家庭父母的表现与人们的预期几乎一致。他们会努力先让子女进入文理中学,哪怕小学老师认为他们子女的学习成绩不够好——这个模式放大了另外两个更重要的效应。首先,小学成绩中就已存在很大的社会阶级差距;其次,一些研究发现来自较低社会阶级的学生"必须表现得更好才能得到"进入文理中学所需要的"正面的推荐信"②。

文理中学几乎占据了所有通向高等教育的路径,这个事实意味着:谁能够进入大学,谁不能进入大学,这个决定在很大程度上都是基于小学的成绩做出的。将起跑门设置在这么早的阶段是存在严重问题的,因为父母的优势在小学阶段比在以后的阶段会来得更加直接和有力。在这个阶段,许多父母每天都会帮助子女做家庭作业。将孩子送到文理中学的决定放大了这些早

---

① Thorstein Schneider, *Social Inequality in Educational Participation in the German School System in a Longitudinal Perspective: Pathways into and out of the Most Prestigious School Track*, 24 EUROPEAN SOCIOLOGICAL REV. 511, 512 (2008). 十年级以上考试成绩优异的学生能够转学的只是很少的例外。

② 上引书目,第 512~513、524 页。然而,这个效应的大小有所争议。可能真的是父母的动机起了作用,而不是老师推荐带来的偏向性。参见 Kai Maaz et al., *Educational Transitions and Differential Learning Environments: How Explicit Between-School Tracking Contributes to Social Inequality in Educational Outcomes*, 2 CHILD DEV. PERSP. 99, 102 (2008). 对我们的讨论而言,这个争议不那么重要,不管哪个机制最显著,都强化了(和阶级相关的)父母的优势。

期优势的影响,而这又与阶级有关联。那些在文理中学就读的学生比其他学校的学生进步更快,以至于到中学毕业时,他们已经比其他人具有更好的资格进入大学接受高等教育①。

最后,因为只有一条(主要的)路径通向大学教育,而大学教育又能为人们打开许多机会,小学生有强烈的理由在小学时将自己的主要目标设定为争取进入文理中学。文理中学的学生有强烈的理由将侧重点放在通过大学入学考试(the Abitur)。那些在这些关键节点上有着其他兴趣的学生,则可能无法通过这个关键的瓶颈,在这之后,他们再想去追求任何需要大学文凭的路径的机会就会少多了。

但社会不应该是这样的。在美国,那些在18岁时考不上大学或者没有申请大学的人,可以在那时或者以后进入社区大学就读。这些学校不仅能够提供与就业相关的培训课程和两年制的学历,而且更重要的是,它还可以为成绩优异的学生提供升入四年制大学的机会②。正如两位调查过美国社会大学总体情况的学者所言,这些学校的使命反映了一种"认为所有的人

---

① 参见 Maaz et al., *Educational Transitions*,第 100 页(认为这个早期分组的决定"增强了社会经济背景和学生成绩之间的联系",因为阶级影响了分组的决定,而且不同组别提供的"不同的发展环境"导致了"更高组别中更高的学习率")。

② 估算和定义都不一样,但是按照某个标准,美国大约四分之一的社区大学学生转入了四年制的大学。ARTHUR M. COHEN & FLORENCE B. BRAWER, THE AMERICAN COMMUNITY COLLEGE 64–67 (5th ed. 2008);还可参见 Michael Winerip, *Opening Up a Path to Four-Year Degrees*, N. Y. TIMES, April 15, 2012, at A10,美国的社区大学面临着许多经费的压力和挑战。我这里的目的不是要勾画一幅美丽的图画,而是要展示这些学校在美国的机会结构中所扮演的重要角色。

都应该有机会实现自己最大潜能的信念"；"因此，一切对个人发展的障碍都应该被扫除"，而且"应该给予那些在青年阶段没有成功的人后续的机会"①。社区大学有几种不同的类型，有时也有相互冲突的功能：提供技能培训、文凭，提供从护理工到工程师等各种领域所需的证书，以及提供一个升入四年制大学的路径，在非竞争录取的基础上为任何人提供综合教育——包括为那些根本不需要文凭的人提供所希望的成人教育和继续教育，以及为任何年龄的学生提供识字和算术基础的基本课程②。

四年制大学的文凭依然是美国的一个严重瓶颈。追求许多机会结构中受人珍视的角色都需要这类文凭。减少需要这种文凭的工作比例能够推进反瓶颈原则③。同时，大学录取时需要一种美国"大考"，即 SAT 和 ACT 考试④。社区大学当然不能消除这个瓶颈，但能够缓解这个瓶颈。它们在四年制大学的入学要求，即大约 14 岁到 17 岁之间的学习成绩以及考试分数和其他资质之外，提供了另外一条路径，使得那些按现在成绩或者过去成绩标准考不上大学的人，在多年之后会再有"后续的机会"来考上大学⑤。鉴于反瓶颈原则，社区大学（以及在

---

① COHEN & BRAWER, AMERICAN COMMUNITY COLLEGE, 第 11 页。
② 大体可参见上引书目第 219 ~ 348 页。
③ 参见本书第 307 页起的第四章第一节（二）。
④ 参见本书第 48 ~ 52 页。
⑤ 四年制大学本身也能创造出其他路径。比如得克萨斯大学统筹录取计划给该州大部分申请了得克萨斯大学最好的奥斯汀分校但没有被录取的学生，提供了在得克萨斯大学其他分校就读的机会，而且如果大一时的成绩良好（大约达到 B + ），就有自动转入最好的分校的权利。参见 UNIVERSITY OF TEXAS, "Information about CAP," http：//bealonghorn. utexas. edu/cap。

某种程度上,更加普遍的美国大专院校)招收不同年龄的学生,这是非常重要的一点。这些政策通过降低在十二年级时的竞争赌注,哪怕只是降低了一点儿,也能多少将机会结构从单一模式拉向多元模式,使那些原来的失利者或者没有选择参加竞争的人,不会永远失去追求那些需要高等教育的路径的机会。

反瓶颈原则不可能完全实现。在高等教育领域中,入学考试和其他入学标准几乎是所有教育体系的一部分,从反瓶颈原则的角度来看,问题是如何不使一种要求(或者一些类似要求的组合)成为过于严重的瓶颈。如果不同的学校采用不同的标准就很有裨益——如果教育机构允许申请者展示各种不同的强项,比如,有的主要是依据考试分数录取部分学生,有的主要是依据在社区大学的成绩录取另一部分学生,有的则主要是依据提交的在特定领域中有潜力的作品集或者其他证据来录取其他部分学生,这样就会更好一些。还有一部分学生可以先作为见习生被录取,然后再通过在学校学习部分课程时的实际表现及成绩来证明自己[1]。

创造多重路径就会降低每一条路径的压力。即使学生最终还是要竞争一个固定数量的录取名额,他们参与的竞争也不会

---

[1] 参见前引书目。一个更稳健的做法是在大学录取时采取大体上开放的政策,然后根据大一时的学习成绩再进行筛选,这曾经在美国的教育体系中扮演过很重要的角色。这种做法当然又会使在大一的学习成绩成为瓶颈。但是这可能是个有益的替代品,因为有很多可选课程来取得这些成绩。然而,这种做法现在越来越不可行了:在高学费时代,这加重了失败者的负担,他们必须先背负一年的高额债务,可又得不到文凭。

第三章 机会多元主义

像单一的大考竞争那样，只能制造出让所有人都尽可能多地将努力花在单一考试上的激励因素。

这个反瓶颈原则的理念与我们思考的机会平等的常规思路有深层冲突。从"平等化"机会的角度来看，一个广泛的、人人都有平等机会参与的考试制度是有益处的。实际上，这种制度通常会带来一种促进机会平等的方式，而且在一定程度上，也确实能够促进机会平等：过去精英高等院校的录取制度与世袭贵族的制度相比并没好多少，而考试制度毕竟提供了一个从大量申请者中筛选出特别有潜力和有希望的申请者的可能，无论他们的出身背景如何①。

但是考试制度毕竟不是土壤样本。从土壤样本中能够准确地测量出土质，确定其中有什么成分，适合种什么，教育考试制度只能衡量一些相关的变量。正如我们在第一章和第二章中已经探讨的那样，考试制度衡量的能力中有相当多的部分是过去发展机会的产物，正是这些产物制造了以考试为模板来重塑发展机会的激励因素。一些父母比其他父母更有能力塑造子女的机会以使其更有助于考试成功，这就带来了家庭的问题和功绩的问题。当考试不只是考查儿童在学校中

---

① 关于 20 世纪中期美国高等教育的金字塔顶端的这些极具争议的改革的历史，参见 JEROME KARABEL, THE CHOSEN: THE HIDDEN HISTORY OF ADMISSION AND EXCLUSION AT HARVARD, YALE AND PRINCETON 139 – 345（2005）。还可参见 NICHOLAS LEMANN, THE BIG TEST: THE SECRET HISTORY OF THE AMERICAN MERITOCRACY 3 – 122（2000）（描述了各种复杂的社会力量，从择优录取的平等主义到军事上的需求，最终使得 SAT 一类的考试在美国得到广泛采纳）。

所学到的知识时,这些问题就会变得更加严重了。这就是为什么连《贝尔曲线》(*The Bell Curve*)的作者之一查尔斯·穆雷(Charles Murray)——这个从来不批评智商测试的人,如今都主张大学应该"停止在大学录取中采用 SAT"成绩,而改为"特定科目的考试。对这些科目,学生可以通过传统方法,即领会书中的意思来做准备"①。

通向高等教育的路径是一个有助于我们理解瓶颈作用的典型例子,但是这个概念的实际应用被推行得更广。几乎在机会结构的所有角落中都可以找到瓶颈。当一个行业的行会限制着一个行业的准入,从而使进入该行业的唯一路径是通过找到稀缺的学徒关系时,就会制造瓶颈。如果没有其他方式可以学到相关的技能,那么这个行会甚至不需要费心地去考虑会有哪些人能够从事这个行业。限制人们接触学习技能时所需要的机会就足以构成瓶颈②。在一个识字是追求绝大多数路径的基本前提的社会中,发展识字的能力,或者发展掌握社会主导语言的能力的,不只是在工作中,而且在社会生活的其他领域中都会是一种瓶颈。

我们可以举出两个大相径庭的例子。设想一个社会在地理上被分割为两个地区:生活在"机会之地"的人,有学校、同龄人和同龄人的父母来提供追求许多路径所需要的知识和机会,

---

① Charles Murray, *Narrowing the New Class Divide*, Op-Ed, N.Y. TIMES, March 8, 2012, at A31.
② 如果在瓶颈周围有一些路径,那么行业的行会可能会采取双重策略来限制学习机会并且制裁那些未经授权就从事该行业的人,从而使这些瓶颈周围的路径不那么可行。

第三章 机会多元主义

而生活在几公里之外"贫困之地"的人们,却得不到这些机会中的任何一种,其前景受到了极大的限制。当这些程式化的事实描述了社会中机会的地理分布时,居住在"机会之地"本身就成了一种瓶颈。即使没有任何人要求将居住地作为一种重要的资质,但实际上,没有这个资质你很可能就无法去追求社会提供的许多路径。在这种情况下,我们会看到,几乎所有能住到"机会之地"的人都会竭尽所能地确保自己的子女能在"机会之地"长大。我们也会看到分区的规则、廉价房,或者那些能够控制谁有资格居住在"机会之地"的其他规则,这些都会成为显著的政治问题,那些居住在"机会之地"中的人会试图将外面的人永远排除在"机会之地"之外。

政治和法律对于机会结构只能进行部分的控制。一方面,许多政策和法律会直接和间接地影响这个结构的各个方面;另一方面,许多学校、机构和个人的独立决定,也会通过决定人们必须获得哪些资格、选择哪条路径、为了有资格担任某些角色必须发展出哪些技能塑造机会机构。在我们更深层地讨论瓶颈的作用机制之前①,让我们先简短地转向谁在控制着机会结构的形态这个问题上来,这也是决定机会结构是相对单一的或者多元的一个重要因素。

(四)谁控制了机会结构?

到目前为止我们在对不同机会结构的主要论述中,将结构视为固定的。无论是更加单一的结构还是更加多元的结构,我

---

① 参见本书第232页起的第三章第二节。

们都假设结果本身相对激励因素、动机和我们讨论的人的行动来说更具有外生性。我们假定，当一个人面对路径与选择的网格时，从他的视角来看，需要的只是观察机会结构，并在其中找到自己的方向，而不是改变机会结构。为什么是这种情况呢？在武士社会中，我们可能假设是国家某个规划者的意志在起作用，定义了武士阶级本身并且创造了武士考试。但只要机会结构的一部分是固定的——无论是通过法律，还是通过一些卡特尔式的机构决定，或者是通过压倒性的社会共识，这都是对机会多元主义的限制。

为了维持人们珍视的目标，同时也是人们赖以安排生活的目标的多元化，一个社会要对哪些事情是重要的这个问题，必须有多个权威来源，而这些权威必须至少在一些事情上存在分歧。如果人人都认可某种单一的权威，比如某位在宗教等级顶端的官员，并将其作为指导应该珍视何种生活和兴盛形式的唯一来源，那么，这只会把社会引向单一化。密尔正确地指出，这是对个性甚至思想自由的威胁，社会需要比这种情况更多元的权威来源，而且需要使每个人都有能力对现有的权威提出异议，并且倡导他们自己的价值组合。

对于构成机会结构的各种路径和资格来说也应如此。在一些社会中，国家或者其他某个中央权威对教育路径以及追求这些路径所需要的考试和资格有相当大的控制权。当这种中央控制旨在制造单一化时——有时这样做的理由是为了公平——也会制造瓶颈。当认证机构和教育管理机构要求或者提供了强烈的激励因素，使教育机构趋于某种单一的考试，或者要求某种特定的资质和教育步骤的顺序时，也会造成同样的问题。

第三章 机会多元主义

我们把这个观点表达为第四个条件，作为一种元条件（meta-condition），它决定了谁能够控制前三个条件描述的机会结构中的元素：

条件四：权威来源的多元化

存在多个相互竞争的权威来源，这些权威对前三个条件描述的物品、角色、路径和资格的意见不完全一致；社会使每个人都有能力对生活展开试验，创造以前不存在的新的物品、角色、路径和资格。

如果教育机构或者雇主能够控制他们的录取或者招聘，那么他们可能会对需要何种考试或者何种资格存在分歧。有些条件可能会在用人的使命和重点上与其他人有所区别，从而创造出独特的路径并拓展对申请者开放的选项范围。应该存在各种多样化的决策者，而不是由一个中央决策者来打开各不相同的功绩概念的试验空间。

比如，最近美国的几十所精英大学开始了一个很有意思的试验，它们可能意识到自己的标准录取路径——以及直到毕业的路径——都已经成为只有相对少数的学生才能通过的瓶颈，所以这些学校和波塞基金会建立了合作关系。该基金会采用一套与学校录取相当不同的标准，它强调的是领导力和团队协作。它们选择同一座城市中最贫困家庭的，通常是来自少数族裔的10个学生，将他们一起送到一所精英大学就读，在那里学生们可以互相帮助。精英大学实际上将录取过程的一部分外包给了这个标准不寻常的基金会。波塞基金会录取的学生在

SAT 考试中的分数，通常比根据常规标准录取的学生的分数低很多。然而入学后他们的表现是相当成功的：90% 的学生都顺利毕业，一半的学生进入校长奖励的名单，1/4 的学生获得了各种学术奖励①。

这类计划的效果是缓解了 SAT 等考试带来的瓶颈。这些计划不需要我们得出 SAT 考试不公平或者大学录取时不应该采用 SAT 考试成绩的结论。相反，这些考试为许多高中生提供了一条展示自己拥有在大学学习所需能力的途径——包括一些竞争激烈的大学可能会忽视的那些高中生②。但是，没有理由让任何一种考试成为进入大多数或者所有学校的唯一途径。在广阔多样的高等教育领域中衡量申请者的潜力时，应该提供一些不同的组别——使人们能够通过多种多样的途径进入大学接受高等教育，这是一种逃生阀，可以减轻考试的压力，使其不再成为严重的瓶颈。

只是给予不同的学校定义功绩、选择路径以及录取规则的

---

① 参见 POSSE FOUNDATION, FULFILLING THE PROMISE: THE IMPACT OF POSSE AFTER 20 YEARS 8, 28 (2012)；还可参见 Susan Sturm, *Activating Systemic Change Toward Full Participation: The Pivotal Role of Boundary Spanning Intuitional Intermediaries*, 54 ST. LOUIS U. L. J. 1117, 1129 – 1131 (2010) (解释了波塞基金会的模型); E. Gordon Gee, *An Investment in Student Diversity*, TRUSTEESHIP, Mar. -Apri. 2005, at 18 – 22 (解释了范德堡的结果)。

② 这就是为什么 SAT 在半个世纪之前曾起到过缓解大学录取瓶颈的作用，参见本书第 223 页的第 1 脚注中所引的文献。迄今为止，它在某种程度上仍起到这个作用——虽然从统计数据上来看，分数和阶级有时高度相关，参见本书第 308 页的第 1 脚注，当然例外总是存在的。

第三章 机会多元主义

重要权力,并不能保证它们就会选择不同的标准,或者它们当中任何一个学校会对上述的试验开放。同样,只是存在多个决策者也不能保证会产生多种决定。有时许多决策者会趋于一个共同的决定,要求所有申请人都必须通过同样的狭长关口。

思考这种情况何时发生,为什么会发生也是很有裨益的。有时关键的问题在于学校之间的竞争,特别是(但不仅仅是)当外部认证者或者排名者所进行的评比具有相当影响力时,就会影响到不同学校所使用的标准。在其他情况下,许多学校或者雇主会采用简单而成熟的考试方法,因为这是即轻松又廉价的。在许多情况下,学校还会利用网络效应,让大量通过了特定考试的申请者能够接触到学校的信息。最后,至少在理论上,一种考试或者标准如果在预测哪些人表现良好而哪些人表现不佳上(而其他考试或者标准都不能如此准确)能够相对准确时,也会造成录取标准的趋同化。

可能除了最后所说的这种情景外,在所有的其他情景中,管理者、认证者、考试机构、排名者,以及其他人和机构都会有很大的空间,让不同的学校和决策者有一定的自由来重新思考,究竟哪些考试和资格可以促使人们更有能力去追求特定的学业或者入门级的工作。比如,政府就可以避免采取标准化的政策,而采用拨款的方式去奖励那些尝试用不同的甚至互相冲突的功绩标准来录取各类学生的学校。

在许多情况中,决策者常常整体或者部分地趋向于同一组标准,因为社会对哪些人应该追求哪些特定路径或者目标存在着成见,或者说是被广泛认可的信念。在这种情况下,政府的法律——特别是反歧视法律——可能有助于打破这些被广泛认可的信念,使许多决策者停止将路径和资格建构为只对特定群体(或者不鼓励其他群体)的申请者开放。

然而,在其他各种情况都一样时,更多的决策者应该会带来更多样的决定和更多的分歧,并带来更多不同的路径和要求。同样,在其他各种情况都一样时,更多的权威来源应该会对何为善这个问题带来更加多元化的理解。

对机会结构的控制最为激进,可能也是最重要的一种去中心化手段,就是完全取消权威机构和权威把关者的某些控制权,将其放到个人的手里。这就是"条件四"最后一句话的观点。"生活中的尝试"是密尔的术语。密尔在《论自由》中认为,"思想与讨论的自由"以及"趣味和志趣的自由;要求有自由制订自己生活计划以顺应自己的性格"[1] 是重要的,这就与此十分接近。他认为出于"同样的原因",应该存在自由的意见差异和思想尝试,应该有"生活中的尝试"让人们"将想法带入实践"[2]。这意味着个人应该能够自主地出击,定义新的路径,甚至是创造以前根本就不存在的新的角色和物品,从而扩展其他人能够遵从和修改的路径范围。个人可能无法创造全新的目标、角色或者路径,不可能让人以无法理解的方式使它们与以前的事物失去联系。但是生活中的尝试至少能够改写已有的社会形态,正如有原创想法的企业家会创造出与

---

[1] JOHN STUART MILL, ON LIBERTY 12 (Elizabeth Rapaport ed., Hackett 1978) (1859). 这个类比对本书的结构很重要,首先关注思想自由和第 2 章的讨论,然后转到第 3~5 章的品位、追求和"人生规划"。

[2] MILL, ON LIBERTY, at 79, 53.

过去所有东西都不同的新的产品或者商业,却又有足够的识别度使得顾客或者客户能够理解其价值。如果成功,新的想法就会成为其他人构建自己创新中的一部分材料。

主张市场更容易实现"条件四"的想法太过简单了,这主要是认为市场对机会结构的控制是分散的,使每个人都可以自由地创造新的路径①。真正的市场可能是这样的,也可能不是这样的。然而,商业创新不只是这个例子中的一个类比。创造以前没有的新型企业和新型工作是创造新路径的重要手段,使人们能够发展和运用以前不曾听说和知道的能力以及能力组合,并以此构建他们的职业和人生。在电脑编程出现之前的世界中,个人是无法发展在这个领域中的潜力的——或者形成志向来追求这样一种具有独特特征和挑战的职业。创造新的领域或者新型的企业,拓宽了人们可能追求的路径和可能期望的目标范围。一个现代的复杂社会可以提供许多路径,而且随着时

---

① 谁控制了机会结构的形态这个问题,通常表面上看来远离关于机会平等的讨论。一个重要的例外是大卫·施特劳斯(David Strauss)的一篇论文。他认为基于市场的择优录取的机会平等理论,其真正的潜力和引人之处在于"不是每个人都有相同的机会成功,但是没有人能够比其他人有更大的机会决定谁能够成功"。David A. Strauss, *The Illusory Distinction Between Equality of Opportunity and Equality of Result*, in REDEFINING EQUALITY 51, 61 (Neal Devins & Davison M. Douglas eds., 1998)。按照施特劳斯的解释,由于市场中的权威分布很广,所以"具体的价值标准是有流动性的";"成功的路径并不清晰可见而且随时都在发生变化"。同上,第60页。当然,施特劳斯认为真实的市场通常无法实现这些愿望。但是这些愿望本身捕捉到了机会平等的一个多元的维度,这一点很少被提及。

间的推移,更多的路径会被创造出来,而原有的一些路径则消失了。增添新路径的自由对于建构和维持密尔的"道路的多元化"和"境地的多样化"十分重要。

即使社会能够不断地创造出美好而独特的新路径和新目标,一般来说也不是每个人都可以接触到的。在这种情况下,仍然会有一些事物阻止个人沿着这些路径前进。这个事物——无论是什么,无论怎样从不同制度与社会力量的互动中产生——从结构上来讲都是一个瓶颈。现在让我们严肃地讨论瓶颈的作用机制,以及在有限的资源和其他制约条件下,我们首先应该集中精力来缓解哪些瓶颈的问题。

二 瓶颈的作用机制

从机会结构中消除所有的瓶颈是不可能的。多元模式代表了"一个努力的方向,而不是能够完全实现的目标"。[1] 许多不同的参与者,从政府部门到大机构再到个人,都能够通过自己的决定让机会结构从单一走向更加多元。当然对其他事物的考虑也会影响这些决定。由于机会多元主义必须平衡其他事物的价值,可能在考虑了所有因素的情况下,有些瓶颈在总体上是好的,即使它们使机会结构更为单一化了。为了区分社会应当试图缓解或者消除哪些瓶颈,让我们首先以一个更加系统的方式,来解析到目前为止我们讨论的问题中所包含的三种不同的瓶颈。

---

[1] Charles Frankel, *Equality of Opportunity*, 81 ETHICS 191, 209 (1971). 参见本书 119~122 页。

第三章　机会多元主义

（一）瓶颈的类型

到目前为止我们讨论过的瓶颈多数都是"资格瓶颈"：教育资质、考试分数以及人们在追求某个或者某些通向受人珍视的目标的路径时必须满足的其他要求。"武士社会"中的武士考试和"大考社会"中的大考都是资格瓶颈的典型例子。然而资格瓶颈不一定都是如此明确的。问题在于追求一个路径时实际上究竟应该需要什么，而不是官方或者纸面上要求什么。如果很多雇主都只招聘白人，那么白皮肤就成了资格瓶颈——哪怕这不是任何社会的官方政策。

此外，瓶颈不需要有绝对的门槛。第一种瓶颈是某种偏好。强烈的偏好也是一种瓶颈，尽管比绝对的要求要弱一些。比如，如果许多雇主都强烈偏好具有高中文凭的求职者，以至于他们总是雇用具有此类文凭的人，而不是没有文凭的人，那么高中文凭就成了严重的资格瓶颈。那些没有高中文凭的人将很难追求许多路径。下面我还会再讨论其严重程度的问题。

第二种瓶颈，即"发展瓶颈"，在到目前为止的讨论中这个问题还不那么明显。它要求我们从决定或者选择的时刻退一步，问一问人们是如何获得追求不同路径的资格——或者更具体些，他们需要哪些发展机会来这么做。当这些发展机会稀缺时，资格就构成了瓶颈。比如，假设在武士社会中发展武士技能的唯一方法或者最好的方法是在专业的培训学院就读，那么，这个培训学院或许根本不需要发放任何证书或者资质证明；也可能根本没有人会去问想成为武士的人是否在那里读过书。然而，培训学院提供的发展机会是如此重要——甚至就武士社会的机会结构而言,这已成为最基本的——以至于没有在培训学院就读过,就不可能获得这些发展机会带来的好处,那么,培训学院本身就形成了强大的瓶颈。

在第一章所举的医学院录取的例子中,相关的瓶颈几乎都是发展瓶颈。正是自己接受教育的所有学校都是知名的教育机构这样的发展机会,使得莉莎发展了她的能力,并且有资格通过各种考试进入下一个阶段。如果每个阶段的把关者都只是要求或者看中应聘者拥有前一阶段知名学校的文凭,那么这个例子展示的就是资格瓶颈了。在多数情况下,不同的教育机构都同时在提供发展机会和文凭形式的资格,二者可能各有用途。这个双重效应放大了在一个不那么多元化的机会结构中竞争知名学校录取的重要性。

我们的世界中许多主要的机会不平等,特别是那些与罗尔斯式的出身背景相关的机会不平等,都可以被理解为发展瓶颈。正如第二章所讨论的,语言的获取是与阶级有着深层关联的,以至于贫困家庭的儿童接触到的口头交流机会比出自富裕阶层的同龄人要少得多,其结果是他们在语言发展上远远落后,这又制约了他们以后对许多重要路径的追求。当这种情况成立时,它意味着早期接触语言也成为一个重要的发展瓶颈,还可能意味着这对在非贫困家庭中长大的儿童来说则是大有裨益的。

早期的阶级关联度越强——还有其他发展瓶颈与阶级的关联度越紧密——就越是说明应该将阶级本身作为一种发展瓶颈,其确切的含义如下:一个人必须(通常)是在非贫困的环境下成长才能够追求大部分路径。同样,当不同的实体环境、居住地或者城市提供完全不同的发展机会组合时——比如

第三章　机会多元主义

像上面所说的"机会之地"和"贫困之地"的极端例子，那么，"地理"也就间接地成为一种发展瓶颈。

分析瓶颈通常需要这样向前追溯。当一些人不能通过一个特定的瓶颈时，我们应当问为什么。是有些事物将能够通过瓶颈的人和不能通过瓶颈的人分开了。这个事物可能只是运气，但通常会发现一种模式，常常涉及一组的发展机会。在这种情况下就存在发展瓶颈了。或许需要的就是武士技能学院提供的培训。然后我们可以在分析问题时再向前追溯一步，一个人如何才能获得这些发展机会呢？如果被学院录取最基本的要求是父母必须有一方是武士，那么，家庭背景也就间接地成为一个瓶颈。或者假设社会认为一些发展机会只对（或者主要对）男性或者妇女而言是合适的，而且这些发展机会将能打开重要的未来路径，那么性别就成了重要的发展瓶颈。

第三种也是最后一种瓶颈，即"工具性物品瓶颈"，描述了"条件一"和"条件三"的互动。当某个特定物品在"购买"或者实现许多人珍视的物品，或者沿着通向不同形式的人的兴盛的道路前进时是必需的，那么就会构成工具性物品瓶颈。这里，个人通过这一瓶颈时所需要的既不是资质（在资格瓶颈中），也不是发展出的技能或者特征（在发展瓶颈中），而是某个具有工具性价值的物品，比如说金钱。我在下一章中将谈到，金钱是普遍存在的工具性物品瓶颈，而且几乎会永远存在，但是政策选择能够加重或者减轻其严重程度。在某些社会中，另一个工具性物品瓶颈的例子是社会地位。也就是说，如果具有一定的社会地位对于追求大部分机会来说在工具上是必需的，那么社会地位就发挥了工具性物品瓶颈的作用。

将这三种瓶颈理解为同一个大现象中不同的子类型是很有裨益的,一部分原因是真实世界中的机会结构通常包含了这三种瓶颈的组合,它们通常是互相强化的。比如大学录取。如果在追求许多路径时,其前提是需要一个录取很严格的大学的文凭,那么进入这个大学就成了瓶颈。但是大学入学本身也是需要资格的(高中文凭、考试成绩)、发展出的技能(比如那些在高级中学中所讲授的课程)以及一些工具性物品(特别是如果这些大学的学费非常高昂)。所有这些也都成了瓶颈,而且它们之间是通过重要的方式发生互动的。比如,所有这些要求都可能强化居住在"机会之地"这个发展瓶颈,或者都会强化一种作为所有三种瓶颈组合的阶级瓶颈。当雇主偏好社会经济地位高的指标时,阶级可能成为一种资格;阶级可能与重要的发展机会相关联;金钱也可能是强大的工具性物品①。

多数机会平等和社会正义理论倾向于忽略工具性物品瓶颈。这样做有实际的理由,也有哲学上的理由。实际地说,工具性物品瓶颈可能看上去是社会生活背景结构的一部分,因而应该在社会正义的考虑之外,因为它看起来可能是不可避免的。但是我们倾向于忽视工具性物品瓶颈还有更深层的哲学原因。在我们构建分配正义的理论时,会做一些简化,而这些原

---

① 更多关于阶级作为瓶颈的讨论,可参见本书297页起的第四章第一节。还有一个将这三种现象视为"瓶颈"的相关理由,那就是在一些边缘的例子中,可以(正确地)将资格瓶颈、发展瓶颈或者工具性物品瓶颈重新描述成其他种类的瓶颈。这样的重新描述并没有什么特别的意义;在这些例子中,我们至少能够肯定所描述的现象是一种瓶颈。

第三章 机会多元主义

因就暗藏在其中。

分配正义的理论常常通过运用相对抽象的平等主义正义货币——资源、基本物品，或者最纯粹的一种例子，一种抽象的、普世的、被称为"吗哪"（manna）的伪资源①——迅速而优雅地把讨论转移到如何公正地分配这些物品的问题上。从这个角度来看，如果我们选定的平等主义正义货币使我们无法接触到一些重要物品，而这些物品又对个人追求哪些路径或者如何生活产生了重大影响，那么我们也许应该把注意力集中到其他一些货币的分配上。不管怎样，我们希望关注的是重要物品的分配；如果某种货币不能买到重要物品，那么可能一开始就不应该分配这种货币。我在这里简要描述的这种哲学倾向与一些对工具性物品能力的批判性观点存在着重大摩擦，特别是有关金钱的能力，例如迈克尔·沃尔泽（Michael Walzer）、玛格丽特·拉丁（Margaret Radin）以及迈克尔·桑德尔（Michael Sandel）提出的论点②。

机会多元主义为金钱能力的好处和代价提供了更加完整的理解。一方面，资本主义体系中金钱的能力能够以一种有益的方式推平机会结构，使其更加平滑。有许多种不同的挣钱方式。一旦挣到钱，金钱就能够被用来追求不同的目标，因而它

---

① BRUCE A. ACKERMAN, SOCIAL JUSTICE IN THE LIBERAL STATE 31 (1980).

② 参见 MICHAEL WALZER, SPHERES OF JUSTICE: A DEFENSE OF PLURALISM AND EQUALITY (1983); MARGARET JANE RADIN, CONTESTED COMMODITIES (1996)（认为一些物品的商品化是不完全的）; MICHAEL J. SANDEL, WHAT MONEY CAN'T BUY: THE MORAL LIMITS OF MARKETS 10-11 (2012)（从"市场价值深入人类活动的各个方面"的"市场社会"中区分出了市场经济）。

确实能买到非常多的东西。其实这也会使机会结构通过一个方式变得更加多元：它允许获得金钱的人用它来追求各种路径。这是有益的。

另一方面，如果需要数额相对巨大却又很难获得的金钱才能追求很多人们珍视的路径时，金钱就变成强大的工具性物品瓶颈。与其他类型的瓶颈一样，工具性物品瓶颈之所以成为问题，不仅是因为许多人无法通过这个瓶颈（虽然最可怕的影响就在这里），而且还因为它几乎是每个人的问题，因为金钱有能力塑造我们的计划和目标。它迫使每个人，无论其目标可能是什么，都去竞争那些最有可能使我们获得所有人都需要的工具性物品的职位和路径。

（二）正当的瓶颈 vs. 随意的瓶颈

所有真实世界的机会结构中都存在许多相互联系的深度瓶颈。就机会多元主义之外的价值而言，缓解任何一个瓶颈可能都是相当困难、代价高昂，而且会问题丛生。此外，在许多情况下，缓解一个瓶颈可能还会强化其他的瓶颈。出于这些权衡，很重要的一点就是我们必须判断，在机会多元主义看来，哪些瓶颈与其他瓶颈相比是最为严重的。这个问题比表面上看起来的要复杂得多。要全面解决这个问题，我们就需要将机会结构作为一个整体来看待，找到是哪个瓶颈阻止了（更多的）人们追求（更多）通向（更多）有价值的人的兴盛形式的路径。可惜，对这类问题我们只能找到不完全的答案①。我们还

---

① 参见本书第 278 页起的第三章第三节。

第三章 机会多元主义

需要制定规则来判定，应该如何权衡不同人的利益。在下面我将主张，应该优先为那些现有的机会受到更大限制的人打开更多的机会。但这只是一个大体的优先原则，而不是一个可以精确计算出来的完整的解决方案。

在我们触及这些关于总体机会结构的大问题之前，需要对资格瓶颈提出一个十分简单的问题：它在多大程度上是"正当的"（legitimate），而不是"随意的"（arbitrary）？换句话说，这个瓶颈存在的理由有多强？一个雇主要求自己的雇员必须是白人，或者女性，或者不能纹身，或者信用历史良好，我们对这个要求的评价一部分取决于我们对适宜程度的评价，即这些要求是否或者在多大程度上确实对应了企业的正当需求。

美国大部分关于就业歧视的法律对这个问题做出了某种具体的法律规定。如果一个雇主的要求造成了对性别或者宗教等受法律保护的类别的歧视时，美国法律就会认定，这种要求只有在极少数的情况下确实构成所需要的"实际职业资格"（bona fide occupational qualification，BFOQ）时，才是合法的[①]。这里，法庭除去了雇主的成见以及对哪些人最适合这个工作的偏好，而只考虑这一工作的核心要求[②]。当某项要求并

---

① Civil Rights Act of 1964 §703（e），42 U.S.C. §2000e-2（e）（1964）.
② 参见诸如 *Wilson v. Southwest Airlines Co.*，517 F. Supp. 292，302-304（N.D. Tex. 1981）（裁定性别对空乘员这个工作而言不是 BFOQ，尽管该航空公司的商业策略是突出性别化的女性形象）；*UAW v. Johnson Controls*，449 U.S. 187，206-207（1991）（裁定性别对电池制造业而言不是 BFOQ，尽管厂家声称是害怕会伤害胎儿）。

不直接针对受法律保护的特征，而是给受保护的群体带来了"差别性影响"时，这个现象在许多法律体系中就会被称为"间接歧视"[①]——美国法律要求的适应程度比 BFOQ 要低，但仍然是相对很高的要求。法庭会质询这个要求是否真正是"商业上必须"[②]的。即使雇主可以证明情况确实如此，雇员还是会努力证明实际上还存在着能够有效满足雇主需求的、不那么具有歧视性的方案。

我们可以把这些有关就业歧视法案理解为更广义的具有反瓶颈原则的重要特殊案例。很多瓶颈限制了就业领域中的机会。立法者决定通过这些立法，使这些瓶颈的一个特定子集受到法律制裁。在某些方面，这个做法可能看起来是怯懦的反应，实际上完全可以更大胆一些。不管怎样，在理论上，一个法律体系是可以要求所有雇主的行为——或者所有制造瓶颈的雇主的行为——都应是以满足某个商业理由为标准。但是这种做法的代价很大。让雇主拥有自由决定招聘和制定其他商业标准的权力是有一定价值的。美国的立法机关认为，机会结构中的有些瓶颈是特别关键的，那些强化了——无论是通过直接的方式还是间接的方式——这些重要瓶颈的雇主行为是违法的[③]。美国的法律挑出了与种族、性别、宗教、残疾、民族或

[①] 在英国以及后来在欧盟发展"间接歧视"概念的过程中，美国关于差别性影响的法律可以说是其一个重要的来源，参见 Bob Hepple, *The European Legacy of Brown v. Board of Education* 605, 608–609, U. ILL. L. REV. (2006).

[②] *Griggs v. Duke Power Company*, 401 U. S. 424, 431 (1971).

[③] 参见本书第 348 页起的第四章第三节。

第三章 机会多元主义

原先所在国家等相关的瓶颈,在美国的某些州,还有一些有关其他歧视特征的决定。反瓶颈原则的范畴应该比这更为广泛、更为普及。它针对的不仅仅是某个单一的国家,还提供了独立于这些立法决定之外的行动理由。我在第四章中将会探讨反瓶颈原则的关注点在于应该对哪些瓶颈的子集加以限制,这一问题对立法和司法都有影响①。

正当性不只是经济效率的问题。只有当一个瓶颈能够为我们认为正当的目标服务时,它才是"正当"的。对赢利企业而言,正当性可以近似为降低成本和提高效率。对教育机构而言,正当性的问题要求我们审视机构的使命。比如,如果一个教育机构的使命中是为整个国家或者民族培训专业人士,那么致力于在某种程度上实现招生来源地的多元化就应该是正当的。语境很重要。一个大学在招收物理研究生时,要求考生必须在标准化的数学考试中取得高分是完全正当的,而如果所有学科的研究生项目在招生时都这样来要求,就是相对随意的了。

正当 vs. 随意的光谱可以简单地应用到资格瓶颈上。但是通过更间接的途径,我们也可以用它来分析工具性物品瓶颈甚至分析发展瓶颈。比如作为工具性物品的良好信用评分。鉴于放贷人正当的商业目标,将一个人的信用评分作为其是否能得到贷款机会的条件,这明显是正当的,而不是随意的。但是将良好的信用作为获得某种工作的条件,似乎就有些随意了。一个人的信用历史或许确实可以预测潜在的借贷人是否会赖账,

---

① 参见本书第 354 页起的第四章第三节(二)。

但是这大体上不能预测一个雇员是否能达到雇主的期望值①。

我们可以用类似的方法来分析发展瓶颈。如果从事许多工作实际上都需要早期语言接触带来的流利的口头表达能力,那么语言接触就是一个发展瓶颈,而且是正当的发展瓶颈。另一方面,假设许多雇主珍视——出于文化原因而并非出于商业理由——在特定环境中成长才能学到的特定的说话模式或者礼仪习惯,那么在这些环境中成长就也成了发展瓶颈,但是这个发展瓶颈更为随意。

我们这里所提到的问题——一个特定政策的正当性或者随意程度——是许多法律和政策领域中人们熟知的问题。但是如果认为反瓶颈原则只是要消除瓶颈,那就过于简单了,甚至可以说是完全错误的。即使一个瓶颈的存在有其正当性,从机会多元主义的视角来看也是有问题的。

再回到武士社会中的武士考试问题上来。当按照"增强版形式平等主义"的倡导者的要求对武士考试做了调整,弥补了考试的偏向性后,这个考试确实能够(在字面上)预测武士未来的表现,因此是完全正当的。然而从机会多元主义的视角来看,这个考试还是机会结构中一个有问题的部分——如果代价不是不能接受的话,我们还是应当改变它。

同样,有些人认为某些考试,可能也包括"格里格斯案"中的那个智商测试在内,可以很好地预测人们在许多工作甚至

---

① 参见 Laura Koppes Bryan & Jerry K. Palmer, *Do Job Applicant Credit Histories Predict Performance Appraisal Ratings or Termination Decision?* 15 PSYCHOLOGIST-MANAGER J. 106 (2012) (发现信用历史"和表现评估分数或者解聘都没有关系")。

是在所有工作中的表现①。这些论断很有争议性，但还是让我们来探究那些最极端（最不合理）的例子。假设有一种单一考试，即大考，确实能够最准确地预测一个人将来在所有工作中的表现，那么在这种情景下，决策者会面对一些权衡考量。如果他们采用与具体工作更为相关的考试或者选择方法，相对于只以大考成绩为标准来说就会牺牲一些对将来工作表现预测的准确性。但是机会多元主义认为，采用多元的考试和标准有其独立的价值，值得为此降低一些工作表现预测的准确性。理由就是这样做对避免将社会建构在大考之上是有价值的。考虑到这里的权衡不需要我们放弃最有效的大考，最佳的平衡是在某种方案相对其他方案具有最大优势时，将其适用于某项具体的工作录取中。当其他方案也具有相当的优势时，应该采用其他方案。在这个程式化的情境中，大考成绩作为对未来所有工作表现的预测是正当的，而不是随意的——然而这并不意味着在考虑了机会平等主义的价值后，悉数采用大考成绩就是最好的政策。

此外，从机会多元主义的视角来看，不是所有随意的政策和要求都会带来严重问题。假设一个雇主设置了一个自己特殊的要求，这个要求可能完全是随意的，但是它对机会结构的影响甚微。可是如果其他雇主也都采用同样的要求，使这个标准从仅仅阻碍了几条路径变成所有人在获得机会结构中的某些

---

① 参见如 Amy L. Wax, *Disparate Impact Realism*, 53 WM. & MARY L. REV. 621, 641（2011）（"对总体认知能力的衡量……基本上对各种工作而言都是最能够预测工作表现的"）。

重要路径时都必须通过的瓶颈,这种要求就成了问题。我们需要不同的概念工具来解释这一点——一组与正当 vs. 随意这个问题相互作用的工具。

(三) 瓶颈的严重程度

当一个瓶颈限制了机会多元主义,将机会结构推向单一化的方向时,我们就会称这个瓶颈是"严重"的。有两个因素决定着哪种瓶颈最严重。首先,要看这个瓶颈有多"普遍"——有许多通向各种形式的人的兴盛的路径①,而受到这一瓶颈影响的路径范围有多广?其次,这个瓶颈有多"严格"——是绝对的标准、强烈的偏好,还是一般的偏好?这种严格程度的因素和正当 vs. 随意的因素相互正交。

最严重的瓶颈存在于具有严格种姓制度或者性别角色制度的社会中,也能在大考社会这样的社会中找到。在这些例子中,那些来自不合适的种姓或者性别的人,或者那些考试失利的人都会被严格地(绝对地)排除在很多机会之外,不是只有几条路径对他们而言是受限制的,而是有很多路径都是他们根本无法追求的。因此这些瓶颈既是普遍的,也是严格的。

普遍性和严格性都有个度的问题。一所大学可能不会将标准化数学考试中的高分作为严格的录取要求,但是仍会将这个考试成绩视为虽然不具有决定性但仍是相对重要的因素。在这种情况下,考试仍然会构成瓶颈——无论它是正当的,比如说

---

① 参见本书第 278 页起的第三章第三节。

招收物理专业的研究生；还是随意的，比如说招收音乐表演专业或者英语文学专业的本科生。当然现在这个瓶颈已没有过去那么严格了。

当代世界中的歧视，通常是以不那么严重但却是非常普遍的瓶颈形式出现的。如果一个人的阶级背景、口音、种族、体重、吸引力，对这个人是否能在许多工作中受聘的概率都有一定的负面影响，那么这些因素就构成了非常普遍的瓶颈（因为它限制的路径范围很广），但不一定是特别严格的瓶颈。这两个因素的"乘积"——有多普遍乘以有多严格——就是严重程度，即瓶颈阻碍了多少可行路径的程度。

在就业领域，一个瓶颈的严重程度通常取决于推行这个瓶颈的雇主占有多大的比例。如果只有很少的奇特的雇主决定在招聘的过程中额外加入信用核查的条件，严格拒绝那些信用差的人，这对总体机会结构的影响会很小。虽然这个瓶颈很严格，但因其不普遍，所以也就不严重（或者我们可以换一种方式来看这个情况：如果一个人运气不佳刚好遇到这样的雇主，那么较差的信用会略微降低其在该领域或者行业中受聘的总体机会。这么看的话，这个瓶颈是严格的，但一点儿也不普遍。不管怎样，很容易看到这个瓶颈是不严重的①）。但是如果很多雇主都拒绝雇用有信用不良历史的人，那么信用历史这个条件就成了严重的瓶颈；如果有很大比例的各行业雇主都提出这样的要求，那么这个瓶颈就是非常严重了。

---

① 将严重性视作普遍性与严格性的"乘积"，意味着在原则上，严重性应当独立于这些视角的变化。

瓶颈的严重程度,在对就业歧视的诉讼中并没有扮演公开的角色。在第二章讨论的"格里格斯诉杜克电力案"中,美国最高法院的裁定是:智商测试(以及要求高中文凭)对黑人申请者构成了差别性影响,然后法庭迅速将争论转移到了正当性和随意性的问题上。法庭探究的是这些测试条款是否对就业构成了"人为的、任意的和不必要的障碍",并造成了对一个种族的差别性影响①。法庭评估了这些测试在商业上是否必不可少,而没有去考虑有多少雇主采用了这些测试。

如果我们退一步再来看为什么这个案子能在法庭立案,就会发现某个类似反瓶颈原则的东西才是整个事件的核心。在1964年美国国会通过《民权法》,尤其是其中的第七章后不久,"公平就业机会委员会"(Equal Employment Opportunity Commission, EEOC)的律师就意识到,许多公司在此前几年已经开始在招聘和晋升中采用与"格里格斯案"中类似的测试,如笔头能力考试等,这种考试已经被运用得很普遍,已经成为"少数族裔上升的重要障碍"②。EEOC 的这些律师推动通过新的法规来限制采用类似的考试,并在1966年通过第一条这样的法规③。"格里格斯案"中的原告认为,杜克电力公司只是许多在《民权法》第七章生效后开始将智商测试作为招聘要

---

① Griggs v. Duke Power Co., 401 U. S. 424, 431 (1971).
② Alfred Blumrosen, *Strangers in Paradise*: Griggs v. Duke Power Co. and the Concept of Employment Discrimination, 71 MICH. L. REV. 59, 59 – 60 (1972).
③ EEOC, GUIDELINES ON EMPLOYMENT TESTING PROCEDURES (Aug 24, 1966).

第三章 机会多元主义

求的公司之一①。原告强调，如果允许被告在没有证明智商测试的要求与所招聘的具体工作相关的情况下就任意采用这些要求的话，那么"这个国家中的任何一个雇主都有绝对的自由"采用同样的要求，这就会制造出"非常巨大"的障碍②。EEOC 的指导原则就是针对这个问题的，它要求雇主只能采用"以与具体工作相关的标准选择出来的考试"③。

法庭在"格里格斯案"中采纳了这个理由，认为"采用的任何考试必须用于衡量一个人是否适合特定的工作，而不是去衡量一个抽象的人"④。EEOC 和法庭所做的决定，只是要求各种考试必须针对不同的工作，并没有消除这些考试带来的瓶颈，但毕竟缓解了这些瓶颈，使这些瓶颈不再那么普遍，因此也就没那么严重。在"格里格斯案"之后，各种考试仍然可能会阻碍人们获得某些特定的工作，但是没有一种考试，或者相关的一组考试能够产生让 EEOC 律师所担心的普遍影响。

一个求职者在考察了所有可能对自己开放的机会后，他会发现某个瓶颈对其带来的影响是最严重的，即对他而言这个瓶

---

① 参见 Brief for Petitioners 第 11 页，*Griggs*, 401 U. S. 424（No. 70 - 124）（注意到"第七章通过后，招聘中采用测试要求的越来越多了"）。"格里格斯案"中的原告引用了采纳差别性影响理论的前例和 EEOC 的决定。这些以前的案例中有很大一部分涉及类似的测试——有些是与"格里格斯案"完全一样的测试。同上，第 6、19～25 页及附录。
② 同上书，第 14、18 页。
③ EEOC, GUIDELINES ON EMPLOYMENT TESTING PROCEDURES 3 - 4（Aug. 24, 1966）.
④ *Griggs*, 401 U. S. at 436.

颈是最普遍、最严格的。而法律工作者则对这种差异以及下面将要谈到的有多少人会受到这个瓶颈的影响相当敏感，这是有道理的。比如，越来越多的雇主开始越来越普遍地在招聘中进行信用核查，这已经促使美国好几个州的立法者在近年来相继通过有关的立法来限制使用这一要求①。许多这类新法规在设立时——包括 EEOC 在限制这种做法时——引用了雇主问卷调查的数据来证明，在招聘中采用信用核查的做法越来越普遍，"从 1996 年仅被 20% 的雇主采用，到 2010 年被 60% 的雇主采用"②。新的法律没有完全禁止雇主进行信用核查，但是将其限制在相对较窄的工作范围内，比如与金钱打交道的工作。就"商业上的必要性"而言，信用核查的范围究竟应该被推得更广一些，还是应该受到更加严格的限制，这还存有争议。但是，推行这种立法的州，还是通过大力缩小适用信用核查工作的范围，做了一件有益的事。它们让信用核查的瓶颈不那么普遍，因而也就不那么严重了。

其他一些缓解瓶颈严重程度的努力集中在严格程度上。比如，许多雇主都坚决拒绝考虑聘用有过犯罪记录的人，这制造了严重的瓶颈。作为回应，有几十个城市和几个州最近都通过

---

① 我在写作本书时，总共有 10 个州已经通过了这样的法律，多数是在 2010 年以后通过的。参见 Joseph Fishkin, *The Anti-Bottleneck Principle in Employment Discrimination Law*, 91 WASH. U. L. REV. ＿＿＿ (2014, 待出)。

② Act of May 17, 2012, Pub. L. No. 154, 2012 Vt. Legis. Serv. (S. 95) [佛蒙特州的法律规定禁止信用核查，并在法律文本中引用了人力资源管理协会（Society for Human Resource Management）的调查数据]。

第三章 机会多元主义

了"禁止选框"的法律或法规。这些法律和法规要求删除求职申请表格上关于求职者是否有过犯罪记录的选框①。有意思的是，这里所表达的理念不是要敦促雇主应该同等对待求职者，包括过去有过犯罪记录的求职者。在这些法律的规定中，雇主仍有权力在申请的后期阶段询问求职者是否有过犯罪经历（比如在面试时），然后以此为理由不予聘用。"禁止选框"的作用只是避免那些曾经有犯罪记录的人会在最初申请时就被排除在外。因此，"禁止选框"只是给了曾有犯罪记录的求职者一个机会，以便他们可以说服雇主，尽管他们有过犯罪记录，但仍然是这个工作的最佳人选。有了这种机会的效果，就是将这个瓶颈变得稍微不那么严格了，因而也就稍微不那么严重了。

特定瓶颈的严重程度衡量了其对机会结构能够施加多大的影响。但是从政策制定者或者改革者的角度来看，机会多元主义也要与其他的价值观相互平衡。因此，随意性和正当性的问题也很重要，因为它们反映了这种权衡。我们可以通过下列方式（图3-1）来表示这些变量之间的互动②。

缓解随意而且严重的瓶颈——也就是图3-1中的右上象限——是特别引人注意的。我们的法律体系有时就是在这个地方发挥作用。但是从机会多元主义的角度看，缓解右下象限（随意和不严重的）和左上象限（严重和正当的）的瓶颈也是有必要的。

---

① 更完整的讨论参见 Joseph Fishkin, *The Anti-Bottleneck Principle in Employment Discrimination Law*。
② 这个图只是一个简化，"严重"是两个变量的组合："普遍"和"严格"。

```
            严重（普遍和严格）
                  ↑
                  |
     正当 ←———————+———————→ 随意
                  |
                  ↓
                轻微
```

图 3–1　对瓶颈进行分类

右下象限的瓶颈是轻微（不严重）但是随意的。比如，设想很多雇主都对口齿不清的人抱有轻微但是随意的偏见，或者有很少几个雇主对他们抱有强烈的偏见。机会多元主义给了我们一个理由来尝试缓解或者消除这样的瓶颈。从机会多元主义的角度看，如果瓶颈相当严重的话，那么对其采取行动的回报也会更大，但是这些瓶颈的随意性，也意味着我们没有理由不去缓解或者消除它们。①

最有意思的例子可能在左上象限：严重但是相对正当的瓶颈。为了使机会结构更加多元化，即使这些瓶颈是正当的，我们也应该试图通过各种方式来缓解它们。在有关残疾的领域中有一些人们熟悉的此类瓶颈。比如说移动障碍。假设轮椅使用者现在无法进入任何雇主所在的建筑。这种情况下，不需要使用轮椅的移动能力，对这方面有残疾的人而言就成了严重的瓶颈，绝对地阻碍了他们的所有工作机会。有障碍的建筑设计实

---

① 我在这里做了一个（合理的）假设，认为不存在重大、正当的理由来支持这个偏好。

第三章 机会多元主义

际上制造了一个轮椅使用者无法通过的狭窄瓶颈，必须通过它才能得到各种各样的工作——以及工作之外的许多机会。在修建这些建筑的时候，这种有障碍的设计可能是随意的。但是假设这些建筑已经建好了，我们在后期对其进行改造会带来高昂的建设费用，公司希望避免支出这些费用也是正当的。在这种情况下，机会多元主义要求，至少应该对一些建筑进行改造，以便为轮椅使用者提供基本的便利，这个理由是很有力的。因为这个瓶颈很严重——即使在很多情况下这个瓶颈的存在是正当的。

在另一种情况下——如果在几千个工作场所中，只有一个是有障碍的场所——那么，这个瓶颈就不严重了，机会多元主义要求必须提供便利的理由也就显得单薄了。关于为残疾人提供便利的法律本身，一般不会要求去调查有多少工作场所是存在障碍的（即瓶颈有多普遍），但是最初立法者设立这些法律的决定一般都源自此类问题①。此外，这些法律很少要求对所有的建筑，或者所有的结构都进行彻底的改造。相反，通过各种规则和测试，这些法律在缓解这个瓶颈的价值和其他价值之间找到平衡，这包括了使这些建筑成为无障碍建筑所需的经济代价。结果是通过一种比较机会主义的出击方式，使这个瓶颈在总体上不那么普遍——出击的目标是瓶颈最随意的例子，而不是瓶颈最正当的例子。

机会多元主义必须始终与其他价值保持平衡。这个例子涉

---

① 比如，美国国会通过了《美国残疾人法案》，理由是国会发现对残疾人的歧视是"严重和普遍的"，遍及"就业、公共住宅、教育、运输、通信、娱乐、监狱、医疗、选举、享受公共服务等重要领域"。42 U. S. C. §12101 (a) (3).

及的唯一一个其他价值,就是将这些建筑改造为无障碍建筑的经济代价(在这个例子中,也只有这些代价才使瓶颈具有一定的"正当性")。在其他例子中,相关的权衡可能不在经济方面。比如,可能是某些机构的使命在行为上造成了瓶颈。在缓解一个瓶颈时,如果我们是从相对权衡(无论是否要付出经济代价)的角度去思考该瓶颈相对的正当性或者随意性,那很明显我们首先需要明确是谁在谈这个问题。如果从一个所在建筑难以改造的机构角度来看,那么造成轮椅障碍的瓶颈相对是正当的;但是同样的瓶颈如果从一个决定新的建筑规范的社会角度来看,就远没有这么正当了。从后者的视角来看,这个瓶颈应该就是完全随意的了:没有强有力的理由让在建设新建筑时继续强化这个瓶颈。

因此,虽然最好是从需要通过瓶颈的人的角度来考察一个瓶颈的"严重程度",但是瓶颈的"正当性",在不同的机构参与者看来往往各不相同,或者同样的人在不同的时间点上看法也不相同。在实际层面,为了缓解瓶颈,应该从不同机构的参与者和个人的角度来判定:①谁最有能力缓解瓶颈;②谁能够在这样做的时候付出的代价最小,或者对其他正当目标的影响最小。这样做是有益的,但是这不意味着判定瓶颈的正当性和随意性只是视角的问题。

机会平等主义工程的一部分就是要将我们的聚焦点从某个单一参与者的决定和视角转移到机会结构的总体形态上。当我们决定哪个瓶颈具有相对正当性、哪个瓶颈具有相对随意性时,我们首先应当斟酌的是总体上这个瓶颈给社会带来的总代价(和益处)。然而个人和机构参与者的视角与下面要谈到的问题十分相关,也就是应当由谁来承担缓解特定瓶颈的责任和代价。

哪怕是具有十足正当性的瓶颈也会使机会结构变得不那么多元化。瓶颈越严重,就越是如此。因此,有很好的理由来缓解正当性的瓶颈——但是这些理由也是可以被废止的。

(四) 有多少人受到这个瓶颈的影响?

如果我们不仅希望理解瓶颈影响一个人的方式,还想理解瓶颈影响整个社会机会结构的方式,我们就需要注意另一个问题,即有多少人受到了这个瓶颈的影响——并且在多大程度上受到了影响?机会结构从每个人的角度看都不一样。有些瓶颈对一些人的影响很大,而对其他人来说则毫不相关。

一些瓶颈可能是严重的,但是只影响少数人。比如,在社会生活的诸多方面都存在着对数量极少的少数族裔的广泛、普遍和相对严格的歧视。按照我对严重程度的定义,它衡量了一个人在"机会结构中有多大部分受到了瓶颈影响"——而不是有多少人受到了影响。反过来,有些瓶颈可能会影响到多数人甚至是所有人,但其影响并不严重。受瓶颈影响的人数,以及这些人受到影响的程度,构成了一个独立于这两点的第三个变量。对我们研讨的目的而言,重点关切的是受到影响的人数和受到影响的程度的乘积(当然,有些瓶颈可能对少数人影响非常严重,而同时对大多数人则影响甚微①)。

---

① 这种情况下,在概念上我们应当可以将这两个乘积加起来——即对少数人的大影响,加上对多数人的小影响——来表述瓶颈在多大程度上影响了多少人这个问题。

受到瓶颈影响的人数和根本无法通过瓶颈的人数是不一样的，这一点很重要。在大考社会中，那些考试失利者是受到瓶颈影响最大的人：他们发现由于没有通过特定的考试，自己的人生机会变得无比狭窄。但是即使那些通过了考试的人，他们所受的教育——以及在极端情况下，他们的整个成长过程——都被未来将要发生的考试刻下了不可磨灭的痕迹。由于大考的成绩对人人都会产生巨大的影响，如果我们想让社会的机会结构变得更加多元，我们就不仅需要增加通过大考瓶颈的人数，我们还必须改变机会结构自身，以使得特定考试的成绩变得不再那么重要。

当然，增加通过考试的人数是有帮助的。这将使受其影响的群体（未通过考试者）由多数人变为少数人，从而在总体上来看，考试瓶颈造成的影响比原来要小得多。实际上，增加通过考试的人数可能还会产生更为广泛的影响：如果我们允许更多的人通过这个瓶颈，以至于差不多所有的人都可以通过考试，而不能通过考试的只剩下极少数的人，那么这很可能就会使考试本身的重要性对多数人的人生而言有所下降，这会创造出更多的时间和空间让人们去追求其他各种目标，并且对人生抱有不同的看法（这能否发生是一个实证的问题，如果考试失利对机会的限制足够严重，那么即使存在很小的风险也会变得十分严重）。当产生出这种影响时，增加通过考试的人数就会使机会结构变得更加多元。如果不能产生这样的影响，那么增加通过考试瓶颈的人数的好处，就只在于能让更多的人通过瓶颈从而获得更多未来对自己开放的机会①，这对机会结构的总体影响是有限的。

要真正实现机会的多元化，我们就需要让各种瓶颈变得不那么严重。也就是说，我们需要重新塑造机会结构，减少瓶颈阻碍的部分。这也意味着除了让更多的人通过某些瓶颈外，我们还需要做许多额外的事情。

（五）怎么处理瓶颈？

有时直接消除瓶颈是可行而且理想的办法。如果你是一个能够控制瓶颈的参与者，特别是能够控制相对随意性的瓶颈时，那么你就有很好的理由（促进机会多元主义）来消除瓶颈。然而，当一个瓶颈的存在至少有其一定的正当性时，或者当存在着其他必要的因素与消除瓶颈的要求相左时，或者最终当我们缺乏消除瓶颈的能力，而能够消除这些瓶颈的人又不愿意这样去做时，我们就需要知道究竟该怎么处理瓶颈。

一般来说，对于我们无法完全消除或者不应该完全消除的瓶颈，机会多元主义提供了两条缓解这些瓶颈的办法：

（A）改善那些使个人能够"通过瓶颈"的机会（让这些机会更有效，人们能够广泛地接触到）；

（B）创造"绕过瓶颈的路径"，使一个人能够不通过瓶颈就获得受人珍视的物品和机会。

---

① 至此为止的论点都与对聚合问题的各种处理办法相兼容——比如我们应当如何在缓解一个影响一个人的严重瓶颈和缓解一个影响很多人的轻微瓶颈之间进行权衡。参见本书278页起的第三章第三节（论解决这个问题的优先主义办法）。

假设美国的许多雇主要求自己的雇员必须会讲英语。假设这个瓶颈在许多情况下是正当的，因为它与胜任许多工作紧密相关；再设想缺乏这个技能不仅会在就业领域，而且会在生活的方方面面堵塞一个人通往许多终点的大量路径，当然会有一些新的不需要讲英语的工作或者社会角色，但是数量不多①。因此这个瓶颈落在了图表的左上象限，即严重但（大体上）是正当的。机会多元主义建议我们（A）改善不会说英语的人学习英语的机会，与此同时（B）试图增加不需要说英语就有资格获得的有限的工作和社会角色等。

虽然我刚刚把这个瓶颈视为"在许多情况下是正当的"，但很可能在一些工作中，是否会讲英语与完成工作实际上毫无关联——或者如果工作按照一种新的、同样合理的方式重新构建后，讲英语和完成工作就没有联系了，但是尽管如此，会讲英语还是重要的。在实际上不需要的地方放松或者去掉这个要求能够推进（B）的目标。我们应当能够首先针对最为随意的要求，这样就可以减轻瓶颈的严重程度。我们可以把这个两步走的办法应用到许多瓶颈上。比如很大比例的优质工作都需要大学文凭而造成的资格瓶颈。我们要（A）使人们更方便地接触到更容易获得这些文凭的机会，同时（B）拓宽不需要大学文凭的工作范围。

追求（B）有时似乎会影响我们追求（A）。还是回到讲

---

① 关于缺少对占主导地位的语言的接触如何限制了机会的优秀论述，参见 PHILIPPE VAN PARIJS, LINGUISTIC JUSTICE FOR EUROPE AND FOR THE WORLD 91–106 (2011)。

英语的这个例子中来，开放更多的机会来绕过瓶颈（B），带来的影响可能是扼杀了促使不会说英语的人学习英语的激励因素。

这个问题是真实存在的。有一些带有家长作风的方案，通过让其他路径都不能通向人们想要到达的终点，而将人们分流到对他们而言最好的路径上。如果我们的目标是使机会结构更加多元化，那么就至少应当对这类方案持一定的怀疑态度。对个人自主的尊重和对不同个人境遇的理解要求我们避免用这样的方式来堵塞路径，除非确有实际的因素有力地证明，使用这种粗暴的家长作风的办法最终能够有效地帮助每个人对未来做出最好的选择。正如在所有涉及家长作风的问题中，年龄始终是一个因素。相对成年人，我们可以更合理地对儿童使用这一类扼制手段。如果一个14岁的儿童决定退学，并认为对他来说只有这样才能获得自己最兴盛的人生，那么成年人有理由怀疑他的这种选择是否正确，他是否真的能够通过这种方式在人生的整个过程中追求人生之善的路径。

更为不寻常的是，对（A）的追求有时会影响我们对（B）的追求。比如，我们那个"机会之地"和"贫困之地"的程式化例子。一个极端情况是，当"贫困之地"的条件只能提供最有限的机会，甚至都不能提供人身安全的环境，那么地理位置就成了严重的发展瓶颈。机会多元主义建议我们（A）为"贫困之地"的人创造更多的搬到"机会之地"的机会，同时（B）为那些留在"贫困之地"的人创造更多的途径，以使他们能够得到发展的机会，比如良好的学校和人身安全等，使他们在那里也能够追求广泛的路径。这里，（A）对

(B) 造成的不良影响反映了一种可能性，即那些有机会脱离"贫困之地"的人可能会使那些留下来的人的情况变得更加糟糕①。这里有无法摆脱的权衡问题，而造成的损害程度是很重要的一个考虑因素。但是总的来说，机会多元主义还是反对以限制对一些人开放的路径——在这里就是限制离开"贫困之地"的路径——来间接地创造或者保留对其他人的益处。

在一些条件下，两个策略中只有一个是合适的，如果(A) 或者 (B) 无法实现，就会造成严重的负面影响，或者会使其与其他重要价值的冲突过于尖锐，那么提倡机会多元主义的人应该把精力集中到剩下的可行策略上。比如，假设瓶颈是种族歧视，某个种族群体的成员因此在许多领域都难以通过就业把关者所设的障碍。在这种情况下，解决方案就不可能是简单的 (A)，即创造条件让人们去更改族裔，即使这是有可能实现的。让人们为了能够追求本应对任何种族开放的机会，而改变自己身份中如此重要的一个方面，这种要求实在是有些太过分了。对这一问题的解决方案是完全致力于 (B)，即减少对这些种族群体进行歧视并做出不利行为的雇主或者相关把关者的数量，或者减少这些把关者的歧视或者不利程度，或者二者兼有。如果能成功地让许多领域的决策者降低他们的歧视程度，就会使这一瓶颈变得不那么严格；如果有歧视倾向的决

---

① 参见如 Richard Ford, *Down by Law*, in A WAY OUT: AMERICA'S GHETTOS AND THE LEGACY OF RACISM 47, 48–49 (Joshua Cohen et al. eds., 2003) （观察到当城市贫困人口中不那么弱势的人搬到中产阶级所在的社区后，会加剧"剩下人的孤立感和无力感"）。

策者所占的比例变少了,就会使这一瓶颈变得不那么普遍。这两种变化都会缓解这一瓶颈的严重程度。

有意思的是,在种族歧视的瓶颈中究竟有多少是基于种族的差别性待遇,即拒绝或者不愿意聘用某个种族群体的成员,又有多少是基于中立的观念,只是由固有的种族差别性影响造成的。当然,这个问题对我们的分析来说并不重要,差别性待遇是有意为之,还是无意插柳并不重要。现实地说,当种族的属性成为瓶颈时,原因通常是这些现象的组合——有意的和无意的差别性待遇以及会带来差别性影响的中立行为。当成为受优待的种族群体的成员由于上述任何一个原因,让自己有机会追求各种路径时,这种限制对其他种族就成为一种瓶颈。许多制度和结构上的干预都能够缓解这一瓶颈。

(六) 瓶颈和工作的内容

雇主和学校等机构参与者所做出的各种选择都会制造、加剧,或者缓解机会结构中的瓶颈。不只是录取决定和招聘要求会产生这种效果,对有关工作和教育课程本身的结构和内容所做出的决定,往往也会产生这种效果①。

琼·威廉姆斯(Joan Williams)举了一个在工厂车间安排任务的例子。其中的一种方法是将任务打包分配,这使得在这

---

① 大体参见 Susan Sturm, *Second Generation Employment Discrimination: A Structural Approach* 101 COLUM. L. REV. 458 (2001) (认为内部工作场所的结构通常会限制机会,并改变那些对反歧视工程的未来能起到核心作用的结构)。参见本书第 348 页起的第四章第三节。

个车间工作的每个工人在每天的劳作中至少要有一两次得举起一个125磅的物品①。其结果是,几乎"没有妇女能够在这个工厂车间工作,或者得到以在这个工厂车间中工作为起点的管理职位"②。然而,如果这个车间在安排工作时将这种任务拆分出来,使得"举起125磅物品"的任务只"分配给少数几个有辅助设备的工人",那么这种工作内容的变化,就会极大地改变在这个车间里从事工作的资格条件。原来那些只是因为不能够通过"举起125磅物品"这个瓶颈,但在其他方面都适合于车间工作的人——这包括"几乎所有的女性",当然也包括很多男性——突然之间就可轻松地通过这一瓶颈,获得到达彼岸的机会,包括晋升和上升的机会③。

在这个例子中,两个商业行为造成了瓶颈:首先,将任务打包,从而使得"举起125磅物品"成为工厂车间中每个人工作的一部分;其次,设计了内部上升的路径("工作阶梯"),使得管理职位都始于在工厂这个车间工作的经历。第一个行为很重要,因为这不是一个在招聘中采用了不合适或者随意的考试的问题。这里的雇主没有像"格里格斯案"中的雇主那样,将"举起125磅物品"的能力作为招聘的条件却不证明其与工作内容有关联,而是清楚地说明"举起125磅物品"就是工作内容的一部分。然而,完成一个商业目标总是存在多种方式的,不同的选择可以重新塑造机会,在这个工厂

---

① JOAN WILLIAMS, UNBENDING GENDER: WHY FAMILY AND WORK CONFLICT AND WHAT TO DO ABOUT IT 77 (2000).
② 同上。
③ 同上。

第三章 机会多元主义

车间以不同的方式设计内部和外部晋升的路径,就会强化或者缓解一些瓶颈。

正如我们在"格里格斯案"中所看到的,美国的反歧视法律禁止对一个受保护的群体采取表面上中立但实际上造成差别性影响的招聘行为,除非这种行为确实有"商业上的必需性"。像琼·威廉姆斯所举的工厂车间这样的例子,它之所以能引发美国反歧视法律——特别是关于差别性影响的法律[①]——重视的唯一原因,是从被排除在这个工作之外的群体与法律上受保护的群体(女性)高度重合。然而,正如威廉姆斯所指出的,在对特定的工作进行重组后,女性并不是唯一的受益者,许多男性也无法"举起125磅物品"(而有些妇女却可以举起)。不同群体之间较大的统计差异,带来了与反歧视法律相关的差别性影响。但只是将注意力集中到这些差异之上,会让我们忽视很重要的一点,即这个瓶颈阻碍了许多人,而不仅仅是阻碍了受法律保护的群体。

机会多元主义将这一点提到显著的位置上。对瓶颈的分析不一定总是要从法律保护的群体出发。相反,我们可以先将"举起125磅物品"的要求作为一个瓶颈来考虑。它排除了一

---

① 原告不仅能够运用关于差别性影响的法律来挑战招聘标准,还能够挑战"雇用的条款、规定和特权","举起125磅物品"的要求就是一个例子。参见 *Garcia v. Spun Steak Co.*, 998 F. 2d 1480, 1485 (9th Cir. 1993)(裁定《民权法》§703(a)(1)"雇用的条款、规定和特权"的段落可以用来提起差别性影响的诉讼)。然而这种诉讼是罕见的。除了诸如只能讲英语等极少数的例子之外,关于差别性影响的诉讼主要集中在招聘和对晋升的要求上,而不是针对条款和规定。

组不能"举起125磅物品"的人(当然,其中女性的比例极高),以及无法经常地或是安全地"举起125磅物品"的人。如果只有一个雇主有这种特殊要求,而大多数的雇主没有这个要求,那么,这个瓶颈就会相对轻微,因为它不是很普遍。但是,如果多数雇主都要求自己的雇员能够举起很重的物品——再加上如果类似的工作在所有的工厂中占据了相当大的比例,或者在提供重要的人的兴盛维度组合的所有工作中占据了相当大的比例①——那么,那些不能举起这个重量的人的机会就将受到极为严重的制约。

然而,为了理解从机会多元主义的角度看,缓解这个瓶颈有多么重要,我们还需要了解得更多。我们需要知道这个瓶颈是如何被嵌入总体机会结构之中的。具体而言,对这个瓶颈的评估需要审视它最终是否会被强化为更加普遍的瓶颈。这里,正如威廉姆斯所说,"举起125磅物品"的要求造成了一个性别瓶颈。也就是说,这个举重能力的要求对妇女的差别性影响,或许会强化在许多工作中排除妇女或者偏好男性的更大的结构。因此,这个性别瓶颈对机会结构的总体影响取决于其在总体上的严重程度——性别瓶颈阻挡了多少机会结构,即这个瓶颈在多大程度上阻止了女性追求通往各种受人珍视的人的兴盛形式的不同路径和路径组合。

---

① 比如,如果工厂里包括了大多数薪金丰厚的工作,或者大多数需要室内体力劳动的工作——或者其他任何一组使那些不能通过瓶颈的人无法追求广泛的机会组合,而这些机会又提供了有别于现有事物的更有意义的事物,那么就可以说这个瓶颈是相当严重的。

第三章 机会多元主义

要回答这个问题，我们需要知道机会结构中还有哪些部分包含了女性很难通过的瓶颈——无论是因为差别性待遇，还是工作内容，或招聘过程中表面上中立的做法。这些瓶颈可能包括对身体的要求，比如，飞机驾驶舱是针对一个特定身高和体重的人群设计的，因此多数女性和一些男性不可能成为飞行员[1]。这些瓶颈也可能是我们第四章讨论的"理想工人"的要求，这个要求会和一个对社会角色的成见共同作用，即女性应当承担超出正常比例的家庭责任。只有当这两个因素共同作用时才会对女性产生差别性影响[2]。这些瓶颈或许只是某种成见，造成把关者做出带有偏见的招聘和晋升决定，不论是对男人和女人应当做什么或不应当做什么的规定性成见，还是影响对求职者做出评价的关于男女能力的成见。

基于对这些更大的问题的回应，"举起125磅物品"的要求可能会构成更加严重的、总体的性别瓶颈，从而使女性无法追求很多路径组合——这可能包括那些报酬更高、通常被视为男性专有工作的路径组合。这个性别瓶颈越严重，我们就越有理由从机会多元主义的视角来重新构建这个工作，消除"举起125磅物品"的元素。因此，我们至少需要有关

---

[1] 参见 Boyd v. Ozark Air Lines, Inc., 568 F. 2d 50, 52 & n. 1 (8th Cir. 1997)（发现航空公司对飞行员的身高要求排除了93%的女性，但是只排除了25.8%的男性，因此带来了差别性影响）。

[2] 参见本书第337页起的第四章第二节（二）（论工作场所的灵活度和性别瓶颈）。

瓶颈在总体的机会结构中居于何种位置的信息,才能判定缓解这个瓶颈的价值有多大。

(七) 将瓶颈置于总体的机会结构中

在一个关于《民权法》第七章的著名诉讼案,即"EEOC诉综合服务系统公司"一案①中,理查德·波斯纳法官(Richard Posner)认为,芝加哥那间由韩国人开办的很小的清洁公司,在完全依赖口口相传的招聘方式进行招聘时并没有构成歧视,虽然这种行为与人们的预测相符,即会造成员工几乎都是来自韩国的移民(这个群体在相关的劳动市场中只占到3%的比例)②。在裁定这一案中不存在种族歧视时,波斯纳法官依据的是这种招聘方式行之有效的论点,即这个公司这么做的动机主要是出于经济上的考虑,而不是基于种族歧视③。

从机会多元主义的角度看,这个法律上的界定似乎忽略了一个最重要的问题——瓶颈的严重程度。经济理性的确有助于我们确定一个瓶颈是正当性的还是随意性的,正如波斯纳法官所做的那样,但是不能告诉我们这个瓶颈是轻微的还是严重

---

① EEOC v. Consolidated Services Systems, 989 F.2d 233 (7th Cir. 1993).
② EEOC v. Consolidated Services Systems, 989 F.2d 235 (7th Cir. 1993).
③ EEOC v. Consolidated Services Systems, 989 F.2d 236 (7th Cir. 1993). 出于和我们的讨论无关的原因,原告只认为有差别性对待,而不是差别性影响,口口相传的招聘方式是否对种族造成了影响不是该案讨论的部分。

的。设想一个场景,在一个种族隔离的社会中,所有的雇主都通过口口相传的方式来招聘和录用人员。在这种情况下,占主导地位的族群之外的人,就会被完全排除在大多数就业机会之外。口口相传的招聘方式,在这种情况下会强化一个严重的瓶颈,其中,进入占主导地位的族群中的网络成为追求很多路径时所必需的条件。即使这个瓶颈具有相对的正当性——假设有很好的理由来偏好这种招聘方式,仍然存在强大的理由让我们来缓解这个瓶颈。

波斯纳法官认为"综合服务系统公司"与我们刚才假设的这种情况有很重大的区别,他详细地阐述了自己的观点:无论在芝加哥总体的劳动市场还是在这个细分的市场(无论如何定义)中,由韩裔人士控制并且不雇用非韩裔人士的公司都不占主导地位。法官认为,这些新移民本身就是"通常受歧视的对象"[1]。移民开办的小型企业采用这种只招聘本国移民的做法,并不会将许多人排除出去。相反,"对许多移民群体而言,这些企业一直以来都是,而且未来也还会是他们通往美国成功的第一步"[2]。这些论断的惊人之处在于,从表面上看,它与波斯纳判决的理由完全不相关。波斯纳判决的依据似乎是基于"综合服务系统公司"的招聘方式有其效率性(因此也有其正当性),从这个角度来看,在这个判决中移民有没有其他的机会应该是不重要的。

---

[1] *EEOC v. Consolidated Services Systems*, 989 F. 2d 238 (7th Cir. 1993).

[2] 同上。

然而，这些论断从反瓶颈原则的角度来看是很有道理的，波斯纳似乎是朴素地认可了这一原则。他指出，即使这家小公司口口相传的招聘方式确实制造了某种瓶颈，使得韩裔移民之外的人很少能来应聘，但是更大的机会结构恰恰被相反的瓶颈所主导了。在更广泛和更重要的范畴中，移民，包括韩国移民在内，都受到了各种限制，很难通过瓶颈追求更多路径。在这种背景下，波斯纳似乎是在告诉人们，"综合服务系统公司"的行为并没有强化机会结构中任何一个主要的瓶颈，而且实际上还让机会结构变得更加多元化①。

从这个角度看，这里的分析和前面讨论的波塞基金会的计划很相似。那个计划规定了只在特定的城市地区进行招募，这的确制造了某种地理瓶颈：只有生活在这些地区的人才能参与。但是这个瓶颈不是普遍的，更重要的是，在精英大学录取这一严重瓶颈的背景下，这些生活在贫困地区和少数族裔居住地区的人，只有极少数的人能通过这个瓶颈。实际上，在这些地区缺乏更广义上的机会这一背景下，波塞基金会的干预能够使总体的机会结构在净值上更为多元化。它为一些路径特别受限的人打开了一条路径，创造了一个途径帮助这些人绕过严重限制他们追求高等教育的瓶颈以及这将限制之后一切机会的瓶颈。

---

① 当然，如果这个劳动市场中的许多机构都采用口口相传的招聘方式，或者其他一些招聘手段，而这些手段的聚合影响确实制造了某个其他群体——比如说黑人——很少能通过的瓶颈，那问题就不一样了。可能这就该考虑 EEOC 对该案的看法了。但是没有这些事实，而且这种方式可能也无法被广泛应用。

（八）瓶颈、效率和人力资本

缓解瓶颈有时会付出效率上的代价。这些代价需要与促进机会多元主义的价值相平衡，没有一个简单的公式来指导我们该怎么做（就如同不存在一个能平衡效率和任何与其竞争的价值的简单公式）。但作为一个起点，恰当地定义这些代价还是很重要的。

比如上面提到的选择飞行员时对身高的要求。对身高的要求将超过25%的男性和93%的女性[1]排除在这一职业之外。一个法庭认为，这个规则带来了差别性影响，但是接着它又认为这有其"商业上的必需性"。飞机在制造时就已经针对特定的身材进行了设计，身材矮小的人很难进行操作；而重新制造飞机将是极其昂贵的。然而，在后来的庭审中，另一个法庭得出结论认为，即使条件如此，但被告公司对身高的要求比实际需要的要严格得多。法庭要求该公司把要求放宽几英寸，但不用取消对身高的要求[2]。换句话说，法庭要求航空公司缓解而不是消除这个瓶颈。通过找到"不那么歧视性的其他方案"，差别性影响的理论通过这种形式实践了反瓶颈原则，使其和与之竞争的效率问题相平衡。

这样的例子引发了另外一个有意思的问题：为什么一些机构一开始就会设定过度严苛的要求——比如排除了93%女性

---

[1] Boyd v. Ozark Air Lines, Inc., 419 F. Supp. 1061, 1063（E. D. Mo. 1976）.

[2] Boyd v. Ozark Air Lines, Inc., 419 F. Supp. 1064（E. D. Mo. 1976）.

求职者的规则?一个简单的经济理性模型认为,公司总是会选择以效率最高的方式来设定招聘和晋升的要求或者改变内部工作的结构。如果总是这样,那么其逻辑结果就是,任何改变招聘要求或者内部工作结构的尝试都会造成一定的经济代价。在这个简单的模型中,所有的歧视都是理性的统计学上的歧视;强迫一个公司停止歧视就是强迫它不按照经济理性办事。一个稍微复杂的模型在一些法律和经济文献中占有主导地位。这个模型认为,机构的行为可以分为两类:要么是从上述角度来看,这个机构的特定选择在经济上是理性的,要么是这个选择源自某个歧视特定群体的恶意动机。这个二分的模型认为,改变前者,即经济上理性的行为会给企业带来实际代价;而改变后者,即出于恶意动机的行为只会让那些老板和其他有这种恶意偏好的同事付出代价①。

在第二个模型中占中心地位的这种区分方法有些刻意为之。因为对理性和恶意的区分并不总是鲜明的,而且认为在雇主的行为中只有这两种类型的假设也是完全错误的。波斯纳法官不是对理性参与模型的后现代批评者,他认为在一些情况中,对雇主的行为最好是用"惯性或者麻木",而不是用经济理性或者恶意动机来解释②。设定招聘和晋升的标准通常是在

---

① 参见如 Christine Jolls, *Antidiscrimination and Accommodation*, 115 HARV. L. REV. 642, 685–687 (2001) (讨论了这些区分)。

② Finnegan v. Trans World Airlines, Inc., 967 F.2d 1161, 1164 (7th Cir. 1992) ("差别性影响的概念之所以得到发展,是为了找出公司由于惯性和麻木而无端地即完全没有必要地,虽然不一定是刻意地——将黑人和女性员工从平等就业机会中排除出去的情况")。

第三章　机会多元主义

不确定的条件下在不完美的评价工具中选择其一。对工作进行设计时，很少有从完美理性的角度或者从真空开始的。成规和传统，更不要说认知上的偏见和无意识的动机，都会塑造各种不同的选择。在恶意动机和经济理性模糊的边界上，还有很多雇主是在酌量该用何种方式来对求职者和工作的关系做出准确的评价。

比如，在美国的城市中经常会有对警察部门招聘和晋升要求提出诉讼的案件，有些诉讼涉及对身体力量或者速度的测试，因为这对女性造成了差别性影响。在这些测试中，有些确实能够准确地预测未来工作的表现。但是如果更高级别的宏观设计者对某些测试的想法不够准确，甚至怀有某种浪漫主义或者怀旧的想法——比如他们的实质愿望就是要招聘那种肌肉硬汉型的人——与实际工作的情况并无关联之处呢[1]？同样的，琼·威廉姆斯所说的那个工厂要求招聘能"举起125磅物品"的工人，可能是出于对效率的考虑，也可能是因为决策者想要某一种类型的工人，其原因的逻辑链条包括一些歧视因素在内。这个逻辑链条就是：我相信身体强壮的男性会是最好的工人，我想要确保我的工人都是最好的、身体强壮的男性，因此我一定要在工厂车间的每个工作中都包括"举起125磅物品"的任务。

---

[1] 比较 Mary Anne C. Case, *Disaggregating Gender from Sex and Sexual Orientation: The Effeminate Man in the Law and Feminist Jurisprudence*, 105 YALE L. J. 1, 70–76 (1995)（讨论了成见的两个不同的层面：一个层面导致雇主假设一些工作需要男性特征，而另一个层面导致他们得出女性求职者缺乏这些特征）。

181　　因此，我们不应该假定所有缓解瓶颈的努力都会造成生产效率上的代价。有些瓶颈比我们想象的更为随意。尽管如此，缓解瓶颈通常确实会让人们付出效率上的代价。

　　雇主和其他机构通常采用会带来资格瓶颈的测试和标准——从不聘用信用差的人到设置"格里格斯案"中的那种测试——一部分原因是这些测试和规则实施起来相对廉价。即使廉价的测试结果有时非常不准确，但在微观的经济意义上仍然是高效的。当①目标是满足某种表现而不是最大化表现；②有很多大致相同的申请者，准确评估他们的优劣所需的成本和仔细选择后雇主所能得到的好处相比十分高昂；③长期的表现难以预测，以至于更复杂更昂贵的测试也不会取得比廉价测试更好的结果时，一个廉价且不准确的测试方法尤其可能成为理性的、在微观层面上高效的选择。同样的逻辑也适用于招聘的方法。比如，一个雇主决定只从朋友和亲戚中招收雇员，这可能是理性的，也就是说在微观层面上是高效的。这个方法不太可能找到最合格的雇员，但是许多企业并不需要雇员有最大化的表现。每当雇主改变一个会不幸加重瓶颈的，但是廉价便捷的测试方法或者招聘策略，而采取更有针对性但是更昂贵的办法时，都会付出代价。在这种情况下，择优录取和微观效率不可兼得。反瓶颈原则要求雇主采取更加择优录取的办法，而不是依据微观效率要求的办法。

　　同时，为缓解瓶颈而进行的改变有时会引起更多的生产力代价。举一个非常简单的例子，假设购买辅助设备后，从前工厂车间里需要每个人每天都要做的一两次的举重任务，如今只用一两个工人就可以完成了。但是，购买设备要花很多钱，这

第三章　机会多元主义

个代价可能是短期的，也可能是长期的。

有些改革，即使从长远来看在微观上也是低效的，但有可能在宏观上则是高效的。原因之一在于缓解瓶颈有利于人力资本的有效使用和发展①。设想一下，如果几乎所有的工厂都与上述工厂车间的组成类似，那么社会中只有1/3身体最强的人才具备能力完成这些工作，因为所有的工厂都是这样组织的，以至于所有工作人员都必须能完成包括"举起125磅物品"的任务。这个例子是程式化的，但是其要点很简单：在这种情况下，即使辅助设备昂贵到在微观层面怎么看都是低效的，但是这样做也能增大潜在工人的人才库，使其包括剩下的2/3劳动人口，从而提高宏观效率。在补贴这种微观层面上低效，但宏观层面上高效的结构性变革方面，国家应该扮演一定的角色。国家甚至应该选择补贴那些不仅在微观层面上低效，而且在宏观层面上也略微低效，但总体上却是理想的变革，因为这会影响机会多元主义。

机会结构塑造了人力资本发展的模式。一个相对单一的机会结构会在早期就封闭专业化的职业。当只有几个标记明显的路径能够通向成功，而且在每个阶段都会有很多人竞争极少的

---

① 参见如 Michael Ashley Stein, *The Law and Economics of Disability Accommodations*, 53 DUKE L. J. 79, 155 – 157（2003）; David A. Strauss, *The Law and Economics of Racial Discrimination in Employment: The Case for Numerical Standards*, 79 GEO. L. J. 1619, 1626 – 1627（1991）; Cass R. Sunstein, *Why Markets Don't Stop Discrimination*, in FREE MARKETS AND SOCIAL JUSTICE 151, 157 – 158（1997）。

位置时,及早发现儿童的长处,然后让他们尽早接触这些能发展他们特定才智的机会是合理的。与之形成反差的是,一个更加多元的机会结构会在更长的时间上给更多的人提供更加完整的发展机会。这样做的代价也许是高昂的,也许更有意思的反驳是,这或许会使人很难或者不可能在专业上达到极端出神入化的境界。

假设是这样,比如,最好的小提琴家,或者最优秀的体操运动员,或者象棋神童,都必须在其幼年时就被从学校中选拔出来,然后让他们只接触与其相关的具体领域的发展机会,只有这样才能够发展出他们的最大潜力。那么,机会多元主义有可能产生代价,不仅给具体的个人,甚至可以想象也会给整个社会带来代价。这里所说的社会代价,即由于我们把孩子都留在了学校,从而造成有才能的小提琴家、优秀的体操运动员和象棋神童变得少了一些的社会,当然,这很难在实际中得到验证。一部分原因是让天才儿童正常上学,进行同其他正常机会相兼容的训练应该能给他们带来不少好处,我们很难评价如果将其他路径切断,然后对这些天才儿童进行特殊培训,究竟能得到多少额外的好处。但是让我们假设第一种做法确实会带来一些代价。

除非这个代价是极其严重的,否则机会多元主义强烈反对过早地限制人们的机会。要求年轻人(或者使他们有能力)在特定的方向上发展,尽量排除其他的人,这不仅会使这些年轻人失去追求其他路径的机会,还会使他们失去形成不同指向和设想追求不同人生的机会。虽然这些年轻人可能对自己的选择抱有信心——实际上,他们甚至会强烈认同这些一开始就为

第三章 机会多元主义

自己做出的选择,但是,他们如果追求一条既能平衡专业训练,又能接受正常教育的更为中间的路径,那么他们对自己能够选择的其他路径,或者对自己的看法就会有更加全面的理解。

这种极端专业化带来表面上好处的同时也带来了其他代价,即排他性。本来一个人可以在正常上学的同时,也能在一个专业领域有出类拔萃的表现,但是如果在竞争中,偏向的是专业训练而不是正常教育,而且这个专业训练确实对竞争更有帮助,那么机会结构很快就会变得不那么多元了,因为每个想在这一领域有所追求的人要么就得很早地开始专业训练,要么就根本不能再去碰它(通常,越早期做出的决定,就越会是由父母和家庭驱动的,即便不是由他们直接决定)。总的来说,对过早进行专业训练的要求会造成不那么多元的机会结构——无论是对追求早期专业训练以便排除其他竞争者的人,还是对那些不这样做的人都是如此。因为这使得他们没有机会在自己长大后能够(在一定程度上)选择追求相关路径时做出自主的选择。

发展更多元的机会结构会带来效率上的代价。让多数人长期接受正常的教育而不是专业教育,让许多路径始终保持开放的状态,从机会多元主义的角度看,这是现代社会一个最美好的特征(在美国,大学学生相对来说没有划分专业,这一点比多数国家走得更远)。但是如果人们要完成复杂的任务,专业化又是必需的。从机会多元主义的角度看,推迟学生必须开始选择路径的时间没有什么神奇的;相反,重要的是要探究其他路径是在什么时候,又在多大程度上被关闭了。机会多元义建议我们将许多路径的初始阶段保持开放，使得即使一个人做了选择之后，也有可能在之后的某个生活阶段通过工作或特定的培训后而转行。

（九）瓶颈的潜在益处

前一节讨论了缓解瓶颈的一些代价。但是我们也可能会为了保留瓶颈带来的优惠益处而反对缓解某些瓶颈。从概念上讲，瓶颈至少有三种益处。第一，我们已经讨论过瓶颈引导和限制人们的偏好和指向的方式。总的来说，我认为这种引导和限制是很有问题的影响，但是反过来我们可能又会认为，这也是有某种益处的。比如，大学录取的瓶颈会迫使高中生将更多的精力放在家庭作业上。第二个与瓶颈紧密相关的益处是，竞争激烈的考试这种资格瓶颈的存在，可能会激发人们在生活中更加努力，它不仅给予人们一个明确的目标，而且还会激发竞争的本能，或者对失败的恐惧，在这种情况下，瓶颈会是一个动力。第三点是，尤其是在一个机会结构已经相对多元化的社会中，如果选择太多怎么办？一些人或许在可选路径更少而不是更多的时候会感觉更快乐，从这个意义上讲，他们可能把某些限制他们机会的瓶颈视为有益的。

这三种观点在广义上都可以被表述为对机会多元主义工程的反对意见，或者被表述为狭义的有针对性的具体例子。在这一节中，我想简要地提出一些能够很好反驳这三种广义上的反对意见的理由，虽然这三条反对意见中一些更狭义，更有针对性的版本确实能够有助于我们理解在进行权衡后应当缓解哪些瓶颈。

第三章 机会多元主义

让我们从对偏好和志向的引导开始讲起。让我们假设，说服学生将精力投入学业之中是有益处的。当然，我们可以把这一点推得更远，但是总体上来说，上学的确是对追求人生许多路径的必要准备，实际上也是发现许多路径的必要准备。这就是为什么我们会要求学生必须在学校里待到一定的年龄；出于同样的理由，让他们将精力主要用于学业。在不过分的情况下，这是十分有益的，大考的设置可能正是达成这一目标的一种强力手段。

这种影响之所以可能有益处，其原因在于：上学能使一个人获得基本的发展机会，正如第二章所讨论的。上大学是一个发展瓶颈：一个人只有上大学才能追求人生中的多数事情。这个事实本身创造了强大的结构性激励因素，使学生将主要精力投入到学习中。大考的额外影响就是让这个结构对学生来说，变得更为明晰和重要，将他们重要的短期或者中期激励因素（通过考试）与长期的激励因素（获得基本能力）一致化①。没有考试，还有其他办法来取得一致化吗？——从说服到社会规范，再到帮助学生理解他们在人生中将要面对的真实的机会结构形态。当存在最基本的发展机会时，从定义上来讲，很难帮助人们绕过瓶颈（虽然我们应当尝试）。我们应该做的主要是帮助他们通过瓶颈。用考试一类的瓶颈来哄骗他们是一个办

---

① 这里为了论述的需要，我假设该考试的设置非常完美，以至于对考试的准备的确使学生获得了以后生活中所需要的最基本的技能。但是没有哪个真实的考试是这样的。然而当我们必须设置一些带来重大结果的考试时，试图改进考试的设置是值得做的事。

法；在存在其他限制的情况下，这可能还是最好的办法。但是作为一种理想，我们应当试图帮助人们更全面地了解他们可能面对的机会结构，并为他们提供有效的指引。

对瓶颈的这一益处另一种更有针对性的解读是怎样的呢？如果所有人，或者一些人努力工作只是因为必须这样做才能通过机会结构中的重要瓶颈，那结果会如何呢？这一点值得我们严肃思考：竞争能够而且通常会使人们更加努力地工作，这些努力对做出努力的人而言，在社会意义上是有用或者有益的。这里的第二个论述，取其最广义的形式，构成了对"条件二"的反驳，认为"条件二"从心理学角度来看是不可能实现的。这个看法是说，人们根本不会也不可能像珍视与位置相关的物品以及竞争性的角色那样去高度珍视与位置无关的物品以及非竞争性的角色——或者说，随着人们的偏好朝着更多元的方向移动，其带来的一个副产品就是不会再那么努力地工作了。我们很难评价这个心理学论述的优劣。但是即使它完全成立，我们还是有很好的理由来赞同"条件二"。构建一个竞争超级激烈的社会，在其中人人都必须竭尽全力，只是为了登上机会金字塔上更高更窄的台阶，这就如同约翰·沙尔那个引人入胜的机会平等的反乌托邦梦想，只不过我们的版本不那么奢靡，却多了些工作狂的情结①。

此外，机会多元主义工程并不等于建设一个没有竞争的社会。只要存在稀缺，就会有竞争；任何真实的社会中都会有许多稀缺和竞争。机会多元主义致力于降低这些竞争的赌注，鼓

---

① 参见本书第 111~114 页。

第三章 机会多元主义

励人们珍视各种不那么有竞争性或者不与位置相关的角色和物品。因此，那些相信来自竞争的动力在人的深层心理中始终占据动机主导地位的人应该振作起来：如果他们是对的，那么在真实的社会中保留的任何竞争，都会给人们提供许多这种形式的动机；如果人的动机是大相径庭的，而且与环境相关，那么朝多元的机会结构前进，就会给人们带来许多类型迥然不同的目标，有些目标是有竞争性的，也有许多目标不是，人们可以在这些目标中为自己做出最终的选择。说了这么多，要表明的就是每个可以将瓶颈作为动机的具体例子都值得我们思考。可能在某些例子中，这个动机的效果相当充实，以至于影响到我们对是否应当缓解这些瓶颈的评估。

最后，作为一个实证问题，有些人在可供选择的人生选项比较少时会更加快乐，这很可能是事实。实际上，我们可以再进一步，有些人在面临人生重大选择时，比如说选择职业，或者择偶时，如若能完全由他人安排好而不用自己选择，他们确实会感到更加快乐。读者之所以在本书中很少读到快乐的提法，是因为快乐与机会平等，更不用说与机会多元主义之间的关系，说到头也是很不确定的。不同的机会造就了不同的人，也造就了不同的偏好和不同的价值，因而我们无法确切地比较每个人不同的快乐。

但是，还是让我们来思考这个观点的一个狭义版本，其中不涉及快乐。有时过多的选择确实让人在心理上难以承受：人们不知道该怎样面对自己面前的各种选项[1]。即使有

---

[1] 参见 BARRY SCHWARTZ, THE PARADOX OF CHOICE (2004)。

些选项实际上并没有什么意义,也会使人不知所措,比如,让你在诸多牙膏品牌中做出选择。当然更有意思的例子是当每个选项都有特定的意义、理由和价值时,这些选项很可能更让人无所适从。设想考入一所美国综合型大学的学生,在面对可以选择的各种学科、课程、思想方法、价值观以及它们代表的未来路径时会感到困惑迷惘。从机会多元主义的角度来看,理想的状态应该是帮助这个学生发展出在这种环境中找到方向的能力和远见。但是在现实中,让每个人面对的选项适当合理化也有助于解决这种问题。正如下一节要讨论的,机会多元主义最终是要让人们能够实现兴盛的人生,最大限度地为自己选择兴盛人生的不同维度,这并不意味着要增加选择,或者在任何情况下都是选项越多越好。然而,如果出于某个瓶颈表面上的益处而造成了许多其他路径对一个人不再开放,此时我们应当十分谨慎,不要贸然做出这个人的机会已经"足够"好了,或者没有必要再担心的论断。或许这些其他路径之一——哪怕是我们认为相对不重要的,或者这个人也认为相对不适合自己的路径——实际上恰恰是他能够构建完整人生的路径。

三 兴盛、完美主义和优先

上面这些留给我们一个庞杂的优先级问题。在一个瓶颈繁多的世界里,我们需要判定将我们的努力和稀缺的资源优先用于缓解哪些瓶颈。对缓解这个特定的瓶颈是否必要的判断,在很大程度上取决于这个瓶颈究竟有多严重,因此我们

第三章 机会多元主义

需要有能力来恰当地判断一个瓶颈的严重程度,即一个人必须通过这个瓶颈才能到达的路径范围。这里的问题不是路径的数量(实际上,由于我们可以把一个人在人生中可能追求的各种路径用不同的方式进行划分或者组合,因此路径的数量是否有确切的意义是不明确的。比如在就业领域,我们可以将"路径"定义为一个具体的职业,即在某个行业、机构或者职位中的工作),也不是所有的路径都是一样的。有些路径是糟糕的:会将人引向糟糕的生活。我们不应该尝试帮助人们通过或者绕过一个限制人们走向自我毁灭路径的瓶颈。

我们应当缓解的是那些阻止人们追求兴盛的人生的瓶颈。这带来了几个很大的问题:我们该如何判定什么才是兴盛的人生?有些人可能会强烈地偏好看上去是自我毁灭的路径。鉴于机会多元主义的核心是价值多元主义,我们有什么理由在一个人自己的偏好之外决定什么才是他兴盛的人生呢?但是,我们也不能为了满足所有人已有的偏好就限制我们对兴盛的理解。正如第二章讨论的,机会在我们的人生中之所以重要,很大原因是它对我们的指向和目标起到很大的影响。那么应该怎么办呢?

在本节中,我认为回答这些问题需要有一个较弱的(thin)最低定义——哲学家所说的完美主义的一个弱版本。即使是最弱的完美主义也与在对善的不同理解之间保持完美中立的理想不相容。但是我认为,一个足够弱的完美主义为"条件一"中的多元主义留下了余地。对机会结构产生重大影响的国家和其他机构,都应当以与密尔的完美主义类似的视角来看待人的

瓶颈：新的机会平等理论

兴盛——弱到可以留下很多空间来让不同的人为自己定义，哪些不同的（或许是无穷多的）兴盛人生的组合形式对他们而言是重要的。

这一节的问题在我们的论述中较晚出现，是因为在这里我不是想说明我们为什么应该极力推崇机会多元主义，而是要阐述我们应当如何来推行机会多元主义。从理论和实践的角度来看，为了推行机会多元主义，我们需要回答两个相关的问题：①消除哪些瓶颈比消除其他瓶颈更为重要；②哪些人的机会受到了相对更多的限制，以至于为他们开放更多的路径应当有特别的优先级。那些坚决要求中立、反对完美主义的政治理论的支持者可能会发现他们的观点与本书剩下的论述是一致的，但是在我看来，他们没有资源来完整地回答这两个问题。要回答这两个问题，我们就需要对哪种事物能够带来兴盛的人生有一个弱的概念。

（一）没有通用度量的机会平等

看上去我们或许不需要这种概念，有时判定一个瓶颈是否比另一个瓶颈更严重是很简单的事情。比如，假设一个社会要决定是否应该对大都市中的富人征税，并以此解决为农村地区孩子们建设中学的资金问题。这些中学能够帮助农村的孩子打开很多路径，有助于缓解一个严重的瓶颈：没有中学教育，农村儿童就没有办法追求现代社会所提供的多数路径。可是同时，对富人的征税也会减少机会。由于金钱是强大的工具性物品，所以多交税会造成城里富人的机会相应减少，至少也会减少一点儿。为了给征税政策找到理由，我们断定：（A）为农村人口扩大机会与城市富裕人口机会的减少相比要重要得多；以及/或者（B）农村人口一开始的机会就相对受限，原因是存在严重的地理瓶颈——以至于对农村人口开放机会应该有特别的优先级，下面将会论述这一点。这里（A）和（B）的理由都不是很有争议性，但也都不够充分①。

　　但是不是所有的情况都这么简单。设想一个女孩的父母认为她是一个小提琴神童，注定要成为有史以来最伟大的小提琴家。他们不允许她去上学或者与其他孩子见面，或者是学习与小提琴无关的事情；如果她显现出对发展这种才智缺乏兴趣，她的父母会减少给予孩子到目前为止其珍视的奖励，无论是家长的认可、夸奖，还是糖果。由于她的世界非常受限，这个孩子在建构对自我的看法，或者她希望长大以后做什么、成为什么样的人时，只能在几个模式中进行选择。让我们假设，她不出意外地形成了要成为最伟大的小提琴家的强烈志向。从孩子自己的角度看，她的机会似乎没有受到什么限制。这些机会就是她所知道的一切。或许父母有不同寻常的价值观让她也认同这一点。对于外人认为是父母切断了自己女儿追求许多其他路径的机会，他们或许会真诚地回应说，普通学校才会真正切断女儿更多的路径，因为去上学会影响她成为小提琴家；她因此会错失通过各种多样化的路径兴盛人生的机会——演奏巴洛克协奏曲、浪漫主义交响曲、印度古典音乐、民族音乐、爵士乐

---

① 我们还可以做一个更复杂的论述，认为作为减小收入或者财富的绝对不平等的一个副产品，累计税本身总体上会使机会结构更加多元化。参见本书第300页起的第四章第一节（一）。

等——而这些路径都会给她带来旅行、声望和财富。他们会说：我们为她打开了一个充满各种机会的世界，可惜其他孩子没有她这样良好的机会。

在一些类似的例子中，可以客观地指出，这些父母是错误的。读者可能会对这个断定适用于哪些例子，尤其是对上面所举的例子是否适用存在分歧。但是不可能在所有的例子中，只要父母的信念是真诚的，就没有办法切实地判断哪组路径会更广阔。在许多例子中，有一个可以被我们称为"光谱扭曲"（spectrum distortion）的现象：家长（和孩子）都认为一组狭窄的机会是广阔的，而一组广阔的机会是狭窄的。

指出光谱扭曲的前提是，对哪些机会是有价值的、哪些路径是值得追求的这些问题，至少应该存在一个客观的评价。这里我们要特别小心。我们不应该说，或许也不能说，父母认为让女儿拉小提琴是最好的机会是错误的。他们有可能是正确的；对哪些机会最好这个问题永远会存在各种分歧。我们需要的是在这里能够客观地说，实际上父母为孩子排除的机会范围也是相当大的——也就是说，排除了许多不同种类的有价值的机会，而一个人可能会出于不同的想法，或者是不可通约的理由而十分珍视这些机会，如果孩子在学习小提琴之余也能在学校就读，那么她可能最终会认同其中的一些理由。当然，验证这个论断有一些难度。

如果我们的目标是判定哪种机会能够带来某种单一结果度量上最好的得分，那么指出何为光谱扭曲，并且以此指出不同机会组合的广度就很容易了。比如，我们假设人们唯一关心的就是收入，那么以收入为准绳，我们就能够对所有可能的机会

第三章　机会多元主义

进行评价和排序——以机会（根据概率做了调整之后）对一个人未来可能收入的影响为度量。这同样可以应用到收入之外的结果度量上，只要我们认同一个需要最大化的变量，或者认同一个权重，就可以按照这个权重将一组变量合并为一个复合的度量。

但是，可以判定这种通用度量的做法是与机会多元主义的核心价值即多元主义背道而驰的。机会多元主义的一部分作用是使人们能够追求他们自己选择的不同目标，而不是竞争一个单一度量上的最高分。随着社会走向"条件一"，对何为美好生活也会产生分歧，社会越来越接近伊丽莎白·安德森（Elizabeth Anderson）所讲的："对所有正当的生活方式以某个内在价值的高低来进行没有个人色彩的排名，这么做不再有意义。多元的、相互冲突但是正当的理想会让不同的人珍视不同的人生。"①

这个分歧是有益的。它有助于使人们对什么是重要的事情形成足够多样化的观点，使得人们能够在考虑各种情况后自己来决定哪些事情对他们而言是重要的。注意：这里设立的论点并不基于拉兹的观点，即对一个人而言，不同的机会可能有无法衡量的价值（虽然在我看来这个观点是正确的）②。这里，遵从的是一个弱的论断，即不同的人生涉及人的兴盛的维度也不一样，我们不能通过一个客观的或者不带个人色彩的视角以

---

① Elizabeth Anderson, Value in Ethics and Economics 57 (1993).
② 参见 Raz, Morality of Freedom, 第 13 章。

一种单一的价值高低来对这些不同的人生进行排序①。如果我们不能在不带个人色彩的情况下，将所有可能的生活方式在一个价值度量上进行排序，那么我们同样也不能对价值的组合进行排序。

这意味着我们无法将机会"平等化"。要想平等化，不仅需要一个高低排名，还需要一个打分排名。我们也不能将"最大化最小值"的原则应用到机会平等上，因为这同样需要对不同的机会和机会组合进行高低和分数的排名②。对于任何一个涉及公平的人生机会原则的机会平等理论，这都是一个问题。不把结果压缩到一个通用的度量上，就没有办法比较什么是更少的或更多的、公平的或平等的人生机会。

那么机会平等的原则还剩下什么呢？即使我们不能对机会组合进行完整的高低和分数排名，我们还是有能力对一些机会组合的广度做出大体的判断。所谓广度，指的不是组合中机会的数量，而是这个机会组合所能打开路径的多样性，这些路径将人们引向自己珍视的人的兴盛形式。我们对此能够进行部分的高低排序。

---

① 较弱的论断并非与较强的论断毫无联系，但它们是分开的。即使每个人都能对所有的事物进行排序，仍不可能存在不带有个人色彩的排序。

② 事情如此有两个原因。首先，最大化最小值的前提是对平等与否的判断。这个原则不只是用于最大化最小值，而且是必须要有将"平等"的改善优先分配给最差人群的绝对数量。其次，为了确定按照最大化最小值，一种分配是否比另一种分配更好，我们需要能够确定分配给底层的人所处的基本位置（在每次分配中不一定是相同的人）。

第三章 机会多元主义

这个大体判断使我们有可能对不同人享有的机会范围实行一个粗略的优先主义。优先主义的分配正义观点认为,"人们的境况越差,惠及他们的重要性就越大"①,这捕捉到了当下平等主义的一个主要的直觉观点。机会优先主义认为,一个人的机会范围越窄,扩展这个人机会范围的重要性就越大。正如德里克·帕菲特(Derek Parfit)所指出的,优先主义确立这个大致的论断并不需要基于任何"相对物"②。如果一个人现在的机会范围相对狭窄,那么无论其他人的机会范围如何,扩展他的机会范围都更加具有急迫性。

机会优先还要求不同的机会和机会组合应该是部分可通约的。不必完全可通约。即使在通盘考虑下,人们也很难从不带任何个人色彩的角度去判定,哪些机会组合相对来说较窄,而哪些机会组合相对较广。但是在确认组合比子集更为广泛之外,我们还需要有一个原则。我们必须能够说,在某些情况下,即使 A 组合不包括 B 组合中的所有机会,A 组合的范围依然比 B 组合的范围要广③。我们不可能依赖普世的共识,我们需要能够确切地说 A 组合的范围从客观上来看比 B 组合的范围广,即使存在一个偏好 B 组合的人——不仅如此,他还

---

① Derek Parfit, *Equality and Priority*, 10 RATIO 202, 213 (1997).
② 同上书,第 214 页。
③ 比较 BRUCE A. ACKERMAN, SOCIAL JUSTICE IN THE LIBERAL STATE 132-136 (1981) [认为在较少的情况下,确实存在一组机会(或者基因天赋)"占主导地位",或者包含其他机会。尽管如此,这还是为全社会范围内补偿性的"大体正义"提供了一个起点]。

会真诚地说 B 组合的范围是二者中更广的。① 最后，我们也不能简单地依赖个人的偏好。我们的指向和目标，以及我们的能力和技能中的一部分本身就是机会的产物。比如小提琴神童的偏好在她具有不同的发展机会时，不能作为她已经选择（或者将要选择）何种路径的指引。

为了建构在评价瓶颈和机会组合时所需要的部分通约性，我们必须论述何为兴盛的人生。我们必须要有这样一个论述才能至少在一些极端的情况下判定，哪些机会有可能将人引向自我毁灭的路径，因而在客观上是不值得追求的。同时，我们需要这个兴盛人生的论述与最初引发机会多元主义的价值多元主义相一致。

即使我们有了这样一个兴盛的概念，还是会有一些棘手的复合问题。如果一个瓶颈严重地限制了很少一部分人的机会，

---

① 比较 PHILIPPE VAN PARIJS, REAL FREEDOM FOR ALL: WHAT (IF ANYTHING) CAN JUSTIFY CAPITALISM? 60 – 84 (1995)。范·帕里斯提出的是一个平行的问题：确定以内在和外在天赋而言，一个人什么时候属于实在不济，以至于一个公正的社会应当向这个人重新分配额外的资源。在一段细心的论述后，他得出结论，这种资源转移在且仅在一个社会中的所有人都一致地认同 A 的天赋比 B 的天赋要差时才是合理的。哪怕只有一个人真诚地认为 A 更好，都不应该进行资源转移。参见该书第 72~77 页。这个看法的一个问题是，随着社会的日趋多元化，这种能得到认可的再分配也越来越少。无论在范·帕里斯的语境中，这个问题的维度在哪里，在我们这里的语境中，它否定了普遍共识的办法。如果我们只能在一组路径比另一组路径更丰富这个问题上取得普遍共识时才能得出结论，那么反瓶颈原则就没有任何用处了——特别是因为打消这种广泛共识是机会多元主义本身的核心内容（参见"条件一"）。

第三章　机会多元主义

而另一个瓶颈却中等程度地限制了很多人的机会，我们该怎么办呢？优先主义的一个重大缺陷是，它无法提供一个公式来回答这类问题。或者更准确地说，它只是提供了一个共识，但是共识中缺乏常数：我们知道哪个变量指向哪个方向，但是不知道它们有多重要。

如果我们关注人类个体的兴盛，那么，某个瓶颈即使对一个人的机会构成了限制也是重要的问题，哪怕其他人都不受此影响。但是同时，每增加一个被这个瓶颈限制的人，问题肯定也就会更重要一些。一个影响了更多人的瓶颈，当其他所有情况一样时，从机会多元主义的角度看，相对一个影响较少数人的瓶颈而言是一个更加严重的问题。

然而，这并不意味着我们应该将精力或者稀缺资源完全放在那些影响最多人的瓶颈上。当一个瓶颈非常严重地制约了一个人的机会时，即使很少有人受到影响，它在我们优先表上的位置也会急剧上升。假设我们讨论一个严重的发展瓶颈——一个只能通过价格高昂的治疗才能缓解的学习障碍，而这会使一个人无法追求需要教育的许多人生路径中的任何一条。在某些情况下，优先主义会指向用许多资源来缓解这个严重瓶颈，即使这样做只帮助了一个人。我们不是在增加功用，也不是在某个单一的度量上增加兴盛（兴盛的不同维度的通约性不足以让我们这么做）。我们做的只是找出那些最严重地限制一个人或者多个人能追求的人生路径范围的制约因素，而衡量的标准是一个足够开放和足够多元的关于人的兴盛的理念，它给人们留下了自主决定哪种兴盛形式最终是最重要的空间。

(二) 弱完美主义和自主

自由主义政治理论中的一个重要观点认为，自由主义就是拒绝完美主义，而在面对何为善的不同理念时，则拥抱某种中立的概念①。这种论述的一个版本可以追溯到密尔，他在《论自由》中主张我们每一个人都应该有能力"按照我们自己的道路追求自己的好处"②。

然而，密尔本人并不是自由主义中立观的倡导者。他的观点更应该被描述为一种弱完美主义。密尔在《论自由》中的观点基于他对人类之善的理解，也就是他所说的人作为"前

---

① 参见如 JOHN RAWLS, A THEORY OF JUSTICE 285–292, 387–388 (revised ed. 1999) ("TOJ") (反对完美主义); RONALD DWORKIN, *Liberalism*, in A MATTER OF PRINCIPLE 191 (1985) (倡导中立); ACKERMAN, SOCIAL JUSTICE, 第43页 (相同观点)。罗尔斯后来把他的政治自由主义从包括完美主义元素的"全面自由"中区分了出来。JOHN RAWLS, POLITICAL LIBERALISM 199–200 (1996)。TOJ 的早期批评者质疑原初状态的参与者能否对善的概念保持中立。参见如 Thomas Nagel, *Rawls on Justice*, in READING RAWLS: CRITICAL STUDIES ON RAWLS'S A THEORY OF JUSTICE 1, 8–9 (Norman Daniels ed., 1975); VINIT HASKAR, EQUALITY, LIBERALISM, AND PERFECTIONISM 161–192 (1979)。这里，我没有篇幅详述这个观点，但是我认为，罗尔斯在 TOJ 中对善的弱理论——如果要提供一个人们在原初状态中的利益如何激励人们做出选择的论述——实际上就必须接近于我所说的"弱"完美主义。哈克萨尔 (Haksar) 提出了类似的观点；还可以参见 Samuel Freeman, RAWLS 271 (2007) (指出罗尔斯的亚里士多德原则"引入了完美主义的元素")。

② JOHN STUART MILL, ON LIBERTY 12 (Elizabeth Rapaport ed., Hackett 1978) (1859).

进的存在"的"永久利益"①。个性在这些"永久利益"中占据着核心地位。密尔认为:"凡是听凭世界或者其所属的一部分世界代替自己选定生活方案的人,除需要具有人猿般的模仿力之外,不再需要任何其他能力。"② 这些人"由于他们不被允许随循其本性,结果也就没有本性可以随循,他们的人类性能枯萎了"③。密尔在这里所讲的是一个完美主义的故事——一个关于什么对于兴盛的人生才是重要的和独特的故事④。

密尔没有对更完美或者更美好的人生应该是怎样的给出更有力的描述。这是有意为之。他的完美主义是多元的和开放的。在密尔看来,一个特定时代的人恐怕无法想象未来之人重视的兴盛形式是什么。密尔认为,当时最文明的人也"只是自然界能够和将要产生的饿殍的标本"⑤。尽管如此,兴盛的人生与"枯萎和饿殍"的人生还是有区别的。

个性指的是我们每个人必须为自己决定哪种兴盛对我们来说是重要的。我们根据自己的经验修正这些决定。正如伊丽莎

---

① JOHN STUART MILL, ON LIBERTY (Elizabeth Rapaport ed., Hackett 1978)(1859),第 10 页。这是密尔对他的"最大意义上的功用"概念的描述——一个和当代功用主义很不一样的功用概念。
② MILL, ON LIBERTY, at 56.
③ MILL, ON LIBERTY, at 58.
④ 参见 THOMAS HURKA, PERFECTIONISM 13(1993)(指出"最明显"的完美主义做法是将人性定义为"每个人基本而独特的属性"的组合);还可参见 Mill, ON LIBERTY,第 56 页("在人类正当地使用其生命以求完善化和美化的工作中,处于第一重要地位的无疑是人本身")。
⑤ MILL, ON LIBERTY, at 56.

白·安德森含蓄地指出的，兴盛可以检验我们对善的理解："如果一个人在相对有利的条件下忠实地按照（他对）善的理解行事，可他经历的人生却是痛苦的而不是兴盛的，那么他可能会进入一段危机期。"①

本书的目的不是要提出或者维护一个特定的对人的兴盛的理解——无论是作为道德判断的基础还是作为正当国家行为的基础。本书论述的是如何建构机会。这个论述有可能与许多有关人的兴盛理论相兼容，每个理论都能令人满意地强化将机会结构向更多元化方向转移的观点。然而，这些理论在两边都有界限。一方面，我刚刚论述了我们确实需要某种人的兴盛的理论，否则就没有足够的基础来判断一些机会或者一些机会组合的价值远远高于其他的机会或者其他的机会组合；另一方面，一个过于具体的人的兴盛的理论——为整个人类设定某种特定的生活方式和特定的价值组合——是与处于机会多元主义中心的价值多元主义不相容的。因而，我们需要的是一个密尔那样的对人的兴盛较弱的、多元的理解，能够给个人提供一定的空间来形成其对善的各种理解，并以此作为自己行动的标准。

阿玛蒂亚·森（Amartya Sen）和玛莎·娜斯鲍姆（Martha Nussbaum）的能力论就具有这种密尔式的弱的特征，这是有关当代人的兴盛理论中发展最完善的——尤其要归功于森的论述——理论，它保留了个人在各种可能的人类功能组合中做出选择时能够起到主要作用，这些"所做的事和成为的人"构

---

① Elizabeth S. Anderson, *John Stuart Mill and Experiments in Living*, 102 ETHICS 4, 24 (1991).

成了兴盛人生的不同维度①。森认为，通过将人们的能力集中到实现这些不同的功能上，我们可以避免将对什么才是人生美好的理解压缩到单一的价值度量上②。相反，我们可以让每个人来为自己决定哪些兴盛人生的维度对他们而言是重要的（以及他们对每个维度的权重）。由于不存在单一的价值度量，森认为，我们可能要依赖"不完全的排名和有限的共识"来对哪些能力组合更有价值做出比较判断③，但是这些"不完全的排名和有限的共识"包含了相当广泛的内容。比如，它可能足以使我们有能力指出某种特定的路径是不好的，比如说使用特别容易上瘾和对健康有害的毒品，基本上可以肯定，这只会造成痛苦的人生而不是兴盛的人生。

在当代社会中，对于兴盛的人生的一些基本维度有很多共识，至少在足够高的抽象层面上是这样的。比如，对于身体健康很重要这一点就有广泛的共识；一个人应该有机会发展并运用自己的能力，这一点的重要性也很少会有人反对④——可能还有罗尔斯所说的，让人"体验熟练并且忠诚地实践社会责任带来的自我实现"；当然还有很多其他的共识⑤。一个人不

---

① 参见如 AMARTYA SEN, THE IDEA OF JUSTICE, 第 11~14 章（2009）；Amartya Sen, *Capability and Well-being*, in THE QUALITY OF LIFE 30（Amartya Sen & Martha Nussbaum eds., 1993）。
② SEN, THE IDEA OF JUSTICE, at 239–241.
③ 同上书，第 243 页。
④ 罗尔斯主张将这个理念通过他所说的亚里士多德原则来表述：即人类有"享受他们实现能力"的动机。参见本书第 66~69 页。
⑤ RAWLS, TOJ, at 63.

认为自己与他人的关系具有某些重要价值,这是很罕见的。但是哪些关系、哪些社会责任、哪些能力最为重要——在这些问题上人们会有很大分歧。比如,就业的领域不是一个领域而是很多领域,不同类型的工作不仅对我们的要求各不相同,而且提供了不同的回报组合和兴盛形式,有些是与始于工作本身的内在行为联系在一起的①。而且工作在每个人的生活中扮演的角色也不一样。同样的工作对有的人来说,能够带来很大的兴盛、自豪和价值;而对有的人(从事同样工作的)而言,则只在工具性上有用,只是用于支持其生活的一种方式,而其兴盛的人生则完全表现在其他方面。

将机会结构向更多元的方向转移创造了条件,使人们能够真正为自己思考并选择对自己来说重要的兴盛形式。而在以单一模式构建的社会中,这种思考在很大程度上是封闭的,或者是短路的。在这样的社会中,任何理性的人都会像在武士社会中那样,认为自己的目标基本上应该是由别人确定的;他会主要从工具性的视角来审视自己的前景和面临的路径,将其作为到达终点的手段,在这样的社会中,一个人如果不想到达这样的终点,那显然是非理性的。当竞争是零和的,而且理想物品与位置紧密相关(条件二)时,当瓶颈限制了对机会的追求(条件三)时,当不存在创造性的路径(条件四)时,多数人对自己主要的人生选择,将会完全被能够最容易地在机会结构中找到方向的需求所主导。这种情况会造成,也会反映出人们对善的理解和对应该追求何种生活的想法更具单一性,只有极

---

① 参见 RUSSELL MUIRHEAD, JUST WORK 152–166 (2004).

第三章 机会多元主义

其有限的多样性（条件一）。随着机会结构向多元化方向转移，这为人们提供了在其他基础上做出选择的可能性。没有一条路径能够通向所有有价值的事物，因此我们有机会为自己思考究竟应该过什么样的生活，当然思考本身也是一种负担。

这一部分讲的是自主——但不是多数哲学家在使用这个术语时所指的意思。一些哲学家以内在论来理解自主，将其作为一个人一级偏好之下的二级身份[1]。有些哲学家则加上了一个程序的维度，主要关注一个人的选择是否受到强迫或者不恰当的影响[2]。机会多元主义使人们有可能过上与上述理解不同的自主生活——更确切地表述应该是，一种个人与自己的偏好、欲望，以及所处环境能够互动的生活。这个意义上的自主是一种状态，在这种状态中，一个人有能力对自己生活的目的、目标和人生路径做出判断，并且能够切实地去追求这些目标和路径。在当代关于自主的理论中，这种观点与批评内在论和程序主义的女权主义提出的"关系性自主"[3]（relational autonomy）

---

[1] 如 HARRY FRANKFURT, *Three Concepts of Free Action*, in THE IMPORTANCE OF WHAT WE CARE ABOUT 120 (1988)。

[2] 如 GERALD DWORKIN, THE THEORY AND PRACTICE OF AUTONOMY 12-20 (1988); John Chistman, *Procedural Autonomy and Liberal Legitimacy*, in PERSONAL AUTONOMY 277 (James Stacey Taylor ed., 2005)。

[3] 女权主义批评了内在论和程序主义关于自主的论述，特别是在论述压迫性社会关系的困境时，这是许多论关系性自主的文献的主要出发点。参见 RELATIONAL AUTONOMY: FEMINIST PERSPECTIVES ON AUTONOMY, AGENCY, AND THE SOCIAL SELF (Catriona Mackenzie & Natalie Stoljar eds., 2000)。

最为接近。关系性自主主要关注个人与其周围社会间的关系。关系性自主的支持者认为个人的自主难以逃脱社会互动以及社会规范,这些都影响着我们的信念和价值,塑造着我们判断和选择的心理能力,并且定义了我们能够追求的选项组合①。

居于机会多元主义核心的弱完美主义,实际上强到足以包括这个理念中的重要一点,即自主是兴盛的一个重要部分——"个人福祉的一个基本要素"②。这个观点在《论自由》中也占据了核心地位。密尔认为,个性——实际上是对自主性的理解③——是"福祉的元素之一"④。拉兹和密尔都认为:"自由是与自主的人通过从许多有价值的选项中不断做出选择来创造自己的人生理想相伴而生的理念,自由之所以有价值,正在于此。"⑤

理解多元机会结构的价值的一种视角是:多元机会结构的

---

① 参见 Catriona Mackenzie & Natalie Stoljar, *Autonomy Refigured*, in RELATIONAL AUTONOMY: FEMINIST PERSPECTIVES ON AUTONOMY, AGENCY, AND THE SOCIAL SELF 22; MARINA OSHANA, PERSONAL AUTONOMY IN SOCIETY 70 (2006)。

② JOSEPH RAZ, THE MORALITY OF FREEDOM 369 (1986)。虽然对这一点有一些争论,但是拉兹似乎主张自主只在一个"增强自主"(即现代)的社会中才是对福祉必要的。参见前引数目第390页及其后。参见本书第179页的第2脚注。

③ 参见如 BRUCE BAUM, REREADING POWER AND FREEDOM IN J. S. MILL 27 (2000); 还可参见 JOHN GRAY, MILL ON LIBERTY: A DEFENSE 64-89 (2d ed. 1996); Richard Arneson, *Mill Versus Paternalism*, 90 ETHICS 470, 475 (1980)。

④ 该书中间章节名为"论个性为人类福祉的元素之一"。

⑤ RAZ, MORALITY OF FREEDOM, at 264.

第三章 机会多元主义

价值在于它能够为使自主成为可能的那种自由提供结构条件。也就是说，一种情况是，我们只看到一种通向有价值之物的路径，因此一个人必须不惜一切代价地去追求这一路径；而另一种情况是，人们可以看到许多条通向不同形式的人的兴盛的路径，因此可以自主地决定自己应该珍视什么和追求什么。虽然这不能保证一定会成功或者兴盛，但是机会多元主义提供了必要的结构条件使人们能够如拉兹所比喻的那样，成为"自己人生的作者之一"①。

许多人，包括拉兹，承认人的自主取决于选项和选择的存在。关系性自主的理论家们走得更远，指出应该有许多机制，通过这些机制，自主依赖于我们每个人都嵌入其中的社会结构、规范和关系，并与之发生互动。本书的洞见之一是，个性和许多其他事物一样，都依赖于机会结构的形态。更单一的机会结构塑造并引导人们适应单一的要求，而更多元的机会结构给了更多的人以更多的选择来在更大程度上实现自己人生的兴盛。

---

① RAZ, MORALITY OF FREEDOM, at 370.

第四章

应　用

　　机会多元主义对许多政策、法律和制度设计领域都有影响。机会多元主义许多最直接的应用都与打开资格瓶颈有关。对那些希望构建更多元的机会结构的雇主、学校和其他把关者而言，有许多空间可以用来重新审视，从而减少他们在做出录取、聘用、升职等决定时所用标准带来的资格瓶颈。当各种社会机构开始更加仔细地审视其自身在总体机会结构中的位置时——这不仅包括使一个人能够到达各种机构选择标准的预备路径，而且还包括这些机构能够帮助人们准备追求的路径，它们通常会发现，自己有能力缓解关键的瓶颈。有时解决的方案很简单，对效率或者其他机构的目标也不会有太大的影响，甚至在总体上是有益的。一个机构可以采用与其他机构不同的要求，或者为申请者提供多种方式，使他们能够充分展示这个机构所需要的技能。同时，正如第二章所指出的，政府机构和非政府组织的参与者，在缓解发展瓶颈方面也是可以大有作为的。首先可以做的，就是应该让居住在机会受限地区的人们，能够接触到通往各种就业领域的不同路径的初始部分。

本章并不准备对本书观点的潜在应用做出综述,而是通过机会多元主义的视角来审视在美国的经济和社会政策中,平等主义者争论最为激烈的几个棘手的问题。本章的第一节审视了几个共同构成重大阶级瓶颈的相互关联的瓶颈;第二节转向工作的结构和工作灵活度的问题;第三节讨论了反瓶颈原则应当如何重塑我们对反歧视立法的理解。

一 阶级作为瓶颈

前面章节中很多有关瓶颈的例子都集中在教育领域。这不是一个意外。正如尼古拉斯·莱曼(Nicholas Lemann)在《大考:美国精英教育的秘史》一书中注意到的:"在20世纪的大部分时间里,机会意味着获得资本来开办小型农场、商店、公司,因此,银行、货币和信用就成了引发争议的政治问题。而在20世纪末,机会意味着教育,于是学校也成了政治问题。"①

在21世纪初重读莱曼对今天机会的政治观察,仍然令人印象深刻——这个时代总体的经济条件和特定的经济不平等,导致许多19世纪末和20世纪初的政治问题重新浮现,包括"银行、货币和信用"。判断对这个重新出现的问题的关注度会持续多久还为时过早。但是这一次截然不同的一个情况是,当代美国政治中的银行、信用、税收和收入分配问题与20世纪末教育

---

① NICHOLAS LEMANN, THE BIG TEST: THE SECRET HISTORY OF THE AMERICAN MERITOCRACY 155 (2000).

准入的问题深刻地纠缠在一起,这是前所未有的。一些人看到,随着经济的不平等在最近几十年中变得愈加严重,机会的不平等也变得更加严重,也就是说,阶级背景已经成为更严重的瓶颈,这是驱动当代人关注这两个话题的主要原因。

越来越多来自社会学家、经济学家和教育政策研究学者的证据显示,这个看法是基本正确的,特别是在美国和英国这样发达的国家。随着收入不平等的加剧,父母收入与子女收入之间的关系也更加紧密了①。从国际上来看,不平等的程度与阶级固化(即缺少阶级流动性)的程度之间有相当牢固的联系②。也就是说,在收入更为不平等的地方,子女获得的位置会与其父母在经济收入高低排名上的位置更加接近。同时,下面我

---

① 大体参见 Greg J. Duncan & Richard J. Murnane, *Introduction: The American Dream, Then and Now*, in WHITHER OPPORTUNITY? RISING INEQUALITY, SCHOOLS, AND CHILDREN'S LIFE CHANCES (2011); STEPHEN J. ROSE, SOCIAL STRATIFICATION IN THE UNITED STATES: THE AMERICAN PROFILE POSTER (2d ed. 2007)(描述了美国越来越严重的不平等和社会流动性的下降); David H. Autor, Lawrence F. Katz, & Melissa S. Kearney, *Trends in U. S. Wage Inequality: Revising the Revisionists*, 90 REV. ECON. & STATISTICS 300 (2008)(显示了越来越严重的不平等和工作"两极化"之间的关系,在薪水和技能光谱的顶端和底部有所增长,而在中间部分有所缩减)。

② 参见 Miles Corak, *Do Poor Children Become Poor Adults? Lessons from a Cross Country Comparison of Generational Earnings Mobility*, 13 RESEARCH ON ECONOMIC INEQUALITY 143 (2006); Miles Corak, *Inequality from Generation to Generation: The United States in Comparison*, in 1 THE ECONOMICS OF INEQUALITY, POVERTY, AND DISCRIMINATION IN THE 21ST CENTURY 107 (Robert S. Rycroft ed., 2013)。

第四章 应用

要讨论的证据也显示出，教育正在更为紧密地与阶级背景联系在一起。所有这些都显示出，阶级背景已成为极其严重的瓶颈。

为什么会这样呢？衡量社会经济地位的大致标准，即父母的教育水平、收入和财富等阶级背景变量，是如何导致子女面临如此不同的机会和人生轨迹？此外，为什么在绝对意义上，收入越不平等，这种效应就会越强化呢？这些宏大的问题可能需要一整座图书馆的著作来加以论述。但是，我们可以通过机会多元主义来理解其背后的机制、受影响的权益以及潜在的解决方案。

本节会描述三个故事。第一个是关于激励因素的；第二个是关于教育和支付能力的；第三个是关于居住地与学校的阶级分化的。每个故事都描述了机会结构中不同的瓶颈，这些瓶颈可能会造成因阶级固化而形成的更大的瓶颈。这些故事都依赖实证论断，因此本节会审视现有的证据。每个故事都指向不同的解决方案，即能够帮助人们通过或者绕过相关瓶颈的不同方法，这构成了应对美国机会结构中几乎肯定是最严重的瓶颈的策略。

在许多方面，这一章让我们绕了一个大圈子。在本书的一开始，我认为阶级出身和阶级归宿不能为机会不平等提供一个足够丰富的描述。机会之所以重要，不仅是因为它影响着未来的收入，还因为它会影响我们生活的方方面面，无论工作领域之内还是之外，这包括了我们形成的志向和发展出的各种才智。不同的家庭和居住地，提供的发展机会不仅在度量上是不一样的，而且可能在类别上也不一样。尽管如此，一旦我们有了一个理解机会结构中的瓶颈及其作用的理论框架，就会很快发现，阶级背景大概是所有瓶颈中最普遍存在的，因此有必要思考为什么是这样，并且思考应该如何应对。

（一）对向下流动性的恐惧：一个不平等为什么重要的寓言

设想你生活在这样一种社会里。这个社会中许多最基本的人的兴盛形式，在没有大量金钱的情况下很难或者根本就无法实现。不难设想，这样一个社会会如何运作。出于简便，让我们假设在一个我们称为"美国"的虚构国家中，这里没有国家医疗体系，因而需要为医疗或者保险花费很多；在这个国家中，一个人需要生活在为中产阶级（或者更富裕的）的人提供的居住地，才能够享受免于暴力的安全，子女才能进入相对高质量的公立学校免费就读，因为在"美国"，育儿和学前班的花费极高（大学也是如此）；长期失业将是相当危险的，因为失业救济一般只能提供几个月的保障。此外，财富和税后收入是高度不平等的，因而，在这里每个人的生活水平以及每个人大体上能够承受负担的水平，根据每个人在收入和财富分配中的位置会大相径庭。

作为对比，我们再虚构一个被称为"丹麦"的国家，在这个国家中社会医疗是免费的，国家提供了高质量的育儿和学前教育，几乎所有的人都能够生活在相对安全、远离暴力的地区，学校的质量相对也都很好；没有时间限制的现金福利填补了养老金和失业救济系统的缺口，照顾到了那些因为失业或者疾病等而无法自立的人①。同时，财富和税后收入也没有那么不平等，使得一个人

---

① 这些段落中的社会原型并不完全是虚构的。比如没有时间限制的现金福利就是丹麦的社会福利国家制度的一部分，Ministry of Foreign Affairs of Denmark, *Factsheet Denmark: Social and Health Policy* 3 (Dec. 2003).

第四章 应用

在这些分配中居于何种位置,对他的生活产生的实际影响很小。

在这两个国家、两种社会中,或许人们选择追求的生活方案仍然是更注重收入。如果你生活在"丹麦",你可能会合理地根据自己对何为美好生活的想法,来选择追求一条收入更高的路径,或者会选择追求另外一条路径,这条路径可以为你提供你更为珍视的事物,出于各种理由你认为这些事物比收入更为宝贵。与之形成对比的是,如果你生活在"美国",除非你对美好生活的想法极其独特,否则如果你不选择一条能够挣到很多钱的路径,那么几乎可以肯定地告诉你,你犯了错误——至少,金钱的数量要足够多,使得你能够负担医疗费用、购买生活必需品并获得基本的人身安全保障,这种社会就导致人们在一定程度上对追求哪种路径的偏好趋于一致。

有一种方法是通过机会多元主义的视角来描述这种情况。在"美国",金钱能够买到太多重要的东西。对于任何一个对美好生活有着合理想法的人来说,金钱能够买到太多接近其价值核心的事物。换句话说,在"美国",金钱作为工具性物品瓶颈过于强大了。"美国"的这种社会现实,使"条件一"很难实现,"条件二"也很难实现,因为多数人都会竞争那些薪水或报酬丰厚的工作。

除了影响哪些合理的选择组合会对个人开放之外,这样的工具性物品瓶颈还会影响父母传递给孩子的优先级。在一些社会中,父母通常会依靠他们的子女来照料自己的晚年(这种情况经常会发生),但并不是所有的父母都会从子女的经济成功中直接获益。工具性物品瓶颈会影响家长对子女的利益和子女将要面对的选择的看法。鉴于"美国"存在金钱这样的工具性物品瓶颈,父母如果鼓励孩子去选择挣钱很少、难以维持美好生活的路径,那显然是很愚蠢的做法。此外,有强大的激励因素促使"美国"的父母想方设法地确保自己的子女在未来的阶级结构中竞争更高收入的工作时能够取胜。如果这些竞争主要是教育的竞争——如大学录取等,那么"美国"的家长就必须确保自己的子女在学校的表现能够优于其他人①。

我们可以通过沃尔兹的视角来审视这个寓言中的工具性物品瓶颈。用沃尔兹的术语来说,在"美国",金钱"凌驾于"其他领域之上②。从机会多元主义的角度看,一种物品凌驾于另外一种物品之上本身并没有错。但是沃尔兹对凌驾问题的一些解决办法可以缓解工具性物品瓶颈。特别是"堵塞交换"(blocked exchanges),使一些物品处于"金钱的关系网之外",从而使金钱的瓶颈效应有所减轻③。

---

① "美国"的父母有特别强的激励因素促使他们确保自己的子女在优势最大的居住地和学校长大——这会加剧优势和劣势的地理集中,参见本书第 318 页起的第四章第一节(三)。谢乐尔·卡欣(Sheryll Cashin)认为这个效应驱动了种族和阶级隔离。她说,"在一个赢者通吃的系统里",即使是有钱人"也感到了如此大的压力,要奋力进入最好的、优势最大的学校。出于害怕落后带来的风险,他们会花钱买到最好的路径,或者安全的路径,在我们这个隔离的社会中,这些路径通常是绝缘的路径,其中很少会有少数族裔,贫困人口就更少了"。Sheryll Cashin, The Failures of Integration: How Race and Class are Undermining the American Dream 200 (2004).

② Michael Walzer, Spheres of Justice: A Defense of Pluralism and Equality 17 (1993).

③ 同上书,第 100 页。

第四章 应用

然而，我们不需要完全或者主要依赖"堵塞交换"。我们还可以通过提供多种非货币、不可交易的财物来缓解工具性物品瓶颈，比如在"丹麦"，那里不以收入为标准，而是为人人提供普遍的医疗和育儿服务。这里，不必堵塞任何交换——更多的钱能为你买到更多的医疗或者育儿服务，但是，提供不可交易的财物使得金钱的瓶颈效应大大减轻。一个人的收入不需要达到特定的门槛就可以获得福利国家提供的社会必需品。这使多元的人生方案，即"条件一"更有可能实现。因此，国家尝试提供人的兴盛或者打开通向其他受珍视物品的主要路径所需要的非货币物品，这将有助于机会多元主义①。通过一个基本的收入手段，即国家为所有人提供能够保证基本生活水平的收入，也能产生相同的效果，这取决于这个基本收入水平在多大程度上足以保护人们不会落入在"美国"生活贫困的那种悲惨境地②。各种社会保障也能够在某种程度上缓解金钱的工具性物品瓶颈效应。

---

① 杰里米·沃尔德伦认为，就沃尔兹自己举出的一些例子而言，他应该依赖于最低社会保障，而不是"堵塞交换"。Jeremy Waldron, *Money and Complex Equality*, in PLURALISM, JUSTICE, AND EQUALITY 157 (David Miller & Michael Walzer eds., 1995).

② 菲利普·范·帕里斯的基本观点是，国家应该在可持续的情况下为人民提供最高的基本收入，这有助于改善一个人的实际自由（或者具体地说，最大化其实际自由的最小值）；对那些无力负担重要和基本的物品，因而在安排生活路径时饥不择食的人而言，他们的实际自由是非常有限的。参见 PHILIPPE VAN PARIJS, REAL FREEDOM FOR ALL 21 – 29 (1995)；还可以参见本书第 70~71 页。

所有这些办法都在一定程度上降低了低收入带来的风险——不只是说可以缓解贫困带来的问题,对我们这里的讨论而言,更重要的是它能够使低收入状况不会如此严重地限制一个人能够追求的机会。注意,虽然这些段落强调了公共政策,但是国家扮演的角色除了其权力和规模外,并没有什么特殊的;从原则上说,私人提供收入补助或者重要的物品,会在较小的尺度上对机会结构的形态产生类似的影响。

然而,尽管非货币的财物、社会服务和社会保障能够减轻收入和财富不平等带来的机会不平等,但这些措施的效力毕竟是有限的。如果收入和财富的分配仍然是极端不平等的,那么,子女的机会几乎也一定是高度不平等的。堵塞所有金钱能买到优势的交换,既不可能实现,也不令人向往。

出于这个原因,任何一个关注机会平等的人都应该同时关注限制收入和财富的不平等。最显而易见的策略是税收政策。高度累进的个人所得税制度——或者最好是像征收房产税那样来征收财富税——能够降低这种不平等。还有其他制衡的办法。监管部门或者非政府组织的参与者可以尝试创造激励因素,使企业能够限制收入最高的经理与收入最低的雇员之间的工资差距。许多法律和政策领域也都会对这些不平等产生间接的影响。

对机会平等的倡导者而言,这似乎不是一个值得欢迎的结论。对一些人来说,机会平等的诱人之处,部分在于它能够使我们避免将"结果"平等化。但是,尽管我们不需要以促进机会平等的名义将以收入、财富,或者其他某个工具性物品定义的结果平等化,任何对机会平等的现实的定义,还是会涉及减少或者缓解这些同时构成机会不平等的不平等"结果"。从机会多元主义的视角来看,许多不平等的结果也都构成了不平等的机会。收入和财富是一种瓶颈(在某种程度上,在任何现代社会都是如此),因此我们需要找到办法来帮助人们通过或者绕过这个瓶颈,使其不至于完全主导机会结构。

在过去的三四十年中,收入的不平等在真实的美国迅速攀升——至少在这个意义上,真实的美国越来越像我们例子中虚构的"美国"了。同一时期,高收入家庭与低收入家庭的子女在学校的成绩差距也显著拉大。这个差距现在是黑人与白人成绩差异的两倍,而后者在同一时期有所减小[1]。从幼儿园起,儿童的成绩就越来越与家长的收入直接相关,到小学和中学阶段也是如此[2]。

这个效应在近几十年中变得越来越显著,其背后的机制很难梳理清晰。但是研究这个时期家庭开支的社会学家已经发现,随着不平等的加剧,父母花在孩子身上的支出总额的增长速度超过了收入总额的增长速度,而且表现出越来越严重的不

---

[1] 参见 Sean F. Reardon, *The Widening Academic Achievement Gap between the Rich and the Poor: New Evidence and Possible Explanations*, in WHITHER OPPORTUNITY? RISING INEQUALITY AND THE UNCERTAIN LIFE CHANCES OF LOW-INCOME CHILDREN 91 (Richard Murnane & Greg Duncan eds., 2011)(测量了收入最高的10%家庭和收入最低的10%家庭的子女学习成绩之间的差距)。

[2] 学习成绩以及重要的行为特征和技能都是如此。参见前引文献;Greg J. Duncan & Kathrine Magnuson, *The Nature and Impact of Early Achievement Skills, Attention Skills and Behavior Problems*, in WHITHER OPPORTUNITY?

平等①。当然,不平等的加剧会造成许多类型的支出不平等。但是在这个领域中最精细的研究表明,还有一些更具体的因素在起作用:"父母对子女认知发展的投资在增加"②。收入较高的父母在"与子女学习相关的投资"上支出更多,这包括购买图书、电脑,参加音乐和艺术辅导课、夏令营,组织家庭旅游、游学,以及提供课外活动、校外辅导和其他私人课程,进入学前班、私立学校和大学等所需的大额度开支③。此外,社会经济地位较高的父母,在对与幼儿进行"非常规"的活动,包括识字活动的时间投入上远远高于其他父母④。社会学家安妮特·拉鲁(Annette Lareau)描述了普通中产阶级和上层中产阶级对子女采取的相对密集的"关怀式培养"策略,与之相比,工薪阶层的家庭更通常的做法,主要是尽量为孩子快乐玩耍和安排日常活动提供一个安全的环境,拉鲁将这称为任其"自然成长"⑤。

收入更高的父母似乎确信他们的孩子一定要上大学。鉴于

---

① Sabino Kornrich & Frank Furstenberg, *Investing in Children: Changes in Parental Spending on Children, 1972 – 2007*, 50 DEMOGRAPHY 1 (2013).

② Reardon, *The Widening Academic Achievement Gap*, at 93.

③ Neeraj Kaushal, Kathrine Magnuson, & Jane Waldfogel, *How Is Family Income Related to Investments in Children's Learning?* in WHITHER OPPORTUNITY, at 187; Kornrich & Furstenberg, *Investing in Children*.

④ Meredith Philips, *Parenting, Time Use, and Disparities in Academic Outcomes*, in WHITHER OPPORTUNITY?, at 207.

⑤ ANNETTE LAREAU, UNEQUAL CHILDHOODS: CLASS, RACE, AND FAMILY LIFE, SECOND EDITION WITH AN UPDATE A DECADE LATER (2011).

他们和他们的子女对机会结构的认识，这个想法应该是正确的：大学文凭似乎已经成为非常显著的瓶颈。

（二）大学作为瓶颈

在过去的 40 年中，美国成年人中获得大学文凭的比例大大提高了①。但是这个比例的提高在阶级结构中的分配却是非常不均的。一个最新的数据显示：在收入最高的 25% 家庭中，有 82.4% 的人在 24 岁之前完成了本科学业，而在收入最低的 25% 家庭中，仅有 8.3% 的人在 24 岁之前完成了本科学业②。

这个巨大的差距极大地影响了对不同家庭背景的人开放的职业路径，特别是因为如今越来越多的工作需要有本科（或更高的）学位——造成这种现象的原因之一是"学历通胀"③，

---

① 当然，可以肯定的是，这个增速没有对持有大学文凭的工人需求的增速快，也没有其他一些国家的增速快；美国在获得大学文凭方面一度较大的领先状况现在已经越来越不足为道了。参见 Anthony P. Carnevale & Stephen J. Rose, *The Undereducated American*（June 2011）, available at http://cew.georgetown.edu/undereducated/。

② Thomas G. Mortensen, *Family Income and Educational Attainment, 1970 to 2009*, POSTSECONDARY EDU. OPPORTUNITY 2（Nov. 2010）.

③ 参见 DAIVD LABAREE, HOW TO SUCCEED IN SCHOOL WITHOUT REALLY LEARNING: THE CREDENTIALS RACE IN AMERICAN EDUCATION 70 – 72（1997）; Catherine Rampell, *Degree Inflation? Jobs That Newly Require B. A.'s*, N. Y. TIMES ECONOMIX BLOG, DEC. 4, 2012, http://economix.blogs.nytimes.com/2012/12/04/degree-inflation-jobs-that-newly-require-b-a-s/（报道了最近许多入门级职位"准入资格提高"的数据）。

206 但无论是什么原因,这种现象都使得没有大学文凭成为一个瓶颈,而且是比以前更有限制性的瓶颈。

在获得学位方面出现巨大的阶级差异,这里面有许多原因。家庭收入较高的学生,一般会为进入大学做更好的准备,更有可能进入大学就读,并且也更有可能完成学业。他们在标准化的考试中获得高分的概率要大得多,而这正是竞争大学入学名额时权重很大的一个要求①。在这一过程中的每个阶段,教育和其他发展机会都处于核心地位。但是,入学准备上的差异,并不能完全解释在大学就读和完成学业上的差异。美国政府 2005 年进行调查的数据显示:家庭经济地位高,但在 8 年级数学考试中分数位列最末 25% 的学生,获得本科学位的概率略高于那些家庭社会地位低,但在同样的考试中分数进入前 25% 的学生②。换句话说,不计算早期准备上的差异,在预测

---

① 如果我们的目标是预测大学成绩,那么高中成绩远比 SAT 考试分数的预测要准。二者共用比只用高中成绩要准确(但准确不了多少)。苏珊·斯特姆(Susan Sturm)和莱妮·贵尼尔(Lani Guinier)在 20 世纪 90 年代就巧妙地展示了这个额外的预测准确度与 SAT 分数和阶级背景之间的相关性相比是很小的:(当控制了高中成绩这个变量后)一个学生的 SAT 成绩对其阶级背景的预测准确度是对其大学成绩预测准确度的四倍,Susan Sturm & Lani Guinier, *The Future of Affirmative Action*: *Reclaiming the Innovative Ideal*, 84 CAL. L. REV. 953, 988 (1996)。

② 参见 Mary Ann Fox et al., *Youth Indicators 2005*: *Trends in the Well-Being of American Youth*, U. S. Dept. of Educ. 50 – 51, table 21 (2005); Joydeep Roy, *Low income hinders college attendance for even the highest achieving students*, Economic Policy Institute (Oct. 12, 2005), http://www.epi.org/publication/webfeatures_snapshots_ 20051012/。

谁能够获得本科学历时，学生家庭的阶级状况是需要考虑的一个极其重要的因素。

这个问题的另一半是大学申请过程本身以及学生对其所做的准备。社会学家发现，当大学录取竞争激烈时，具有优势的父母会相应地做出调整，以确保自己的孩子能够取胜，比如，通过"大量使用私人辅导和教师等昂贵的备考工具"①。然而，现有的实证证据显示，即使那些家庭收入低的学生也能够逆势成为成绩优异的高中毕业生，但他们通常还是不会去申请那些竞争激烈但却可以录取他们的大学，而是会选择离家较近的、竞争不激烈的，甚至不需要竞争的学校。最近一项对成绩最好的家庭低收入学生的研究发现，他们中间那些高中成绩和考试分数最好、完全有可能进入竞争激烈的大学的大部分学生，根本就没有申请过任何竞争激烈的学校②。

出现这个问题的一个重要原因是，美国大学学费的急速上涨。家庭的平均收入几乎跟不上通货膨胀的步伐，而大学学费

---

① Sigal Alon, *The Evolution of Class Inequality in Higher Education: Competition, Exclusion, and Adaptation*, 74 AMER. SOCIOLOGICAL REV. 731, 736–737 (2009).

② Caroline M. Hoxby and Christopher Avery, *The Missing "One-Offs": The Hidden Supply of High-Achieving, Low Income Students*, NBER Working Paper No. 1858, Dec. 2012. 确实有很多学生"展示了能够在 SAT 考试中取得良好成绩的能力"，但却没有参加考试，参见 Gerald Torres, *The Elusive Goal of Equal Educational Opportunity*, in LAW AND CLASS IN AMERICA: TRENDS SINCE THE COLD WAR 331, 333n. 5 (Paul D. Carrington & Trina Jones eds., 2006)。

的涨幅则数次超过通货膨胀①。实际的情况是,国家对高等教育的投入在减少,目前正处于 25 年来的最低点②;学费却在猛涨③,而助学金和奖学金又没有跟上④。实际上,大学现在对所谓"奖学金"的投入,即为了学校排名的目的而以奖学金来吸引成绩优异的学生——要高于对助贫类助学金,即对家庭不那么富有的学生进行资助的投入⑤。

如果要尝试设计一个体系,使得以父母的财富或者以收入多寡为形式的阶级背景在机会结构中成为最严重的瓶颈,那么

---

① COLLEGE BOARD, TRENDS IN COLLEGE PRICING 2011, at 13 (2001).
② 参见 STATE HIGHER EDUCATION EXECUTIVE OFFICERS, STATE HIGHER EDUCATION FINANCE FY 2011, 第 22 页图 3 (2012), available at http://sheeo.org/finance/shef/SHEF_FY11.pdf。
③ 同上。
④ COLLEGE BOARD, TRENDS IN COLLEGE PRICING 2011, 13; COLLEGE BOARD, TRENDS IN STUDENT AID 2011, 3 (2011).
⑤ Jennie H. Woo & Susan P. Choy, *Merit Aid for Undergraduates: Trends From 1995-96 to 2007-08*, U.S. DEPT. OF EDUC. STATS IN BRIEF, at 9-11 (Oct. 2011)(显示了学校的奖学金发放在获奖学生数量和奖学金金额上都小幅超过了助学金);参见 STEPHEN BURD, UNDERMINING PELL: HOW COLLEGES COMPETE FOR WEALTHY STUDENTS AND LEAVE THE LOW-INCOME BEHIND (New America Foundation, 2013), available at http://education.newamerica.net/sites/newamerica.net/files/policydocs/Merit_Aid%20Final.pdf; Ronald Ehrenberg et al., *Crafting a Class: The Trade-Off between Merit Scholarships and Enrolling Lower-Income Students*, 29 REV. HIGHER EDUC. 195 (2006), 这篇文献中的"奖学金"("merit aid")主要是指学术上的成绩,但是也包括一定(较少)数量的体育奖学金和非助贫类奖学金。

第四章 应用

这个体系可能是这样的：首先，要让尽可能多的潜在职业路径——也就是一个人根据其秉性和志向，出于各种原因而珍视的路径——全部依赖于大学教育，而且不是随便什么大学的教育，必须是四年制的本科教育，或者更高的学位，要创造一个这类学位能带来名气和地位的社会规范；然后提高获得这个学位的成本，使得即使能够提供经济上的资助，父母面临的负担依旧很大，于是，那些不太富裕的父母就会因为成本问题而决定将孩子送到学费便宜一些的社区大学就读（而那里的大多数学生实际上并没有转入四年制大学的可能）；要创造一个多级的体系，使得家庭不太富裕的学生，无论其学习成绩或事先准备如何，都只能被更多地分配到那些文凭价值较低的大学①中去。

这个恶魔般的规划者在试图使机会结构中出现这种尽可能严重的阶级瓶颈时，还会进一步让四年制大学的排名出现高低之分，并且以奖学金取代助贫类的助学金。这类奖学金的目的，就是使家庭并不富裕的学生只能选择到自己能够成为特别拔尖的申请者从而能够获得奖学金的大学去就读——也就是说，如果钱不是问题的话，这些学生本来是有能力进入更好一些的大

---

① 参见 Anthony P. Carnevale & Jeff Strohl, How Increasing College Access is Increasing Inequality, and What To Do About It, in REWARDING STRIVERS: HELPING LOW-INCOME STUDENTS SUCCEED IN COLLEGE 71, 78（Richard Kahlenberg ed., 2010）；还可以参见 ROBERT K. FULLINGWIDER & JUDITH LICHTENBERG, LEVELING THE PLAYING FIELD: JUSTICE, POLITICS, AND COLLEGE ADMISSIONS 66–67（2004）（讨论了一些证据，显示这些社区大学的学生如果一开始就进入四年制大学就读，其人生的结果会更好）。

学接受教育的。因此奖学金就把那些来自对学费敏感的家庭的子女，向下拉到了排名较低的大学里，从而使排名较高的学校能够空出名额，让那些来自对学费不那么敏感的（通常也是更富裕的）家庭的子女能够向上移动[①]。

一个真正恶魔般的规划者不会止步于此，而是会让阶级成为更加严重的瓶颈，其方法是在建立大学毕业生的职业阶梯时，使许多最理想的路径都要求先进行无薪实习——无论是几个月、一年，还是更长时间的实习。这样，那些需要开始偿还大学贷款，并且同时要支付生活开支的人，就不得不接受入门较容易的工作，以挣得基本的工资；而那些家庭财富足以避免这些困境的人——他们还可能借助相当多的家庭关系得到在知名机构实习的机会——就能够无忧地接受无薪实习，并且由此获得至关重要的资格和经验。由于无薪实习的现象越来越多，一些最精英的大学（其中的学生也最为富有），已经开始为自己的学生提供补助来参加此类实习[②]。

[①] 这个奖学金体系对机会多元主义来说，唯一潜在的益处是在理论上有可能在更多的学校中更广地分配顶尖的学生；富林维德（Fullinwider）和里森伯格（Lichtenberg）认为这个效应从长期来看，可以"缓解当前的主流意见中那种偏重学校名气、赢者通吃的心态"，FULLINWIDER & LICHTENBERG, LEVELING, at 81。然而，并没有证据显示存在这种效应。新的高度量化的奖学金体系，很可能会强化明确的大学等级。从机会多元主义的角度看，无论怎样，将学生按照学习成绩分散出去，同时又按照阶级集中起来，这么做很难说会有什么益处。

[②] 参见 ROSS PERLIN, INTERN NATION: HOW TO EARN NOTHING AND LEARN LITTLE IN THE BRAVE NEW ECONOMY 90–91 (2011)。

第四章 应用

从反瓶颈原则的角度来看,这里的解决方案需要帮助人们"通过"或者"绕过"大学文凭的瓶颈。这个工程的前半部分——帮助人们"通过"这个瓶颈——更为人们熟知。我们需要用助贫类助学金取代以成绩为标准的奖学金;恢复国家对高等教育的投入,从而停止学费的上涨;增加诸如"佩尔助学金"(Pell grants)一类的助贫类助学金。美国转向发放以成绩为标准的奖学金,在很大程度上是由于各大学想要争抢最出色的学生,因此,政府需要采取行动来克服这种集体行为的问题,并且迫使大学通过回到注重发放助贫类助学金来"相互裁军"。政府的行动也将有助于重新建构学费本身,比如,从贷款和还款的体系转为以收入为标准的税收体系①。同时,我们必须要追求提高低收入家庭的学生所在学校的成绩和对大学的准备这一更难实现的目标。我们还需要致力于帮助那些已经为竞争激烈的大学做好准备的低收入家庭的学生,使他们能够接触到知识与导师,从而使他们能够意识到这条路径确实是他们能够追求的。发现低收入家庭的优秀学生倾向于不去申请竞争激烈的大学的研究者,还发现这个效应在少数几所学校中已经得到极大的缓解,这些学校大约分布在美国 15 个主要的城市中,通常都是竞争激烈的公立学校。在这些城市之外,低收入家庭的优秀学生,"接触到曾经在竞争激烈的大学就读过的老师、高中辅导员或者同学的概率可以忽略不计",而且他们倾向于不申请那些离家较

---

① 参见 2013 Oregon Laws Ch. 700 (H. B. 3472), signed by Gov. Kitzhaber on July 29, 2013(启动程序来创建一个计划,在这个计划中,学生签约同意在固定的年限中将未来收入的一个固定份额作为就读州立大学的学费)。

远、竞争激烈的大学或者学院①。需要用创新的方法来让全国范围内合格的学生接触更为广泛的人脉网络，从而使他们能够争取进入竞争激烈的大学接受四年制的本科教育。

这里的每一种变革，都会帮助人们"通过"大学文凭的瓶颈。而要解决相关的无薪实习的瓶颈，最直接的办法，就是利用劳动法来要求雇主必须为实习生支付薪酬。这就会让更多的人有能力利用这种机会，从而帮助他们"通过"这个瓶颈。

同时，我们需要帮助学生"绕过"大学文凭的瓶颈，这么做稍微困难一些。其办法主要是增加路径的范围并且创造新的路径，特别是在不需要四年制本科学历的入门级职位方面，以及在就业之外的领域中②。这意味着创造学徒工、培训课程或者带薪的试用工，使得没有四年制本科学历的人能够学习从事特定工种的技能，并且展示出从事这些工种的能力。这意味着为那些现在的工作不需要四年制文凭的人，创造出晋升到更高层工作的途径，这个途径是以工作表现为标准，或者以相关技能为标准，而不是以文凭资质为标准。

美国在向年轻人宣传不需要四年制学历的职业路径的价值，以及帮助他们为这些已有的职业路径做准备这方面，做得

---

① Hoxby & Avery, at 2.
② 参见 Charles Murray, *Narrowing the New Class Divide*, Op-Ed, N. Y. TIMES, March 7, 2012, at A31（认为，"一个充满活力的公益律师事务所"应当"挑战将文凭作为招聘要求是否违宪"的问题）。实际上，违宪的论据并不充分，但是政策上的论点是有道理的。

尤其差劲。不过，好的例子还是有的。德国就有发展完善的学徒工体系，这帮助人们为从事需要中等或者高等职业技能而不需要大学文凭的职业做好准备①。这正是第三章对德国教育体系的讨论中没有提到的另一面：尽管这个体系很早就将学生分类，使得不在文理中学就读的学生，根本就没有什么机会进入四年制大学，但是学徒工体系为年轻人提供了广阔的机会向从事技术类职业的成年人学习。这就为年轻人创造了学习相关技能的机会，并且让他们了解为什么也可以珍视这些职业，并且可以在这些职业中实现自己人生的兴盛。

要打开四年制大学文凭这个瓶颈周围的路径，这个难题中的一个重要部分是文化问题：要让人们不再认为四年制大学是唯一正确的路径，不再认为所有追求其他路径的人都是失败者。正是这种文化看法，强化了雇主对文凭的要求，同时这个要求又反过来更加强化了这种文化看法。解决问题的一个出发点，是在这些要求周围创造路径，打开新的不需要大学文凭的路径，并且使那些现在强制要求大学文凭但实际上完全没有这个必要的工作，不再要求申请者必须有大学文凭。

这个工程的动机和可能的效果与"格里格斯诉杜克电力案"很接近。该案挑战了招聘时对高中文凭的要求（并且对智商测试提出了挑战）。法庭直接质疑了这类文凭是对功绩"粗略和大体"衡量标准的看法："人们即使没有证书、文凭

---

① Stepehen F. Hamilton & Mary Agnes Hamilton, *Creating New Pathways to Adulthood by Adapting German Apprenticeship in the United States*, in FROM EDUCATION TO WORK: CROSS-NATIONAL PERSPECTIVES (Walter R. Heinz ed., 1999).

或者学位这类传统的成就标志,也能很好地完成工作,这样的例子在历史上不胜枚举。"① 但是这种表现,只有在我们允许那些没有这些资质的人能够沿着某些路径前进,并通过其他方式证明自己时才可能出现。"文凭和考试是有用的仆人,"法庭这样写道,"但不能成为现实的主人"②。

高中文凭的要求在今天仍然是一个重大的瓶颈。但是鉴于现在工作人群受教育程度的提高——以及学历通胀的问题,如今四年制大学的文凭差不多成了新的高中文凭。今天大约有30%的美国人拥有四年制大学的文凭,这个数字与"格里格斯诉杜克电力案"时,北卡罗来纳州人口中拥有高中文凭者的比例接近③。大学文凭的要求正如当年的高中文凭要求,在招聘时筛掉了人口中的大部分人。

正如当年法庭在"格里格斯案"中对高中文凭要求的关注来自其种族影响,我们今天对大学文凭这个瓶颈的关注,也应当在很大程度上突出相同的理由④——还要突出一个事实,那就是这个瓶颈大大强化了一个限制出身贫寒人群机会的更深

---

① *Griggs v. Duke Power Co.*, 401 U. S. 424, 433 (1971).
② 同上。
③ 参见 U. S. CENSUS BUREAU, THE 2012 STATISTICAL ABSTRACT, NATIONAL DATA BOOK, table 229 (29%); *Griggs*, 401 U. S. at 430 n. 6.
④ 参见 CENSUS BUREAU, 2012 STATISTICAL ABSTRACT, table 229 (显示了 2010 年美国各种族获得大学文凭的比例:白人 30.3%;黑人 19.8%,亚裔和太平洋岛民 52.4%,拉丁裔 13.9%)。当今白人与黑人在获得大学文凭方面的差距很大,而白人与黑人在获得高中文凭方面的差距则很小 (87.6%:84.2%)。

层、更普遍存在的瓶颈,本节一开始那个惊人的数字(82.4%对8.3%),显示了阶级差异在数字上甚至比"格里格斯案"中的种族差异更为巨大。在这两个例子中,这个差异是子女、父母和教育体系的各个阶段多层互动的结果。正如在"格里格斯诉杜克电力案"中,法庭承认,黑人"长期以来在种族隔离的学校中接受劣质的教育"①,我们今天也要承认在小学和中学中与阶级相关的差异,以及大学费用本身正是造成我们在高等教育中见到的阶级差异的核心原因之一。

其实在打开大学文凭瓶颈时,许多甚至大部分受益者都不会是穷人。在阶级结构中,有许多人因为各种原因没有进入大学或者完成大学学业。潜在的受益者很广泛是一件好事——而不是问题。如果我们的目标只是使最劣势的群体收益,那么可能应该选择另一个更加有针对性的办法。反瓶颈原则不是仅仅要让最为劣势的群体收益,而是要改变机会结构的形态,使其更为多元化。

我们不能把涉及机会的所有问题一下子简化成群体不平等的问题,反瓶颈原则促使我们提出另外一组问题:为什么这个瓶颈会如此严重?是否能缓解这一瓶颈——不仅是为了穷人这样的特定群体,更是为了那些有才智或者有潜力追求特定的职业,但是由于"格里格斯案"中法庭认定的那种"随意设置的、不必要的障碍"而受到阻碍的人。

放宽诸如大学文凭要求这样的资质限制,并不是灵丹妙药。基于阶级的机会差异不仅包括文凭和资质的差别,还包括

---

① *Griggs*, 401 U. S. at 430.

发展机会——有时是重要的发展机会的差异,这些发展机会决定了我们在机会结构中是否有能力完成一些重要的任务。研究父母对子女投资的经济学家和社会学家,已经找到了其中的一些机制;家庭的问题制约了我们究竟能在多大程度上缓解这个瓶颈。然而,尽管我们的社会安排会强化阶级一类的出身背景,我们至少还是能够降低这种安排的影响程度。要达到这个目标,我们需要在大学文凭要求这种资质限制的瓶颈之外,解决发展瓶颈的问题。很多这样的发展瓶颈从根本上而言都具有社会性,下面我们就来讨论这个问题。

(三) 隔离与融合:一个关于网络和规范的故事

约翰·杜威在一个世纪前就主张,学校教育应该给个人"一个机会来摆脱其生来就从属的社会群体"。[1] 但一般来说情况都不是这样的——主要原因是学校与强大的地理瓶颈之间的联系。

最近几十年来,许多学者都勾勒了所谓机会地理的图景,他们特别关注有限的机会如何影响那些身处城市贫困人口居住地区,或者与这些贫困人口保持着各种社会关系的个人。威廉·朱利亚斯·威尔逊(William Julius Wilson)解释了在城市中失业的一系列后果以及家庭形态的瓦解。他认为这是一个文化传播的过程,在这个过程中,由于缺少其他可见或者可行的选择,这里的儿童从周围的人那里学到了暴力等各种"与贫

---

[1] JOHN DEWEY, DEMOCRACY AND EDUCATION 24 (1916).

第四章 应用

民窟相关的行为",并且会复制这些行为①。社会学的定量研究已经发现了各种各样的"居住地效应",发现即使在控制了家庭和个人特征后,居住地依然会对一个人的教育成就、就业机会、参与犯罪、青少年性行为等许多变量产生显著的影响②。鉴于这些影响,自从安东尼·唐斯(Anthony Downs)在1973年出版了他那本具有开创性的著作——《开拓郊区》(Opening Up the Suburbs)以来,一代又一代的公共政策学者都在努力探寻,如何通过公共政策使贫困家庭能够搬到机会更多的居住地,从而让这些更富庶的地区在种族和阶级方面实现多元化③。

机会地理不是意外形成的。它是公共政策选择和个人决定

---

① WILLIAM JULIUS WILSON, WHEN WORK DISAPPEARS: THE WORLD OF THE NEW URBAN POOR 51–86 (1996).

② 参见如 JOAH G. IANNOTTA & JANE L. ROSS, EQUALITY OF OPPORTUNITY AND THE IMPORTANCE OF PLACE: SUMMARY OF A WORKSHOP 14–20 (2002);他们的工作涉及拆分和测量的复杂问题,参见 NEIGHBOURHOOD EFFECTS RESEARCH: NEW PERSPECTIVES (Maarten van Ham et al. eds. 2011)。尽管如此,研究者们已经开始注意到居住地效应不仅影响在特定居住地区长大的个人,而且还会影响其后的几代人,Patrick Sharkey & Felix Elwert, *The Legacy of Disadvantage: Multigenerational Neighborhood Effects on Cognitive Ability*, 116 AM. J. SOCIOLOGY 1934 (2011).

③ ANTHONY DOWNS, OPENING UP THE SUBURBS: AN URBAN STRATEGY FOR AMERICA (1973). 综述可参见 PETER SCHUCK, DIVERSITY IN AMERICA 218 n. 73 及相关文字 (2003)。该论点的一个强有力的版本可参见 OWEN FISS, A WAY OUT: AMERICA'S GHETTOS AND THE LEGACY OF RACISM (2003).

的共同产物,那些有资源的人决定运用一部分资源,即通过选择居住地,来改善他们子女的机会①。经济学家们长期以来都认为,当学校将生源限定在一个特定的地理区域中时,理想学校的价值就可能通过这个固定区域中的房价而资本化②。实际情况似乎就是这样,但程度并没有我们想象得那么严重。可以直接衡量(以考试成绩和其他结果变量,或者诸如经费这样的输入变量为标准)的学校质量对房价的影响并不大。一个被广泛引用的美国研究报告发现,学校考试成绩中的一个标准方差只会带来2%的房价增幅③。教育政策研究者则偏爱以"增值"的标准来衡量学校质量,即学校能够在多大程度上提高每个孩子每年的成绩,他们的研究发现,这与房价几乎没有任何关联④。

然而,更复杂的平衡建模方法已经开始让一些经济学家得出不同的结论,他们认为,诸如其他学生家长受教育水平和收

---

① 参见 JAMES RYAN, FIVE MILES AWAY, A WORLD APART: ONE CITY, TWO SCHOOLS, AND THE STORY OF EDUCATIONAL OPPORTUNITY IN MODERN AMERICA (2010)(引人入胜地描写了对两所高中的情况以及全国和地方政治力量如何使弗吉尼亚州里奇蒙市与其郊区的分界线两侧的学校为学生提供的机会出现了极其巨大的差异)。

② Stephen L. Ross & John Yinger, *Sorting and Voting*: *A Review of the Literature on Urban Public Finance*, in 3 HANDBOOK OF REGIONAL AND URBAN ECON. 2001 (Paul Cheshire & Edwin S. Mills eds., 1999).

③ Sandra Black, *Do Better Schools Matter? Parental Valuation of Elementary Education*, 114 QUARTERLY J. ECON. 577 (May 1999).

④ David Brasington & Donald R. Haurin, *Educational Outcomes and House Values: A Test of the Value-Added Approach*, 46 J. REGIONAL SCI. 245 (2006).

入水平一类的人口学变量,会对房价产生更大的影响,并且会更加显著地影响家长在选择居住地时所做出的决定①。当然,家长的受教育水平和收入水平与考试成绩也是高度相关的,因此很难把这些变量孤立出来。但是,这些结果显示了当这些变量能够被分离出来时,家长的特征可能是最重要的。换句话说,人们确实在运用资源搬到他们所偏好的居住地区,并且让孩子进入他们偏好的学校,但是他们的偏好,在很大程度上是对居住地中其他家庭的教育水平、收入和种族的估计②。这种偏好会随着时间的推移强化人们观察到的阶级隔离日趋严重的趋势。随着时间的推移,似乎有越来越多的美国人居住在邻里之间(越来越)富裕相当或者贫困相当的居住地③。

如果确实如此,那么这意味着解开居住隔离这个死结的难度要大得多,而造成这个死结的瓶颈则更加根深蒂固。也就是说,如果所有的父母都追求高质量的学校,而更富有的父母在这一点上会更成功,由此造成的隔离问题就已经很棘

---

① 参见 Patrick Bayer, Fernando Ferreira, & Robert McMillan, *A Unifid Framework for Measuring Preferences for Schools and Neighborhoods*, 115 J. POLITICAL ECONOMY 588 (2007) (发现学校的考试分数也会影响父母做出在哪里居住的决定,但是居住地其他家庭的社会人口特征,比如其他父母的教育程度,对这些决定的影响要大得多)。

② 同上,第 626 ~ 629 页 (发现虽然所有家庭都偏好生活在收入更高的居住地,但家庭会根据教育和种族进行自我隔离)。

③ 参见 Sean F. Reardon & Kendra Bischoff, *Growth in the Residential Segregation of Families by Income, 1970 – 2009*, RUSSELL SAGE FOUNDATION REPORT (Nov. 2011), available at http://www.s4.brown.edu/us2010/Data/Report/report111111.pdf。

手了。如果父母本来就是寻求隔离，偏好居住在人口特征上与他们接近的（或者更加富裕的）居住地，并且将他们的子女送到这样的学校中，那么融合就是一个更加没有市场的理念了。有些家长会承认，他们相当在意居住地内的人口特征，而不是以其他标准来衡量学校的质量；而其他家长则坚决不愿意承认，他们很在意孩子的同学是些什么人——但是他们的言行并不一致[①]。

家长选择隔离可能一部分是基于偏见和成见。但是，家长特意关注周围的人，这大概是正确的决定。大量关于同群效应（peer effect）的文献都指出，这些效应对学生的成绩有很大影响。各种回归研究也一致发现，周围人的成绩水平会显著影响单个学生的成绩，尤其是对成绩较差的学生影响最大——这个大体的结论在许多国家都适用[②]。同群效应对成绩的影响在班级层面上比在学校层面上更为显著。看起来仅仅

[①] 参见 ELLEN BRANTLINGER, DIVIDING CLASSES: HOW THE MIDDLE CLASS NEGOTIATES AND RATIONALIZES SCHOOL ADVANTAGES (2003)（这篇民族志研究了一组中产阶级和上层中产阶级父母如何极力避免让自己的孩子与穷人的孩子同校就读）。英国类似的研究也发现，中产阶级父母会采取类似的策略。基本上，他们都十分坦诚地承认不愿意让子女和来自工薪阶级的孩子混在一起。STEPHEN J. BALL, CLASS STRATEGIES AND THE EDUCATION MARKET: THE MIDDLE CLASS AND SOCIAL ADVANTAGE (2003).

[②] Ron W. Zimmer & Eugenia F. Toma, *Peer Effects in Private and Public Schools Across Countries*, 19 J. POLICY ANALYSIS & MANAGEMENT 75 (2000); Eric A Hannushek et al., *Does Peer Ability Affect Student Achievement?* 18 J. Applied Econometrics 527 (2003).

第四章 应用

处于同一座建筑之中并不会有什么影响，实际的互动才会产生影响[1]。父母在选择居住地时似乎已经考虑到，他们子女的同学是很重要的因素。但是这些选择带来一些外部效应：这些选择会将机会地理推向第三章中描述的"机会之地"和"贫困之地"的情景。

同群效应并不是社交网络和居住地带来的唯一效应。社会学家发现，居住地中的成年人在社会化过程中扮演了一个重要的角色；孤立、犯罪、暴力和享受服务等居住地所存在的变量同样也很重要[2]。在探讨废除种族隔离制度给美国带来的影响的社会学文献中，有一种理论被称为固化理论（perpetuation theory），支持这个理论的学者认为，由于居于劣势的群体"缺乏非正式网络来提供与已经废除了种族隔离的机构和就业相关的信息和准入点。"，种族隔离会跨越代际地被固化下来[3]。

通常说来，缺乏的是"弱纽带"，即熟人和朋友的朋友这一类非正式的人际网络，这些网络能够提供在其他条件下显得

---

[1] 参见如 Jacob Vigdor & Thomas Nechyba, *Peer Effects in North Carolina Public Schools*, in SCHOOLS AND THE EQUAL OPPORTUNITY PROBLEM（LudgerWoessman& Paul Peterson eds., 2006）。研究文献中对"资源投入"对学生学习的影响没有得出结论，这令人失望，而且与上文中发现的显著的同群效应形成了对比。

[2] Ingrid Gould Ellen & Margery Austin Turner, *Does neighborhood matter? Assessing recent evidence*, 8 HOUSING POLICY DEBATE 833, 833–842（1997）.

[3] Amy Stuart Wells & Robert L. Crain, *Perpetuation Theory and the Long-Term Effects of School Desegregation*, 64 REV. OF EDU. RES. 531, 533（1994）.

很遥远或者不熟悉的理念、途径,以及社会形态①。由于许多雇主仍然是通过口口相传或者员工推荐来进行招聘,这些弱纽带也能够使人们直接接触到机会②。学校中的种族融合是促进在群体间扩展弱纽带和非正式网络的一个手段。对"高特罗"(Gautreaux)方案的研究,在确定其机制方面取得了一些进展。"高特罗"是芝加哥在住房方面消除种族隔离的一个具有里程碑意义的案例,其方案是为4000个贫困家庭提供了公共住房券,使这些家庭能够搬入城里,或者搬到市郊中产阶级居住的社区。这些搬到市郊的家庭中的孩子,完成高中学业并进入大学就读的可能性要比过去高许多;这些孩子都将郊区的老师、辅导员、同学以及同学的兄弟姐妹作为自己的榜样和重要信息的来源③。

---

① Mark Granovetter, *The Microstructure of School Desegregation*, in SCHOOL DESEGREGATION RESEARCH: NEW DIRECTIONS IN SITUATIONAL ANALYSIS 81 (Jeffrey Prager et al. eds., 1986); Elizabeth Frazer, *Local Social Relations: Public, Club, and Common Goods*, in RECLAIMING COMMUNITY 54 (Victoria Nash ed., 2002).

② Granovetter, *Microstructure*, at 102–103; Linda Datcher Loury, *Some Contacts Are More Equal than Others: Informal Networks, Job Tenure, and Wages*, 24 J. LABOR ECONOMICS 299 (2006) (探讨了非正式网络对薪酬、工作职位等变量的影响,并发现"认识老板或者认识能够提供推荐"的朋友和亲戚特别重要);大体参见 MARK GRANOVETTER, GETTING A JOB: A STUDY OF CONTACTS AND CAREERS (2d ed. 1995)。

③ Julie E. Kaufman & James E. Rosenbaum, *The Education and Employment of Low-Income Black Youth in White Suburbs*, 14 Educational Evaluation & Policy Analysis 229, 237–238 (1992).

第四章 应用

这类网络之所以重要的一个原因是其能够激发抱负。对年轻人的志向和梦想进行的社会学研究中有一个令人心碎的发现，那就是即便年轻人对有可能实现个人抱负的人生目标或者计划有清晰一致的理解，他们通常还是会对实现这个目标的途径，以及这个途径中的各个阶段缺乏最基本的了解①。比如说，他们可能不清楚要想成为医生，首先必须成绩优秀、上大学，然后再去医学院就读②。研究美国学校中废除种族隔离带来的影响的社会学家已经发现，在种族隔离的环境中，黑人可以表达野心勃勃的职业抱负，但在种族融合的环境中，黑人往往会展示出他们对通向这些职业的途径有更多的了解，对于如何将他们的教育抱负和职业抱负联系起来也会有更实际的计划③。对预备阶段和教育途径的结构有一个基本的了解，这是很重要的。个人还需要得到鼓励，使他们能够想象自己可以去追求特定的路径。网络有助于提供这些鼓励。一个正在人生路径上前行的人，恰恰是对这条人生路径绝佳的信息来源。这样

---

① 参见 BARBARA SCHNEIDER & DAVID STEVENSON, THE AMBITIOUS GENERATION: AMERICAN'S TEENAGERS, MOTIVATED BUT DIRECTIONLESS 53 – 56, 80 (1999)，作者运用问卷数据和访谈展示了一些子女，特别是缺乏相关榜样的子女，其志向和他们自己对未来的计划是不"相符"的。

② BARBARA SCHNEIDER & DAVID STEVENSON, THE AMBITIOUS GENERATION: AMERICA'S TEENAGERS, MOTIVATED BUT DIRECTIONLESS 53 – 56, 80 (1999).

③ 经典的研究是 Jon W. Hoelter, *Segregation and Rationality in Black Status Aspiration Process*, 55 SOC. OF EDUC. 31, 37 – 38 (1982)，参见 Wells & Crain, *Perpetuation Theory*, at 536 – 541（文献综述）。

的人既可以激发其他人的志向，又可以提供路线图上所需的一些重要的元素①。

当无法接触这种网络成为一种瓶颈时，帮助人们"通过"瓶颈的一种办法就是融合：通过公共政策来缓解人们因为阶级或者种族而被隔离的程度。但是我们不能够将融合的概念局限于居住的融合。许多类型的国家组织，或者非政府组织的参与者，都有助于搭建网络来打散在居住方面被隔离的群体。磁校（magnet schools）就能够起到这样的作用。很多种类的课外活动也能够把来自不同学校的孩子聚集到一起，也就有可能把不同背景的孩子聚集到一起。由于学校和居住地都能够塑造网络，因此，我们有空间来创造性地思考如何打破二者之间的联系。废除学校招生时对居住地的要求，有可能会带来学校中的融合或者居住地的融合，这就要看家长接受二者之中的哪一个了。与我们的直觉相反的是，将孩子送到私立学校的选项，或许有可能成为废除居住隔离的推动力，因为有些富裕的家长本身可以接受居住在任何地区，但他们不一定能够接受那里的人作为自己孩子的

---

① 我们在关于低收入家庭的优秀学生的数据中可以非常明显地看到这些效应（参见本书第 308~314 页），他们大多数人不会申请竞争激烈的大学，哪怕他们的资质显示出他们能够被录取，也能够毕业。若能够接触到在竞争激烈的大学里就读的成年人，或者即将去这些大学就读的同龄人，则会对他们的决定产生巨大的影响。参见 Caroline M. Hoxby and Christopher Avery, *The Missing "One-Offs": The Hidden Supply of High-Achieving, Low Income Students*, NBER Working Paper No. 1858, Dec. 2012。

同学①。对网络的接触不是零和的，而我们的目标之一，应该是通过制度设计的选择来扩展人们的网络，这些选择能够促进非正式的互动，帮助人们发展与他人的关系。即使这些网络在融合这个维度上来说，起到的作用并不显著，但仅仅是让成年人和儿童接触到各种网络，就已经能够帮助他们更多地接触到一些机会②。

同时，解决方案中一个同等重要的部分是帮助人们找到"绕过"缺乏网络这个瓶颈的办法。当存在正式的渠道可以获得网络能够提供的知识、经验和关系时，非正式的网络就不那么重要了。学校、雇主和其他许多人都应该认真思考，他们应该如何创造直接的工作经历和辅导途径，以便使学生可以直接地了解到那些在他们的居住地和网络中不常见的职业路径。此外，学校应当发展教学方法来明确地教授学生如何追求各种职业路径，特别是从该校毕业的人应该如何追求这些路径。雇主

---

① 这个模式在黑人社会是很普遍的，在白人社区也是如此。这可能是因为一些黑人中产阶级聚居的郊区，即使在涌入了越来越多的更弱势的家庭后，那里的居民也没有选择搬走。但有些居民虽然选择了继续在那里居住，却让子女从那里的学校退学。参见 Sheryll D. Cashin, *Middle-Class Black Suburbs and the State of Integration: A Post-Integrationist Vision for Metropolitan America*, 86 CORNELL L. REV. 729 (2001)。

② 在最近一项引人入胜的研究中，一位社会学家展示了日托中心通常会为非正式的互动和母亲之间建立网络提供许多机会，但是这个效应取决于一些看上去微不足道的制度设计变量，比如日托中心的设置就会影响家长们能否产生互动，MARIO LUIS SMALL, UNANTICIPATED GAINS: ORIGINS OF NETWORK INEQUALITY IN EVERYDAY LIFE (2009)。

在其中也可以扮演一个角色，使获得在特定领域工作资质的过程更为透明、可知。机会结构的形态对于那些无法接触到合适的网络的人而言，完全没有理由保持如此神秘。

当融合在物理上无法实现时，后一种办法就显得特别重要了。比如农村青年的世界，这些青年的视野和抱负与那些在成长过程中接触到更广阔人生路径的人相比更有局限性[1]。有些人质疑这些局限是否构成了问题，他们也认为农村青年拒绝一些工作和其他机会，放弃中学之后的教育而选择与他们的社区保持紧密联系，这可能是一件好事[2]。但是从机会多元主义的角度来看，问题也是很明显的。当然，有许多人在农村也能过上兴盛的生活，但是我们不应该将人们的视野只局限在他们成长环境中常见的几种特定兴盛形式上。

当我们以一个基于考试成绩的线性度量来表述融合的目的时，我们通常的目标仅仅是提高贫困家庭中孩子们的成绩，同时尽可能少地伤及优势家庭中孩子的成绩。约翰·杜威大概是最早呼吁在教育中实现阶级融合的人，他的想法与上述不同，却更为对称。他秉持的理念是，打破"反社会的精神……当一个群体形成了'自身的'利益，并且因此完全停止了与其

---

[1] 参见 Ann R. Tickamyer & Cynthia M. Duncan, *Poverty and Opportunity Structure in Rural America*, 16 ANN. REV. SOC. 67 (1990)（对文献做了综述）；Emil J. Haller & Sarah J. Virkler, *Another Look at Rural-Nonrural Differences in Educational Aspirations*, 9 J. RES. RURAL EDUC. 170 (1993)。

[2] 参见 Caitlin W. Howley, *Remote Possibilities: Rural Children's Educational Aspirations*, 81 PEABODY J. EDUCATION 62 (2006)。

他群体的全面互动时，就会产生这样的精神"①。

有钱人的孩子真的能从工薪阶级的孩子，甚至从贫困人群的孩子那里学到什么吗？答案取决于机会结构的形态，同时也会强化机会结构的形态。如果学校是为了让具有优势的儿童更好地为未来的各种竞争做好准备，在教育和就业的金字塔上争得上游，那么，答案大概是否定的。在这样的机会结构中，理性的做法是寻找一个人能够找到的最具优势的人作为同学。在更多元的机会结构中，答案可能就不一样了。总会有一些教育程度很高、家庭十分富裕的孩子，不会去追求（或许即使追求也无法成功）那些对他们的阶级而言司空见惯的各种路径；他们会想了解在其他可以追求的职业和生活中，有什么也能够带来人的兴盛，有什么是值得追求的，同时还有什么是不具有吸引力的，了解这些对他们至少是有益处的。同样，生活在郊区和城市中的年轻人，也可以从了解农村青年通常接触的各种兴盛形式和实现途径（哪怕总体上是更为局限的途径）中受益。

最后这几点听起来有点像乌托邦。可能很难想象，融合是一条将路径对所有人开放的双向街——也就是说，很难相信那些更具有优势的儿童能够从与劣势儿童的接触中获得什么。如果是这样，那么这个困境反映了阶级瓶颈在多大程度上植根于机会结构和我们对机会结构的理解之中。如果更具优势的父母养育的孩子，真的不能从其他成年人追求的道路中学到什么，那么情况就很困难了，也就更需要我们加快改变机会结构的步伐了。

上面所讲的三个故事通过很多方式产生互动，最简单的方

---

① JOHN DEWEY, DEMOCRACY AND EDUCATION 99 (1916).

式是：更严重的物质不平等加深了使阶级成为瓶颈的所有机制。这种机制使一个人在机会结构中占到的位置更为重要，使这个结构中的一些重要部分更加单一化，并且使人们对向下流动性的恐惧更为显著；这个互动将一个人能够为子女提供的教育机会与其阶级地位更加紧密地联系在一起，增强了更富有的家庭按照阶级进行自我隔离的动机与能力。因此，解决机会不平等的方案中重要的一部分是公共政策选择，比如累进税制、社会保障和提供非货币性的补助，从而减少物质不平等或者弱化不平等在实际中的重要性，使其造成的瓶颈不那么严重。

我们应该在多大程度上追求这些理念，这是有界限的。做过了头，由没收性赋税带来的物质上的完全平等就会反过来与多元主义产生冲突，如果人们在不同程度上将金钱置于其他所有价值之上，并以此为标准选择自己的生活，那么将会遇到更多的困难。但是我们有信心说，美国离"做过了头"还非常遥远。同时，在阶级和教育的问题之外，经济结构还通过其他方式制造瓶颈，限制着个人追求自我选择道路的自由。下面我们将讨论其中的几种方式。

二 工作领域中的自由和灵活度

一个人追求自己选择的各种兴盛形式组合的机会，在很大程度上取决于职业结构和更宏观的资本主义结构。本节主要探讨在这个领域中与不同的"灵活度"概念相对应的两组问题：一个是使工人可以更换工作，使企业家可以创办新企业的经济灵活度；另一个是工作场所的灵活度，后者已经成为关于性别和工作与家庭冲突讨论中的试金石。灵活度在职场中可以有很多含义，而我在这里讨论的几组问题都与西欧等地区雇主已经开展的各种劳动市场"灵活度"改革无关①。

（一）灵活度、就业锁定和企业主义

一个人的工作同时扮演着多种角色：既是表明许多人身份的重要部分，也是驱动平等或者不平等的引擎，同时还是人的自由或者依赖性的所在。一些人发现，他们既能够在一个企业内部，也能够通过更换工作来追求各种路径；而其他一些人则发现，他们依赖于自己能获得的工作并且被束缚在这个单一的工作上。这些不同的体验在现实中各占多少比重取决于机会结构中的一些重要特征。

这里要讲的一部分是工作与社会保障之间的关系。比如上面简要提到的失业救济。通常我们会从人道主义和社会福利的角度来考虑这些救济：失业是对一个人重大的经济打击，失业救济缓解了这个打击，改善了人们的福利，避免让一次挫折演变成一场灾难。但是与其他形式的社会保障一样，失业救济之所以重要还有另外一个原因：失业救济使雇员不必那么害怕失业所带来的短期后果，从而使总体的机会结构更加灵活和多元。这也影响了激励因素，它使人们更有能力说："我不干了！"也使人更有能力更换工作，从事不那么有保证的工作

---

① 这些改革通常是朝着美国式的随意解雇职员的原则方向改革。毫无疑问，这些改革与对员工个人开放的机会有一定关系，但是这个关系十分复杂，有很大争议，我在这里不做探讨。

(比如在一家可能失败的新公司工作)。举一个缺乏社会保障从而导致固化的更极端的例子可能有助于我们阐明这一点：这个现象有时被称为"就业锁定"（job lock）。

杰弗里·维甘德（Jeffrey Wigand）曾是一家烟草公司的高管，他因公开爆料自己所在的公司刻意更改了烟草中的尼古丁含量，以使消费者更容易上瘾而声名大噪，这个故事后来被拍成了电影《惊爆内幕》（The Insider）。但是维甘德出于一个重大的阻碍而没有更早地站出来：那就是违背自己所签的保密协议可能会危及他的医疗保险，而由于他的女儿患有严重的残疾，他十分依赖这份医疗保险①。维甘德的经历具有不同寻常的戏剧性，但是在20世纪上半叶，有很多美国人都是因为医疗保险而无法更换雇主。一位经济学家估计，仅仅由医疗保险这一项所造成的就业锁定，就使所有由雇主提供医疗保险的美国人每年平均的职业流动性降低了25%②。20世纪90年代，为解决这个问题而通过的法案没有起到任何效果③，但是，

---

① 参见 Marie Brenner, *The Man Who Knew Too Much*, VANITY FAIR, MAY 1996。

② Brigitte C. Madrian, *Employment-Based Health Insurance and Job Mobility: Is There Evidence of Job-Lock?* 109 QUARTERLY J. ECON. 27 (1994)。

③ 克林顿总统在1996年签署了旨在解决这个问题的法案，他在签署这一法案时说："人们在更换更好的工作时，不必再因为害怕失去保险而有所犹豫。"但是，这一法案似乎没有起到作用。Anna Sanz-De-Galdeano, *Job-Lock and Public Policy: Clinton's Second Mandate*, 59 IND. & LABOR RELATIONS REV. 430, 430 (2006)（发现1996年的《医疗保险便利和责任法案》对就业锁定没有产生可见的效果）。

《患者保护与平价医疗法案》("奥巴马医改")可能最终会提供一个更加有效的解决方案①。

除了美国奇特的医疗体系之外,人们还会因为其他许多原因被锁定在自己的工作中。有些人由于必须从事同一工作许多年才有资格领取养老金而被锁定在工作中;有些人则仅仅因为金钱是强大的工具性物品瓶颈而被锁定在现时的工作中。放弃重要的收入而追求更低或者不确定性更高的收入——哪怕只是在新工作开始时的一个阶段会如此——对他们而言都是过大的风险。无论哪种原因造成的就业锁定,都会堵塞人们从他们当前所在经济结构中的位置走出来,追求他们心中更好生活的各种途径。

包括各种社会保障在内的许多政策变革,都有助于人们找到绕过这个瓶颈的办法。比如,一个旨在防范严重的收入震荡的普遍保障计划,将有助于让人们在追求可能遭遇此类震荡的路径时不必那么害怕②。大体而言,从雇主提供福利的模式转向雇主支付薪酬、政府提供福利的模式,将使人们不再

---

① 参见 U. S. GOVERNMENT ACCOUNTABILITY OFFICE, HEALTH CARE COVERAGE: JOB LOCK AND THE POTENTIAL IMPACT OF THE PATIENT PROTECTION AND AFFORDABLE CARE ACT 9-10 (2011)(解释了法案条文如何禁止承保方以既往病史为由拒绝赔付或者提高保费,从而降低了就业锁定)。该法案一些重要的元素将在本书出版之时生效。我们对此拭目以待。

② Jacob S. Hacker, *Universal Insurance: Enhancing Economic Security to Promote Opportunity* 9 (Hamilton Project Discussion Paper, 2006), available at http://www.brookings.edu/views/papers/200609hacker.pdf.

被锁定在工作中,这会给机会多元主义带来积极的影响。

同时,要建立一个更灵活的机会结构,我们必须减少将人们锁定在特定工作和职业之外的障碍。这些障碍包括国家推行的职业执照制度,同样,也包括那些国家没有干预取缔的私营的、卡特尔式的安排。举例来说,每当执照制度使一个人难以成为理发师或者美容师时,或者当一个人必须要按照一系列随意设置的和不必要的步骤才能从事这些职业时,机会结构都会因此而变得不那么多元化①。机会多元主义要求我们以怀疑的眼光来审视这些制度,并且找到更容易获取这些路径的办法。

同样,将特定的工作角色传给亲属(通常是男性亲属)的传统,比如消防员或者警察这样的工作,可能会带来更细微的准入障碍,影响那些并不认识现任雇员的人。例如,一个表面上是择优录取的考试,可能在获取相关知识和学习材料时是分配不均的,这使得一个人必须与现任的雇员有关系,才能更多获得相关的知识和材料。打破这些障碍有助于缓解瓶颈。

这些观点都是从员工的角度来审视资本主义经济。如果要满足"条件四",那么从企业家的角度来审视经济结构就同样重要,此外还有一个问题,就是一个人在员工和雇主角色之间转换的难度有多大。潜在的企业家通过不同的商业形式和不同的成功途径建立新企业的能力,取决于新公司进入已有市场时面临的障碍——以及个人在建立新的公司时面临的障碍。对企业活动的开放,有助于保持公司、公司类型和工作场所组织形式上的多样性。反垄断法案也是解决这个问题的一部分,其针

---

① 感谢 Saul Levmore 指出这一点。

对的就是那些为新的市场参与者设置准入障碍的行为。但是，控制企业活动准入的最重要的变量，可能还是那些影响资本和信贷准入的变量。

一方面，如果只能从少数几个大型借贷方获得信贷，那么这些借贷方的态度就会决定需要信贷的新企业能否成立或者扩张（同样，如果借贷方有很多，但是它们都把决策权外包给了几个相同的信贷决策机构，那么效果也会是一样的）。这种情况可能会造成信贷瓶颈，使很多人都无法通过。另一方面，如果存在许许多多不同的借贷方，而它们都能够做出独立的决定——可能各自运用了不同的标准，比如在信用历史的数据之外再加上本地的信息，那么，就不会有一个单一的信用标准成为非常严重的瓶颈。哪些人能够得到多少信贷，这也很重要。一个为创业提供了充分信贷支持的经济体，更有可能使个人有能力为自己和他人创造新的、以前没有的路径组合，从而使机会结构更加多元化。

关于小额信贷的学术文献可以间接地阐明，为什么这一点如此重要。这些文献认为，某些群体和个人能够更多地获得资本、信贷和经济机会，这是社会中一个几乎普世的现象；对无法获得资本、信贷或者经济机会的人而言，他们的路径受到了限制。在许多社会中，即使主流的金融机构协同努力向贫困人口放贷，也不能克服一个重大的瓶颈，这个瓶颈使包括资本借贷在内的所有机会都向当地有影响力的精英集中①。正是出于

---

① MARGUERITE S. ROBINSON, THE MICROFINANCE REVOLUTION 144 – 146, 216（2001）.

这个原因，小额信贷试图向经济上活跃的贫困人口开放资本，从而打破现有的机会结构①。如果获取资本的分配足够广泛，那么它就能够提供一条逃生的通道，这是一个绕过工作领域中其他瓶颈的办法。在发达国家中，扩展资本获取的平等主义提案通常更多地聚焦于分配公平或者减少贫困，但有时也会触及类似"条件三"的问题：这个方案就是要为个人打开那些现在还不对他们开放的新的路径和选择②。

224 影响企业活动的机会结构形态还取决于一个问题，即失败带来的局限性会有多大？在一些经济体系中，创业失败可能会意味着这个人以后将失去资格，很难在未来再次获得信用或者资本。在这种情况下，对没有严重不良金融记录的要求就成为一个瓶颈：没有这样的良好记录，一个人就不能追求这个经济体系中的很多路径（如果信用记录还被用于招聘中，那么这个人甚至可能无法成为一名雇员）。与之形成对比的是，在其他的经济体系中，失败的代价较小，这一部分是文化的原因。投资者是否会将融资者过去的失败经历作为使这个人失去融资资格的污点，还是会认为这不是什么严重的问题，甚至是一种

---

① MARGUERITE S. ROBINSON, THE MICROFINANCE REVOLUTION 18, 216 (2001).

② 参见如 BRUCE ACKERMAN & ANNE ALSTOTT, THE STAKEHOLDER SOCIETY 3–5 (2000)（提议在美国青年成年时给予 8000 美元的资本投入，使他们能够"独立地选择在哪里居住、是否婚嫁、如何为经济机会而接受培训"，后者包括但不限于高等教育）；MICHAEL SHERRADEN, ASSETS AND THE POOR: A NEW AMERICAN WELFARE POLICY (1991)（提议从基于收入的福利政策转向基于财产的福利政策，使得贫困人口可以积累储蓄并用来追求各种机会）。

有益的经验？这就要看《破产法》在多大程度上使人们有可能减轻债务重新上路。人们在人生的不同阶段都可能有兴趣追求新的、不同的事业和活动，所有这些变量都影响了资本主义体系在包容这种兴趣时的灵活度。

在最近几年中，工作场所的灵活度引发了人们相当的关注，但是原因并非上述的任何理由，相反，人们关注的是一系列与工作和家庭冲突相关的问题。这些问题为我们提供了一个机会来思考，当旨在缓解一种瓶颈的政策加深了另一种瓶颈时所带来的难题，以及与完美主义、选择以及机会结构中社会规范所起的作用等问题。下面让我们更深层次地来讨论这些问题。

（二）工作场所的灵活度和性别瓶颈

在本书的开篇，我讨论了一个假想的社会，这个社会中有许多受人珍视的路径，包括通向最具优势的社会位置的路径。这些路径只对男性和没有子女的妇女开放。尽管这样的制度和路径与只对男性开放的社会相比已经是一个进步，但与机会多元主义的要求还相差甚远。如果妇女无法追求将育儿和完整的、兴盛的工作生活结合起来的路径组合——还有较少被提及但同样重要的一点，如果男性也无法追求同样的将工作和完整的、兴盛的家长角色结合起来的路径或者兴盛形式的组合，那么性别就仍然是一个局限性很大的瓶颈。此外，即使在一个没有性别的世界中，一个对性别无任何限制但是使一个人在为人父为人母后就无法追求自己最珍视的事业路径的制度，也会构成一个局限性很大的瓶颈。人们在家庭生活、工作生活以及其他领域都能找到重要的兴盛源泉。一个多元的制度应当能够让人们有（更大的）可能为自己选择如何平衡这些义务，尽量降低一种义务妨碍另一种义务的程度。因此，机会多元主义要求我们重新构建与工作以及与育儿相关的一些规范。然而，对工作必要的重构不一定要和当前工作场所中朝"家庭友善"方向的变革相一致。

最近几十年来，工作场所中旨在改善"工作与生活平衡"，并使工作场所对家庭更为友善的改革，在北美、西欧和东亚快速地流行起来①。这些改革包括提供照顾新生子女、领养子女和患病亲属所需要的带薪或者无薪假期、弹性工时、兼职，以及远程办公等安排，使工作场所原本严格的时间和地点要求更能适应家庭生活并与之相容。

这些变革针对的是一个严重的问题。许多工作，特别是那些男性雇员占绝大多数的工作，都是按照琼·威廉姆斯（Joan Williams）所说的"理想工人"（ideal worker）的规范来设计的②。这个规范假定了工人——不分性别，但期望值是大多数工人为男性——都是那种典型的传统家庭中的经济支柱：在工

---

① 参见如 MARGARET FINE-DAVIS ET AL., FATHERS AND MOTHERS: DILEMMAS OF THE WORK-LIFE BALANCE (2004); RECONCILING FAMILY AND WORK: NEW CHALLENGES FOR SOCIAL POLICIES IN EUROPE (Giovanni Rossi ed., 2006); WORK-LIFE INTEGRATION: INTERNATIONAL PERSPECTIVES ON THE MANAGING OF MULTIPLE ROLES (Paul Blyton et al. eds., 2006)。

② 参见 JOAN WILLIAMS, UNBENDING GENDER: WHAT FAMILY AND WORK CONFLICT AND WHAT TO DO ABOUT IT 5, 64–141 (2001)。

第四章 应用

作之外几乎没有太多时间再去完成其他义务，因此家务劳动主要由其他人完成。如果只有一个工作场所这样安排的话，就不会形成特别严重的瓶颈。但是威廉姆斯揭示了这个规范在传统的男性工作场所中十分普遍，而这不出意外地包括了在许多维度上最理想的那些工作。如果这些工作大部分不能与工作之外的重要角色很好地结合起来，那么，我们就遇到了一个严重的瓶颈。

乍一看来，朝家庭友善方向的改革似乎完全是针对缓解这个瓶颈（这也确实是其主要目标之一①）的。但是问题没有这么简单。在欧洲，不少此类的改革将福利——比如说带薪产假——都给了妇女，而不是男性。这在荷兰等国最为严重，那里给予父亲的产假很短，而给母亲的产假则很长，而且其中一部分是强制性的，按照法律规定，女性在生育时必须离开工作场所 16 周②。多数欧洲国家给母亲的产假都很长（薪酬不等），给父亲的产假则短得多③。这种政策的效果，就是将男

---

① 此类政策也反映了各种其他动机的组合，比如一些对儿童福利的特定看法——甚至是因民族主义对低生育率的担忧而采取的鼓励生育的政策。参见 THE POLITICAL ECONOMY OF JAPAN'S LOW FERTILITY（Frances McCall Rosenbluth ed., 2007）。

② Anmairie J. Widener, *Doing it Together: Mothers and Fathers Integrating Employment with Family Life in the Netherlands*, in RECONCILING, at 164.

③ 比如英国就已经将带薪产假（只针对女性）提高到 39 周；父亲只能得到 2 周的带薪产假（这是 2003 年增加的）。参见 Jane Millar, *Families and Work: New Family Policy for the UK?* in RECONCILING, at 191。

性和妇女导向担当完全不同的工作角色和家庭角色；这种政策会将男性推向"理想工人"的工作，而将女性推向更加边缘化或者兼职的工作，使她们承担更多照料家庭事务的角色。因此，这种政策强化了机会结构中一个最普遍的瓶颈：这个瓶颈将男性和妇女导向不同类别的工作——以及不同的人生，即与其性别相对应的不同的活动和兴盛形式。

并不是所有在工作中朝家庭友善方向的改革都会加重这个问题。为儿童提供高质量、便捷和灵活的日托，以及早期教育服务是家庭友善改革的一个核心诉求，它在打开更多路径的同时不会以任何形式加重性别瓶颈。从机会多元主义的视角来看，推行这样的政策是纯粹的善举。而与工作时间和地点的灵活度相关，特别是与产假假期相关的那些政策则一直是一个问题。

最简单的解决方案——为男性和妇女提供相同的灵活度和假期——听上去很不错，但在实际中并非如此简单，因为在字面上对性别中立的做法，要与社会中对性别相当不中立的社会规范产生互动。在美国，最高法院维持了《家庭与病假法案》（FMLA）中对父亲和母亲都给予12周（无薪）产假的法律条款，理由是这种安排有助于打破性别成见以及将两性限制在其传统角色中的做法[1]。与只是为女性提供产假的做法相比，FMLA提供了一个两性都必须享有的福利底线——而这不仅限

---

[1] *Nevada Dept. of Human Resources v. Hibbs*, 538 U. S. 721, 729-732, 737（2003），本段中所说的假期是照顾孩子的假期。女性孕期时无行动能力是另一个问题：当怀孕导致在生产前后暂时失去行动能力时，将这种无行动能力等同于其他类型的暂时无行动能力，可能会不可避免地导致母亲请更多的产假。

于父母。值得注意的是,国会的法案将产假置于雇主必须不分男女批准所有员工的病假("自我照顾"的假期)这个更大要求的语境中,这样做旨在保证即使员工确实符合女性照顾病童的传统角色,请假的人数在总体上依然能包括很多男性和女性①。尽管如此,FMLA 规定的请假制度依旧是相当不平等的②。同样,在形式上为男性和女性提供相同的兼职工作,通常会造成绝大多数由妇女从事的、地位更低、受到隔离的所谓"妈咪工作",这些工作的薪水较低,晋升的机会也很有限③。

家庭友善改革有时也会造成一个更严重的问题,即工作场所之间的性别隔离。瑞典为男性和女性都提供了很长的产假,目的是让二者都能追求有意义的工作,同时也都能积极地育儿④。瑞典的请假政策从 1976 年起就对性别中立;到了 20 世纪 90 年代中期,请产假的人中依然有 90% 是妇女,于是,瑞

---

① 由于占多数的五位大法官不认为提供"自我照顾"和性别歧视之间的联系,因此最高法院最近限制了提供"自我照顾"的适用性。参见 Coleman v. Maryland Court of Appeals, 132 S. Ct. 1327, 1339 - 1342 (2012)(金斯堡法官的意见与此相左)。

② 参见如 Jane Waldforgel, *Family and Medical Leave*: *Evidence From the 2000 Surveys*, MONTHLY LAB. REV. 17, 21 (Sept. 2001)(发现在幼儿的父母中,75.8% 的母亲和 45.1% 的父亲在 18 个月的问卷调查期中请过假)。

③ 大体参见 HANS-PETER BLOSSFELD & CATHERINE HAKIM, BETWEEN EQUALIZATION AND MARGINALIZATION: WOMEN WORKING PART-TIME IN EUROPE AND THE UNITED STATES OF AMERICA 1 - 4, 317 - 324 (1997).

④ LAURA CARLSON, SEARCHING FOR EQUALITY: SEX DISCRIMINATION, PARENTAL LEAVE AND THE SWEDISH MODEL WITH COMPARISONS TO EU, UK AND US LAW 81 - 228 (2007).

典又做出进一步的规定,使假期不能在父母之间转让,使得男性不能够再将他们的假期都转给其配偶①。瑞典的就业市场如今在欧洲各国中仍然是性别隔离最严重的;女性大都集中在国有单位以及传统上由女性从事的职业。瑞典的财政部部长发现,在经合组织成员国中,"产假的多寡和性别隔离的程度之间有着明显的正相关性"②。这种隔离有很多原因。法律规定了雇主必须提供的最低假期时间——底线很高,但上不封顶——而这似乎鼓励雇主以此做出安排。瑞典政府的公务员多数为女性,政府作为雇主,预料到了员工会请假,因此有时会提供比法律规定还要慷慨许多的假期。而在私营行业领域大部分员工是男性,私营雇主会强烈地劝阻员工不要请假,并且因此在招聘中歧视女性(在瑞典和其他国家,男性都表示他们不相信雇主会同样欣然地对待男性雇员的产假要求③)。

---

① 美国的产假是作为员工个人的福利,而瑞典的产假则一开始是由政府分配给新生儿父母,按照双方的意愿分摊使用。这也是为什么禁止转让产假是一个重要的举措。见前引文第 116 页和第 135~139 页。

② ANITA NYBERG, PARENTAL LEAVE, PUBLIC CHILDCARE AND THE DUAL EARNER/DUAL-CAREER MODEL IN SWEDEN 18 (Swedish Nat'l Institute for Working Life, 2004)(引用了瑞典财政部的比较数据)。

③ 参见如 FINE-DAVIS ET AL., FATHERS AND MOTHERS, 153–161(问卷数据);还可参见 Julie Holliday Wayne & Bryanne L. Cordeiro, *Who is a Good Organizational Citizen? Social Perception of Male and Female Employers Who Use Family Leave*, 49 SEX ROLES 233 (2003)(描述了一个实验,这个实验发现这个忧虑确实有一定道理:采访对象认为请假的男性不那么无私,能力也不那么强——当采访对象是男性时尤其如此)。

第四章 应 用

从机会多元主义的视角来看，将职业场所划分为与性别相关的"理想工人"和边缘化工人两个部分，带来了两个不同的瓶颈：其一是性别隔离和对两性员工的导向；其二是在男性"理想工人"占多数的行业中，若想将工作与在家庭生活中需要扮演的重要角色相结合，以便实现自己的兴盛，就会遇到困难。旨在解决第二个瓶颈的方案，有时似乎会加剧第一个瓶颈，特别是如果解决方案只是旨在解决妇女的工作与家庭问题。

对这个问题的一种回应是否认存在问题，因为只要路径在形式上是对男性和女性平等开放的，那么他们追求哪种路径就是他们自己个人偏好和选择的问题了。然而，这个回应忽视了这些偏好和选择的内生性——这些偏好和选择受制于机会，以及来自老板、配偶和他人无形的或者不那么无形的压力，这使人们做出了我们常常解读为"选择"的决定。

密尔意识到，"道德"和"情感"在塑造我们的偏好和抱负时所起到的作用不低于法律和歧视①。正如他在《论自由》中所说，问题不是人们"在合乎习俗的与合乎自己意向的两种事情相比之下，舍后者而取前者"；而是"他们根本是除了趋向合乎习俗的事情外便别无任何意向"②。因此，实现自由需要在一定程度上打破对性别问题已有的规范和习俗看法。否则，这种规范将是自我强化的：它们影响两性对工作和家务的

---

① JOHN STUART MILL, THE SUBJECTION OF WOMEN, at 16; 可与本书第二章做比较。

② JOHN STUART MILL, ON LIBERTY 58 (Elizabeth Rapaport ed., Hackett 1978) (1859).

期望值,并且影响了雇主对妇女,特别是对母亲作为员工时的期望值①。

对一些传统主义者来说,这最后几句话听起来是对天性的否定,是平等主义者对天生的性别差异下的战书②。但是从机会多元主义的视角看,这种批评在逻辑上是不合理的推论(non sequitur)。在灵活度和对家庭友善的工作场所的问题中,有两个主要的瓶颈——每个瓶颈都限制了人们以不同的兴盛形式组合来构建人生的机会。即使能够通过某种反事实的方式证明我们现在安排工作和家庭的方式纯粹是"天性"的产物,而与第二章中描述的通常是层累的、互动的人类发展过程完全绝缘,这两个瓶颈还是会继续限制人们的机会③。从机会多元主义的视角来看,这里最重要的是瓶颈本身的制约效应。比如,无论"天性"如何,男性或者女性家长都不会成为"理想"的工人;无论"天性"如何,人们都不应该被导入以性别为基础的瓶颈中。以这种二分的方式安排工作,划分出男性主导的理想工作和女性主导的边缘化工作,会制造无论是男性还是女性都需要通过的重大瓶颈。

只有打破"理想工人"这个规范本身,以更加多元的规

---

① 参见本书第 165 页的第 2 脚注。
② 参见本书第 133~135 页。
③ 第二章的论述使我们有很好的理由对这类论断保持怀疑态度,但这里要指出的是,这些论断和对上述瓶颈的分析毫不相关。机会多元主义旨在缓解(最理想的情况是消除)工作中或者工作外限制两性机会的性别导向。要完全消除这个瓶颈可能意味着要消除性别这个概念,如果我们发现性别的概念说到底不过是一种导向体系的话。还可以参见本书第 69 页的第 2 脚注。

范取而代之，才能解决这些问题。在政策层面，第一步是要减少雇主要求"理想工人"更长时间加班的激励因素，要促使雇主雇用更多的员工以使每个人工作的时间更短。要实现这个目标，公共政策需要致力于降低"雇员的平均固定成本"，同时在另一端提高雇员加班带来的相对的边际成本。雇员的平均固定成本中有些是不可避免的（办公室空间、培训时间），但有些——比如说福利——是可以避免的。在美国将医疗福利从雇主提供的保险转为社会保险后，将会极大地促进这个问题①的解决。另外，通过劳工法或者劳动合同来降低加班费起算的基点，有助于鼓励雇主将工作分摊给更多的工人②。

解决这个问题更激进的一个办法是让工作更加模块化。模块化的工作意味着工作将不再被定义为义务和回报的固定组合，而是被分解为包含相应的义务和回报的大小不一的模块。230一个人可以做60％的工作，获得60％的薪酬，具体安排由雇

---

① 参见 TED HALSTED & MICHAEL LIND, THE RADICAL CENTER: THE FUTURE OF AMERICAN POLITICS 24 - 25（2001）（提出了对社会契约的改变，由政府 - 雇主 - 公民的三角模式转向"以公民为基础"的、没有雇主的社会契约）。

② 参见 Vicki Schultz & Allison Hoffman, *The Need for a Reduced Work Week in the United States*, in PRECARIOUS WORK, WOMEN AND THE NEW ECONOMY: THE CHALLENGE TO LEGAL NORMS 131（Judy Fudge & Rosemary Owens eds., 2006）。当许多工人都疲于找到"足够"的工时以糊口时，值得注意这一段中的提议与之前讨论的不平等和社会保险问题（本书第297页起的第四章第一节）之间的互动。要使低收入员工有真正平衡家庭与工作的选项，我们需要改革社会保险，并引入其他政策使低收入工作本身的薪酬更高，足以养家糊口。

主和雇员共同决定。与按照理想工作规范设计的全职工作相比，还有一些被隔离出来的"妈咪工作"，或者晋升机会受限的兼职工作，模块化的工作不会制造这样的工作，而是旨在消除人们对这类以理想工作规范设计出来的全职工作的一般期望值，并把所有的薪酬形式与衡量员工实际完成的工作量的变量联系在一起。这要求模块化的晋升，即晋升必须基于一个员工完成一定数量的工作量，而不是一定的工时之后，我们对其工作质量的评价。

　　施行模块化工作的困难，在于这可能会与社会规范（以及经济需求）相互动并产生两种实质上性别化的工作方向，正如现在兼职的安排就常常会导致这种结果。模块化工作要起作用，就必须采用完成 60% 的工作以获得 60% 的薪酬，或者完成其他任何比例的工作并获得相同比例的薪酬这种做法，对任何人——父亲或母亲，当然也不仅仅是父母——都不仅是可能的，而且是正常的。许多工作和子女之外的义务——比如朋友、其他家庭成员、社区组织、宗教活动、体育和其他的许多事物——构成了通向一个人理所当然会珍视的各种人的兴盛形式的路径。与其将父母挑出来特别对待，使他们的权益和其他权益相冲突，不如缓解"理想工人"的规范这一瓶颈，使每个人在决定他们的工作义务时，有更多的空间做出自主的选择。FMLA 推行的策略取得了有限的成功，而这正是这个策略的延伸，将一种依旧由女性占大多数的假期形式（照顾患儿和父母），同一种普适的假期形式（自己生病所需的病假）联系起来。然而，仅仅这样做还不够。说服男性接受模块化工作的唯一办法，可能是让雇主更主动地鼓励他们这样做——比如，为工作单位中的两性都愿意接受模块化工作安排提供激励因素①。

以这种解决方案作为对灵活度和多元主义争论的结论,这听起来有点儿具有规定性。这正是我要在这里阐述这些问题的原因。根深蒂固的社会规范——特别是那些和就业领域的结构性特征相联系的规范——会造成难以撼动的瓶颈。我们也许会观察到,法庭提出了雇用少数族裔或者女性的目标和时间表,这作为解决对这些群体歧视的方案同样具有规定性。这不只是一个类比。在这两个例子中,从事不同工作的人口有一定自我延续的倾向,因为这些模式造成了某些瓶颈,而问题是应该如何对此做出回应。特别是在灵活度和"理想工人"规范的例子中,主要的几个瓶颈都是相当普遍的:问题不只是在某些机构中存在歧视,而且是在更广的社会秩序中也存在歧视,这就造成了一组在许多地方中都存在的瓶颈。

法律通常更关注个人的过错,而不那么关注这些如此普遍和广义的现象。从机会多元主义的视角来看,这样的优先级是本末倒置的。最重要的不是一个机构会怎样做,或者这个机构基于什么样的考虑来决定是否这样做,重要的是在机会结构中,有着普遍的、相当多的限制机会的瓶颈。这种对哪些事物更重要的看法,会在很大程度上影响我们应当如何理解反歧视法律的工程。

---

① 参见 Michael Selmi, *Family Leave and the Gender Wage Gap*, 78 N. C. L. REV. 707, 775-781 (2000) (提出几个有创意的步骤,比如说在政府承包的专项项目中,或向雇主施压说服他们以相对平等的待遇给予男性雇员和家庭相关的假期)。

三 瓶颈与反歧视法律

（一）一些前沿的法律及其影响

2011年，新泽西州成为美国第一个做出不允许雇主在招聘启事中宣称不考虑失业应聘者法律规定的州①。其他州最近也开始将类似的立法提上议事日程，或者通过了类似的法律，奥巴马政府在联邦层面上也在这样做②。正如第三章中简短讨论的针对犯罪记录的"禁止选框"的法律和法规③，新泽西州的法律并没有禁止以失业为由对人进行歧视，这条法律只是阻止了雇主在招聘的起始阶段就筛掉所有的失业应聘者。

当失业率很高时，很多雇主可能会突然同时做出歧视失业应聘者的决定，这可能是普遍现象。但是简单的供求关系显示，正是在失业率居高的时候，雇主才会遇到有许多人应聘一个职位的情况，因此，雇主可以挑三拣四。但是因为有许多应聘者也会增加阅读和处理大量申请的成本，因此直接筛掉所有的失业应聘者，对雇主而言，可能也是一个合理的策略。新泽西州的新法规明令禁止采用这种策略。然而雇主如果愿意的话，还是

---

① 参见 2011 N. J Session Law. c. 40，§1，codified at N. J. S. A. 34：8B-1。

② 参见 Joseph Fishkin, *The Anti-Bottleneck Principle in Employment Discrimination Law*, 91 WASH. U. L. REV. ____ (forthcoming 2014)（更细致地讨论了这些问题以及相关的法律和提案）。

③ 参见本书第247~250页。

第四章 应用

有自由在最后阶段以失业为由，拒绝失业的应聘者。这个法规所做的，只不过是让失业的应聘者能够跨过门槛，有机会被考虑[1]。

这些针对失业和过往犯罪记录的法规都属于反歧视法律，其他禁止雇主在招聘时采用信用核查的法律也是如此[2]。但是这些法律和我们通常理解的反歧视法律不大一样。一个区别是，许多此类新法律实际上并不禁止在做出最终决定时基于受保护的变量进行歧视，这一点我们已经讨论过了。相反，这些法律仅仅是阻止了雇主在一开始就建立新的障碍，使得应聘者能够有机会说服雇主，尽管他们曾有犯罪记录或者现在失业，但仍然是这个工作的最佳人选。

这些法律与我们对反歧视法律的理解还有一个不同点。这些法规都不保护我们通常认为法律应当特别照顾的那些群体。刑满释放人员、失业人员以及信用较差的人都与反歧视法律通常保护的那些群体有很大的不同，那些群体通常都是以种族、宗教、性别、出生国家和年龄等特征来定义的。犯罪记录、失业和不良信用不是如种族、性别和出生国家这样的出身背景，前者不是不可改变的特征，也不是一眼可知的；这样的群体也不是宪法中熟知的"隔绝而孤立的少数群体"。犯罪记录、失业和不良信用，不是像宗教或者性取向那样深层且基本的身份类别，人们有理由认为，不应该强迫这些人为了追求就业机会而改变或者隐瞒这些身份。犯罪记录、失业和不良信用是多数人希望改变的特征——他们通常非常愿意隐藏这些特征。这些

---

[1] 有几条法律走得更远，直接禁止以就业为由进行歧视。
[2] 参见本书第248页。

特征根本不是我们通常理解的身份类别（实际上，就信用评分而言，一个人甚至可能不知道自己属于哪个组别）。那么我们到底为什么要有这些法律呢？

这些法规的每一条都缓解了机会结构中一个重要的瓶颈，这正是立法者通过这些法律的原因。正如上面讨论的，正是由于类似智商测试的考试有可能成为一种普遍的瓶颈——在机会结构中被许多雇主采纳，这才促使 EEOC 开始监管这些考试，启动了法律程序，并最终引发了"格里格斯案"①。"禁止选框"、与信用核查相关的法律和"失业者不得申请"这三者的根源都有着相同的模式。

美国各州在 21 世纪头 10 年的最后几年中开始通过限制信用核查的法律，以应对信用核查在此前越来越普遍的现象。正如一条法规在正文中提到的，"在过去 15 年间，雇主在招聘过程中对信用核查的使用从 1996 年的不到 1/5 增长到了 2010 年的 6/10"。② 当只有几个雇主在招聘中采用信用核查时，这个问题不会引起立法者的注意。但是其后，互联网使雇主可以更便捷、以更低的成本获得信用信息，同时信用评级的部门又决定通过为雇主的招聘量身打造产品来扩展自己的市场。这时，立法者们才意识到这些因素使信用核查成为一个更加普遍的瓶颈，因此作为回应，他们着手制定法律使这个瓶颈不那么严重③。

---

① 参见本书第 246~248 页。
② 参见本书第 248 页的第 2 脚注。这里的数据来自人力资源管理协会广受引用的问卷调查。
③ Fishkin, *The Anti-Bottleneck Principle in Employment Discrimination Law*.

"失业者不得申请"的例子也是如此。在大的经济衰退中,失业率很高,新闻报道以及2010年以来的研究①显示,"一些企业和招聘机构告诉潜在的求职者,除非已经有工作,否则不可能获得新的工作",立法者对此做出了回应②。失业状态有可能成为严重的瓶颈——有可能影响相当多的人,如果通向许多工作的路径都要求申请者目前有一份工作的话。

在"禁止选框"的例子中,可能自从有雇主和犯罪以来,就有一些雇主会歧视有犯罪记录的人。但是在21世纪的头10年中,有许多,而且是越来越多的刑满释放人员重新回到社会,这是20世纪80年代大规模入狱现象的一种人口余震③。社会学者和美国政府都意识到,刑满人员在寻找正当的工作时普遍面临很大的困难④。被"禁止选框"的倡导者广为引用的一项2003年的实证研究(实际的法律文本也引用了这个研

---

① Cathetine Rampell, *Unemployed, and Likely to Stay That Way*, N. Y. TIMES, Dec. 2, 2010, at B1; NATIONAL EMPLOYMENT LAW PROJECT, HIRING DISCRIMINATION AGAINST THE UNEMPLOYED (2011).

② Oregon Senate Majority Office, *Bill will help level playing field for Oregonians looking for work* (Feb. 15, 2012), http://www.leg.state.or.us/press_releases/sdo_021512_2.html.

③ THOMAS P. BONCZAR, U. S. DEP'T OF JUSTICE, PREVALENCE OF IMPRISONMENT IN THE U. S. POPULATION, 1974 – 2001, at 7 (2003) (司法部2003年公布的数据显示,美国工龄人口中有犯罪记录的比例将从1991年的1.8%上升到2007年的3.2%)。

④ REPORT OF THE RE-ENTRY POLICY COUNCIL: CHARTING THE SAFE AND SUCCESSFUL RETURN OF PRISONERS TO THE COMMUNITY 294 (2005), available at http://www.reentrypolicy.org/publications/1694; file ("60%的雇主在考虑后不会雇用刑满释放的人员")。

究），将问题缩小到求职时需要最先填写的表格上的选框①。这项研究发现，对许多不同类型的雇主而言，在这个选框中有记录对求职者得到面试的机会产生巨大的负面影响。"禁止选框"旨在缓解这个问题。

反瓶颈原则能够有助于我们理解这些法律做出的许多实际的妥协。各种"禁止选框"的法律，通过保证有犯罪记录的人能够进入一开始的申请阶段，使这个问题得到了一种特殊的平衡。这些法律阻止雇主将所有在该选框中有记录的求职者全部筛掉。这就使这个瓶颈变得不那么严格，由此引发的问题也就不那么严重了。同时，法律并没有完全消除这个瓶颈，而是认为这种做法有时可能是正当的。"禁止选框"不直接触及正当性的问题。相反，它采用一个更灵活的做法：让雇主自己来做出决定。那些真正要求重视申请者犯罪记录的雇主，还是可以这么做。但是其他雇主如今就可能做出不同的选择。也许他们当初筛掉那些选中该选框的人的做法，只是一个为减少申请人数量而采取的快捷而低成本的办法，但是经过反思，当他们评估了那些特定的求职者的功绩后，也许会发现其他因素比犯罪记录更重要。只要有一些雇主在这个法律出台之前不会聘用有犯罪记录的人，但现在经过思考后有时会聘用有犯罪记录的

---

① Devah Pager, *The Mark of a Criminal Record*, 108, AMER. J. SOCIOLOGY 937 (2003). 关于这段立法经过的讨论，参见 Joseph Fishkin, *The Anti-Bottleneck Principle in Employment Discrimination Law*。

人，那么，"禁止选框"的法律就起到了缓解这个瓶颈的作用①。

我在这最后一节中有限地讨论这些反歧视立法领域中位于前沿的新法律，是因为这些法律很明显是反瓶颈原则的例子：它们都可以用反瓶颈的话语来解释，但却很难用我们通常对反歧视法律的理解来解释。但是，我在本节中的论断适用面更广：反瓶颈原则是一个引人入胜的视角，通过这个视角不仅能审视这些法律，而且能审视反歧视立法的全部——其目的、形态，以及在机会平等中的核心地位。

所有反歧视的法律都应该被理解为旨在降低特定瓶颈严重性的立法努力。这一视角，给看起来各不相同甚至相互对立的法律带来了一定的连续性和一致性，这包括关于差别性待遇的法律、关于差别性影响的法律、要求尊重宗教和照顾残疾人士的法律，以及允许或者要求给予优惠待遇的法律。我们可以将这每一种法律形式都理解为是旨在缓解某种严重瓶颈的方法，即为了缓解立法者所能看到的存在于机会结构中的各种严重瓶颈。这个概念框架使我们能够分析一些反歧视立法中最困难的问题，首先就是反歧视立法应当保护哪些群体，或者具有哪些特征的问题。

---

① 有证据显示，直接与人的交谈，而不是简单地递交书面表格能够减少犯罪记录带来的负面影响——虽然，令人不安的是，相对于黑人求职者，这样做似乎对白人求职者的帮助要大得多，这个问题不是取消申请表上的选项就能够解决的。参见 DEVAH PAGER, MARKED: RACE, CRIME, AND FINDING WORK IN AN ERA OF MASS INCARCERATION 5, 100 – 117 (2007)。

（二）反歧视立法应当保护哪些人？

法学界的学者和政治理论家长久以来都在争论一个问题，即法律应该保护社会中的哪些群体不受到歧视，以及一系列与此平行和相关的问题。比如，是否应该对某个群体实行优惠待遇？在美国，反歧视的法律出现于内战之后，当时完全是针对种族而言的，那个时期出台的一些反歧视法律只针对种族。但是在过去的150年中，法律保护的对象大为扩展了，这主要是社会运动激荡的结果。今天，美国就业领域中的反歧视立法主要针对的是种族、肤色、宗教、性别和出生国家这些特征[1]；此外还有针对年龄和残疾的联邦法案[2]——这种反歧视法律保护的是以显示了某种疾病先兆的基因标记定义的群体[3]。美国有些州的州立法律禁止以性取向、婚姻状况、退役[4]、身高和体重[5]、出生地[6]、是否接受过公共援助[7]，甚至是否吸烟[8]为

---

[1] Title Ⅶ of the Civil Rights Act of 1964, 42 U.S.C. 2000e-2.

[2] Age Discrimination in Employment Act of 1967, 29 U.S.C. 626; Americans with Disabilities Act of 1990, 42 U.S.C. 12101.

[3] 参见 Genetic Information Nondiscrimination Act of 2008, Pub. L. 110-233 (2008)（禁止雇主和医疗承保者以基因信息为由进行歧视）。

[4] Wash. Rev. Code Ann. §49.60.180 (West 2012)；还可参见 Uniformed Services Employment and Reemployment Rights Act, 38 U.S.C. §§4301-4333 (2006)（联邦保护）。

[5] Mich. Comp. Laws Ann. §37.2202 (West 2012).

[6] Vt. Stat. Ann. 21§495 (West 2012).

[7] Minn. Stat. Ann. §363A.08 (West 2012); N.D. Cent. Code Ann. §14-02.4-03 (West 2012).

[8] Ky. Rev. Stat. Ann. §344.040 (West 2012).

由进行歧视。

随着这个类别清单的不断扩展,美国最高法院多次遇到各种各样关于哪些群体应当或者不应当受到保护的问题。有些问题实际上是对平等保护的含义提出宪法学上的问题①。最高法院指出,由于"对隔离和孤立的少数群体"存有偏见,所以这些人需要更多的宪法保护。因为这些少数群体无法通过正常的政治进程保护自己的权益,这可能是最高法院最有名的一条脚注②。布鲁斯·阿克曼极具说服力地指出,认为那些"孤立"的少数群体是面临这种政治限制的群体,是非常差劲的政治学结论;相反,诸如"贫困和性别歧视的受害者"这样"无名而广泛"的少数群体,才应该因为这种政治进程的理由而更需要得到保护。实际上,这个政治进程的理由无论在哪种情况下都是严重不足的③。在实际生活中,一个群体主张将自己纳入宪法中反歧视立法的那一部分,理由通常不是基于"隔离或者孤立",而是大体上基于与其他种族进行类比(通常是不完美的类比)。因此,立法机构和法庭要面对各种论点,比如认定性别和性取向这样的类别也与种族一样,是可见而且不可改变的,而且以它们定义的群体也受到过屈辱,与历

---

① 参见如 *Frontiero v. Richardson*, 411 U. S. 677, 682 – 688 (1973)(认定性别划分,需要更多宪法层面的审查)。
② *United States v. Carolene Prods., Co.*, 304 U. S. 144, 152, note 4 (1938).
③ Bruce Ackerman, *Beyond Carolee Products*, 98 HARV. L. REV. 713, 724, 745 (1985).

史上黑人曾经处于屈从地位类似,等等①。

　　这种类别肯定是不完美的。没有哪两种歧视是完全平行的,它们总是会有区别的,而争论最大的问题是这些区别的意义。无论怎样,这种类比的论述模式,作为扩展已有的宪法先例的法律依据——甚至作为扩展已有的政治承诺的政治依据,其合理性都超过了作为基础性的规范性依据的合理性。我们为什么应当认为最需要保护的群体就该是那些和法律已经保护的群体最为类似(又在哪些方面类似)的群体呢?因为在真实的世界中,不同的群体是通过政治斗争才逐渐取得反歧视法律保护的,我们已有的法律和政治承诺的形态,总是反映了在过去赢得保护的群体的特殊性。一个保护黑人的法律体系,可能更容易接纳具有与肤色类似的、特征可见而又不可改变的群体作为新的保护对象。但这只是一个描述性的论述,而不是规范性的论述。我们不应该让不同群体获得保护的政治和立法过程,以及对这些过程具有核心作用的类比,混淆了其背后的规范性问题,即法律究竟应该禁止哪种歧视。

　　法律应当保护人们免于因与申请的工作无关的特征而受到不同的待遇,但这么说是不够的。无数的人类特征基本都与工作中的表现无关。我们不打算用法律来使对红头发的人或者绿眼睛的人的歧视成为刑责②。一部分原因是,反歧视法律本身

---

① 参见 SEREMA MAYERI, REASONING FROM RACE: FEMINISM, LAW, AND THE CIVIL RIGHTS REVOLUTION (2011)。

② 这个经典的眼球颜色的例子来自 Richard A. Wasserstrom, *Racism, Sexism, and Preferential Treatment: An Approach to the Topics*, 24 UCLA L. REV. 581, 604 (1977)。

也有成本，包括诉讼和执行的成本，而且由于强迫雇主按照法庭对哪些事与工作表现相关、哪些事与工作不相关的规定来处理事情，就不可避免会带来一些错误和不完美的状况。但是如果反歧视法律只是干预某种类型的歧视——而法律应当干预所有类型的歧视，那么我们就需要有一个原则来决定，哪些类型的歧视应该受到干预。

反瓶颈原则提供了一个独特而令人信服的答案，它完全基于个人的权益。答案是这样的：对红头发或者绿眼睛的人的歧视，根本不会在机会结构中制造显著的瓶颈。这种歧视可能存在，但不够普遍也不够严格，不足以限制个人的机会。它不会限制人们可能追求的通向兴盛人生的路径。而基于传统上受保护类别的歧视就不一样了。从我们社会的实际情况来看，每个类别都极大地塑造了一个人的机会范围[①]。性别角色的体系，为男性和女性提供了截然不同的发展机会，并且进而将他们导向不同的工作和社会角色。机会对不同的种族也是不同的，原因在于当下的种族歧视以及更广的一些社会心理，比如种族和机会地理之间的联系，也会造成种族对发展机会的影响。如果这些对实际状况的论断足够真实，历史足够长久，那么，社会动用法律工具来缓解这些瓶颈就是合情合理的。这就是立法者

---

① 比较 T. M. SCANLON, MORAL DIMENSIONS: PERMISSIBILITY, MEANING, BLAME 72（2008）（从另一视角出发，特别是将种族歧视在道德上的错误——相对基于与工作无关的特征的歧视——部分地置于一个事实中，即对一个种族群体的歧视，"并不只是一个特定参与者的怪异态度"，而是"在一个社会中如此普遍的现象以至于使这个群体的成员无法获得重要的物品和机会"）。

在制定反歧视法律时所应该做的。

这个答案回答了反歧视立法应该保护谁的问题，它与我们通常会给出的各种答案既有重合，又有显著的差异。相对于其他答案，它的独特性（至少）涉及下面几个方面：第一点，它不直接基于任何对历史或者过往歧视的论断；第二点，它不直接基于任何关于歧视行为的个人或者群体动机的论断；第三点，它不直接基于对社会含义的论断，比如说，哪种形式的歧视有损人格或者有侮辱性；第四点，它也不直接基于对被歧视者主观体验的论断；最后的第五点，可能是最具独特性的，即它不要求存在任何"群体"，相反，其关注点完全在于当前对个人开放的机会以及所有限制这些机会的力量。人们不需要找到任何联系，而只是需要一个共同的群体身份或者历史，将他们与其他由于特定形式的歧视而机会同样受到受限的人联系在一起。

我们在决定哪种形式的歧视应该受到法律制裁时，也不需要有对历史和过往歧视的论断，这听起来似乎是违反直觉的。需要澄清的是，我不是说历史与此毫无关联。可能在间接层面是与历史高度相关的——但这只是在历史的影响延续到今天，以及在多大程度上延续到今天这个层面上相关。通常来说，历史的影响确实会延续到今天。种族之所以和今天的地理与阶级相关，正是因为它与种族压迫的做法以及相关政府政策的漫长历史深刻地纠结在一起。理解这段历史，有助于我们理解种族为什么并且如何在今天构成一种瓶颈——从当下种族歧视和种族成见的机制到宗族与阶级和机会地理之间的联系。理解种族为什么成为瓶颈，特别是种族如何成为瓶颈，有助于我们找到更有效的回应办法。

但是在原则上，历史不需要扮演任何角色。假设从来没有人发明过信用记录，而明天某个人发明了信用记录，后天雇主就开始采用信用记录在招聘时进行歧视。只要有足够多的雇主这样做了，以至于产生的效果是制造出一种普遍的瓶颈，那么就应该引发我们的关注。从机会多元主义的角度看，现在信用不良的人很难在机会结构中的许多路径上前行，这个事实本身已经足以为出台某种解决方案，比如说为禁止在聘用时使用信用核查的法律提供足够的依据。不需要有任何歧视的历史，信用不良的人也不需要了解他们的信用确实不良，或者将自己视为一个信用不良的群体的一分子。实际上，他们甚至不需要知道信用记录是什么。瓶颈的严重程度已经足够大了。

这样做也是必要的①。设想几百年后的世界，或者一个只存在于科学幻想中的世界，在那里种族确实已经不再是一个显著的瓶颈——也就是说，雇主在翻看简历时不会对听上去像是白人的名字有偏好，对听上去像是黑人的名字表示反感；白人学校的学生和黑人学校的学生表现相当；白人和黑人都能够同等地接触到同样的网络；对机会结构中的所有种族来说都是如此，那么，就没有必要再设立反歧视法律来保护人们不会因种族不同而受到歧视。在这样的科幻情景中，种族就好像今天眼

---

① 当然，还有其他类型的理由——独立于我们这里讨论的反瓶颈原则之外——来倡导某些反歧视保护。比如说对宗教，即使宗教不是就业机会结构中的一个重要瓶颈，但是保证人们能够自由地追求为自己选择的宗教信仰仍有其独立的价值，可以在规范性和宪法层面为将反歧视保护扩展到宗教领域提供论据。

睛的颜色或者头发的颜色一样：是一个与工作毫不相关的个人细节，它与机会结构中的任何重大瓶颈都没有联系。

换句话说，对种族这样的类别进行保护并不具有根本或者基本的含义。从反瓶颈原则的视角来看，保护种族的反歧视法律，其合法性完全是基于种族在机会结构中成为瓶颈这一实际状况。当然，即使在科幻情景中，我们在得出种族不再是瓶颈时也应当格外慎重，并且要避免仓促地撤销法律（与社会退步并眼睁睁地看到种族再次成为瓶颈相比，一条不必要的法律所引起的损害可能相对较小）。但是，在某个时刻，一个瓶颈确实会被完全消除——或者至少弱到不足以引起任何法律上的回应。

如果这个瓶颈确实被完全消除了，那么"种族"的概念还在什么意义上存在呢？我一直假定种族在这个科幻的世界中会继续存在，作为人类可识别的一种特征。种族群体虽然依旧是一个可识别的群体，但是我们原来所认知的种族概念几乎不再存在了。消除这个瓶颈，就意味着也消除了今天使种族成为如此严重瓶颈的各种社会成见和与此联系的文化网络。同样，如果我们要设想在社会中消除性别瓶颈，那么这就接近于设想消除性别概念本身，因为在今天人们对性别的概念中，有相当多的一部分是对性别角色的导向成见，正是这些成见构成了瓶颈。不论怎样，机会多元主义的目标主要不是解决这些最终状态的问题。机会多元主义更多的是一种努力方向——而在它指出的方向上，我们还有很长的路要走。

（三）一个例子：外貌歧视

反瓶颈原则认为，法律应当更注意一些现在被忽视的歧视形式。一个有力的例子是外貌歧视。实证的证据显示，被认为在外貌方面缺乏魅力的人，面临着普遍的偏见，这种偏见不仅存在于就业领域（招聘、薪酬、对其能力的看法），还存在于教室、法庭，以及涉及人际互动和人际关系的人类生活的各个方面①。这种偏见对女性而言尤其严重，特别是当她们的身材不够修长，或者当她们青春不再时②。由于外貌歧视如此普遍，涉及如此多的生活层面，又如此严重，它已然构成了一个特别严重的瓶颈。当然，法律可能没有办法让人们与自己认为肥胖或者丑陋的人交朋友，但是法律没有理由不在其能够带来变化的领域中冲击这个瓶颈。这其中的一个领域就是就业。

对保护人们在就业中免于外貌歧视有许多反对意见，其中有一种意见认为，外貌通常能够预测一个人的工作表现（特别是履行客户服务这样的任务），而且由于人们生来就爱美，因此不可能通过法律让我们对他人的外貌保持中立或者视而不见。

从机会多元主义的角度看，这组反对意见不足以构成反对立法保护人们免于外貌歧视的理由。相对有限的范围内的工作可以适当地成为例外，在这些工作中，一个人的外貌或者外貌的某一部分确实能够很好地预测其未来的工作表现（比如模

---

① 参见 DEBORAH RHODE, THE BEAUTY BIAS 26-28 (2010)。
② 参见 DEBORAH RHODE, THE BEAUTY BIAS 30-32, 97-99 (2010)。一般的外貌歧视和特别的体重歧视也与阶级紧密相关（鉴于维持外貌美丽所需要的成本以及贫穷与肥胖之间的关系），与种族也有关系（鉴于我们对美的标准中带有的种族因素），DEBORAH RHODE, THE BEAUTY BIAS 41-44, 96 (2010)。

特)。但是这组反对意见则设想了一个过于宏大的反歧视立法任务——要让人们对一种受保护的特征视而不见,然后又指出这是不可能的。但是这个版本的反对意见要证明的东西太多了。我们不会对反歧视法律中涉及的任何一个变量视而不见,事实上,我们也不可能这样,除非这些变量的文化含义发生了重大的变化。我们没有必要将目标设定为或者致力于创造一个人人都对他人的外貌视而不见或者持中立态度的世界。相反,我们强调针对这些现象进行反歧视立法,只是将其看成对构成严重瓶颈的这种普遍的社会做法加以干预的一种尝试,以期多少改变这些做法,使得这一瓶颈变得不那么严重。

这个缓解而不是执着于理想状态的解读,可能更好地描述了包括反外貌歧视法律在内的所有反歧视法律在真实世界中所起的作用。反歧视立法没有消除种族歧视或者性别歧视。反歧视立法本身实际上也是一种社会行为,它干预并反对了其他一些社会行为。罗伯特·珀斯特(Robert Post)通过反性别歧视法律展示了这一点:尽管法律表面上旨在消除性别歧视,但实际的效果是与性别歧视的社会行为发生互动,并且在某种程度上限制了这些行为——以我的术语来说,就是使这些社会行为带来的瓶颈不那么普遍,也不那么严格①。我们禁止基于性别的差别性待遇,但是当性别成为"实际职业资格"时②,又允许一些例外情况的存在,因而即使人人都遵守法律,其效果也

---

① 参见 ROBERT POST, PREJUDICIAL APPEARANCES: THE LOGIC OF AMERICAN ANTIDISCRIMINATION LAW 22 – 40 (2001)。
② 参见本书第 238~241 页。

第四章 应用

是缓解而不是消除机会结构中的一个瓶颈。

我们应当更加现实地假定,不是人人都会遵守所有的反歧视法律。有些人会忽视法律,无意识的偏见通常会影响那些真诚地试图遵守法律的人的行为。法律如果能产生效果,那么效果也只是会遏制已有的歧视行为,使其不那么具有影响力。那些最顽固的歧视者或者怀有很大偏见的人仍会继续歧视,但是只要法律的干预在某种程度上减少了歧视出现的数量,就有助于使相关的瓶颈不那么普遍,因此也不那么严重。从机会多元主义的角度看,对一些人的普遍歧视是由恶意的、故意的(但有可能是理性的)、无意识的偏见、统计上的歧视,还是由其他什么事情引起的,这个问题并不怎么重要;重要的是能够做些什么使瓶颈不那么严重。这正是反歧视立法能够做的:一是通过执法和威慑;二是通过立法促使文化变革。反歧视立法有助于说服人们,让他们看到某种特定形式的歧视,应当被视为不正确的行为。

即使歧视是造成瓶颈的主要机制,反歧视法律也不是对消除瓶颈唯一可行的社会或者法律回应。总体而言,我认为社会对瓶颈的回应应该包括:①帮助人们通过瓶颈,②帮助人们绕过瓶颈。这两个回应哪个更合适以及在都合适的情况下如何权衡二者,这取决于相互对立的因素。比如,种族歧视的解决方案,不应该是让人们能够容易地改变自己的种族——哪怕这是可行的,因为种族身份对人们来说太重要了;为了追求世界中的某个机会就要求人们放弃自己的种族身份,这样做实在是太过分了。

外貌歧视是个更有意思的例子。对于体重歧视——这是外貌歧视的一个重要子集——一些肥胖者权益运动的成员做出了与我在上面对种族歧视的论断相同的论断。他们认为肥胖是他们身份的一部分，他们不应该为了追求机会而被迫放弃这一点①。然而，其他许多人可能非常乐意减肥，或者说，这样做能够让他们变得更有魅力，但是他们做不到。处于这种境况的人很可能会偏好一些能够改变他们的外貌，从而使他们通过瓶颈的机会，而不是冀望于反歧视法律。比如，争取让医疗保险制度负担对有碍容貌但良性的皮肤病症的治疗，尽管除了改善外貌外，没有医学上的理由来对此进行治疗②。

这一点很快就把我们引到了令人不自在的地方。比如，我们可以设想一个社会提供让人们进行畸形牙齿矫正的补助，从而使得人人都能达到完美牙齿的标准，或者让人们进行鼻子的整形手术，使人人都能符合某个理想的鼻子形状，甚至让人们进行隆胸手术，使得胸部偏小的妇女能够符合胸部丰满的审美规范。这些例子听起来越来越像是反乌托邦的情景，而质问其中的原因是有益处的。

我认为，问题并不在于我们跨过了治疗和提升的界限。这种回答太简单了。鉴于第二章中讨论的人的发展机制，有很好

---

① 参见 AMY ERDMAN FARRELL, FAT SHAME: STIGMA AND THE FAT BODY IN AMERICAN CULTURE 137–171 (2011)（讨论了肥胖者权益运动及其倡导接受肥胖的论点）。

② 体重的问题更复杂，因为可能有独立的与健康相关的理由来为一些严重的肥胖病例提供有效治疗，甚至为手术所需的费用提供部分或者完全的补贴。但是这些理由和其引起的严重病例相关，不适用于更广泛的体重歧视问题。

第四章 应用

的理由对严格区分正常的人类特征和能力与需要治疗的特征和能力的做法保持怀疑态度；人们为了在某个方面改善或者改变自己，可能仅仅是为了有助于他们通过所处的社会机会结构中的一个瓶颈而做的许多事情，都可以被合理地归为治疗或者提升。

通过机会多元主义可以更好地理解这些例子所展示的问题。为了帮助人们通过外貌歧视的瓶颈，我们可能也会同时降低社会中的外貌多样性，而对机会多元主义产生负面影响，在这个对多样性的直接影响之外，帮助人们改变外貌的努力还可能会释放出一个关于何为美何为丑的强烈信号。在任何一个真实的社会中，并不是人人都对何为美，或者什么样的外貌属于"正常"持完全相同的看法。大众朝一个特定的理想外貌进行整容的做法，可能会导致我们对这些问题的看法趋于一致，使我们审美的标准更为狭窄。因此，有时帮助人们通过瓶颈时，可能会使瓶颈本身更为严重①。

---

① 伊丽莎白·安德森从另外一个出发点得出了在某种程度上平行的结论。如果某个容貌缺陷"在现有的社会规范看来如此令人厌恶，以至于人们都要避开那些有问题的人"，那么"解决法案不一定是整容……另一个选择是说服所有的人采纳一套新的关于哪种外貌可以被接受的规范，使得（这些人）不再被视为贱民"，Elizabeth S. Anderson, *What is the Point of Equality?* 109 ETHICS 287, 335 (1999)。安德森认为，在"其他情况一样时"，应该选择改变社会规范的办法。然而如果这样做，特别是对一个自由的国家来说，是"非常困难，代价高昂"的，那么"更好的选项很可能是提供整容"。同上，第336页。正如安德森承认的，这个办法有其代价。以我的术语来说，这样做的目的是给个人一个机会来逃脱外貌规范的限制效应，但是这样做反而会强化这种外貌规范。

因此我们对外貌歧视的回应需要一些务实的平衡，社会应当试图帮助人们通过并绕过外貌的瓶颈，即使这里的两个目标会产生部分冲突。帮助人们"绕过"外貌瓶颈，就是要求规范社会行为，并以立法来遏制外貌歧视；帮助人们"通过"外貌瓶颈，则要求至少在某些情况下，社会应当提供——比如通过社会保险——缓解某些容貌缺陷的机会。达成这种平衡的一个办法，是只帮助治疗那种相当极端的、使一个人明显落在正常范围之外的容貌缺陷，同时，要尽量避免鼓励人们整容，不要让他们认为必须使自己的外貌符合某种狭窄而特定的规范。

一些读者——特别是美国的读者——可能对这一点有直觉的了解，对于人们可以用来改善外貌的整容术或者相关治疗，社会应当统统允许，但不应该提供任何补贴。从机会多元主义的角度看，这个直觉值得我们重新审视。美国人对这个复杂社会问题的传统回应会带来一些明显而可预测的效应：它会使外貌更紧密地与阶级联系在一起[1]。如果完美的牙齿成为除了贫困人口以外所有人的规范，那么不完美的牙齿就成了贫困的标志。外貌歧视可能已经是各种资格瓶颈中相对显著的一个，这加剧了美国的机会结构核心中更深层次的尚不未人们承认的阶级瓶颈[2]。也就是说，对牙齿不佳的人的歧视，已经是机会结

---

[1] 参见本书第361页的第2脚注。
[2] 关于这个阶级瓶颈的讨论，参见本书第297页起的第四章第一节。该节中的讨论尽管已经十分广泛，但甚至都没有提及外貌歧视，这反映了阶级瓶颈的多样性。发掘导致美国机会结构中阶级瓶颈的各种机制，并且评估它们相对的重要性是一个巨大的工程。

构中总体阶级瓶颈的一个微小的组成部分,其他各种形式的与阶级相关联的外貌歧视也是这个问题的一部分。

(四) 瓶颈、群体与个人

对于本节简述的反歧视立法还有另外一个更广泛的反对意见,而上述对阶级的论述加重了这个反对意见的分量。本节观点中最具争议的一点是:认为歧视不一定就是针对某个可以识别的群体。反对者可能会说:我们真正关注的当然是群体的屈从地位。这种反对意见认为,当立法者通过法律禁止以信用记录或者犯罪记录进行歧视时,我们对这些事情的真正兴趣在于,这些信用不良的或者刑满释放的人员与在我们社会中处于屈从地位的群体之间的联系。这种看法认为,立法者在订立这些反歧视法律时,真正要做的是解决那些特定的差别性影响的事例。正如对"格里格斯案"进行判决的法庭一样,立法机构通过"禁止选框"的法律,是因为这个瓶颈基于种族而产生了差别性影响。

这种观点有一定可取之处。现代美国有大量人员入狱的现象,使得刑满释放人员的数量也大增,这是一个沾染了种族色彩的现象,一些人把它称为"新的吉姆·克劳"(Jim Crow)[1]。任何一个对为什么要通过"禁止选框"法案持公平态度的分析者都不会忽视这个事实。然而,如果我们听听那些实际上推动这些法案的立法者的想法,那么基于种族的观点作

---

[1] MICHELLE ALEXANDER, THE NEW JIM CROW: MASS INCARCERATION IN THE AGE OF COLORBLINDNESS (2010).

为公共依据可能并没有我们期待的那么重要；在监管雇主使用信用核查和"失业者不得申请"的新法律中，那种与种族屈从地位的联系就更少了①。

但是让我们先把这放在一边。假设种族问题一直居于这些法案的核心，如果我们退一步，也能够将其理解为反瓶颈原则的一种应用。

为什么一个种族群体或者任何一个群体处于屈从地位会成为重要的问题呢？关注这些处于屈从地位的群体最直接的原因——当然这是一个完整和充分的原因——就是在于它严重地影响了个人。具体而言，它塑造并限制了个人的机会。当然，我们还可以从其他的规范性出发点来理解群体屈从及其意义。但是最终，我们虽然属于某个群体，但在更根本的意义上，我们都是人类个体。关注群体屈从地位的一个重要理由是因为它影响了一个个实实在在的人——而不是因为在某种程度上与个体成员相区别的群体本身遭遇了不公正。

以这种个人主义的基础来构建对群体和正义的理解，其优点是可以避免对群体进行不必要的具体化。我们减少了为确定反歧视法律适用于哪些人而首先要对群体的边界进行的设定。我们不需要问一个人是否真的属于某个群体的成员，从而确定他是否应该受到法律的保护，而只需要问这个人的机会是否受到了相关瓶颈的制约，即是否遭遇了被禁止的那种歧视。就业歧视法案在承认"被认为"这一点上与这个理念是一致的，

---

① 参见 Joseph Fishkin, *The Anti-Bottleneck Principle in Employment Discrimination Law*, 91 WASH. U. L. REV. ____ (forthcoming 2014)。

即一个人受到歧视，是因为他"被认为"是这个受保护群体中的一分子，无论他是否真的是这个群体的成员，或者他个人控诉自己是因为与受保护群体的成员有联系而受到了歧视，或者他是因为歧视受保护群体的成员而受到了歧视①。无论他们是不是法律旨在保护的群体的成员，这些个人都发现自己的机会受到了某种法律禁止的歧视形式的限制。

这种思考反歧视立法的思路并不是忽视群体。恰恰相反，群体对于理解个人在机会结构中面对的很多瓶颈时十分重要。回到本书一开始的那个例子中，假设我们希望了解在内战前的南方，为什么某些导致深色皮肤的基因几乎就预示着文盲。我们只有了解到深色皮肤在当时是一个种族群体身份的标志，法律和习俗都不允许这个群体识字，才能理解这其中的原因。要了解不同的人能够接触到的机会以及将他们排除在机会之外的瓶颈，我们需要以现实的和社会学的角度来了解他们（在外人看来）的群体身份。然而，我们最终关注的还是个人，特别是对个人开放的通向兴盛人生的路径范围。

这种思考反歧视立法的思路有助于我们理解差别性待遇立法为什么不是也不应该是反歧视工具箱中唯一的工具。关于差别性影响的法律和合理地方便他人，以及关于骚扰的法律和优惠待遇都旨在以不同的方式打开各种瓶颈。从订立这些法律之日起，这些法律制度就受到那些认为歧视仅仅意味着差别性待遇的人的挑战。如果差别性待遇只是反歧视立法要解决的唯一

---

① 参见 Noah D. Zatz, *Beyond the Zero-Sum Game: Toward Title VII Protection for Intergroup Solidarity*, 77 IND. L. J. 63 (2002)。

问题，那么其他这些工具就有些不合适了。这些工具最多也只是解决实际问题时或复杂或间接的办法。但是当我们将反歧视立法理解为缓解瓶颈的一种办法，那么所有这些法律工具的作用就十分明了了。

（五）反歧视法律应当如何保护我们？

最近几年中，关于差别性影响的法律受到许多人的猛烈抨击，其中最著名的是安东尼·史凯力法官（Justice Antonin Scalia），他把这些法律完全视为优惠待遇的措施——一个将机会从一个群体重新分配到另一个群体的手段，而这与宪法对法律为所有人提供同等保护的精神有冲突①。从这个角度看，反歧视立法实际上是要防止差别性待遇。这个看法认为，除了直接禁止差别性待遇，其他所有的法律理论都是次要的，这有时会分散我们对反歧视立法真正目的的注意，甚至造成与这个目的相互冲突。

但是实际上，关于差别性影响的法律远远不只是将机会从一个群体重新分配到另一个群体的手段这么简单，反瓶颈原则有助于我们了解为什么会是这样的。关于差别性影响的法律是打破某些瓶颈的一个独特而灵活的机制。关于差别性影响的法律当然不是针对所有瓶颈的。它甚至不是针对任何随意设置的不必要的瓶颈——而只是针对某些瓶颈，这些瓶颈在机会结构

---

① 参见 Ricci v. DeStefano, 557 U. S. 557, 595–596（2009）（与史凯力法官的意见相同）（"差别性影响和平等保护之间的战争迟早会爆发……"）。

第四章　应用

的整体环境中可能会强化一些以种族、性别、出生国家和年龄等因素限制机会的更深层的瓶颈。缓解这个瓶颈，可能会有助于任何一个群体中那些难以通过这个特定瓶颈的个人。

让我们最后一次回到导致最早产生关于差别性影响法律的"格里格斯案"。根据法庭引用的人口普查数据，在"格里格斯案"发生时的北卡罗来纳州，有34%的白人男性和12%的黑人男性拥有高中文凭[1]。这一种族差别当然引发了法律权责。这意味着高中文凭的瓶颈强化了就业机会中严重的种族瓶颈，而这个瓶颈正是国会通过《1965年高等教育法》第四章的原因。但是这些数字忽视了另外一个事实。对文凭的要求不仅筛掉了绝大多数的黑人，同时也筛掉了绝大多数的白人[2]。实际上，虽然新要求排除的人当中黑人的比例更高，但是以绝对数字而言，取消就业中高中文凭的要求后，在未来求职中受益的大多数人是白人[3]。

我们如何看待从"格里格斯案"的判决中直接受益的那些没有高中文凭的白人呢？他们很可能正是这一法律主要的受

---

[1] Griggs v. Duke Power Company, 401 U. S. 424, 430, n. 6 (1971). 对于分析仅限于"男性"这一不幸但不令人意外的做法，法庭没有做出解释。

[2] 虽然新的雇员都必须遵守这两个要求，但有些类别中已有的雇员只需要通过其中一个。有证据显示，杜克电力公司将智力测试作为一个选项，使那些没有高中文凭，因而在晋升时受到文凭要求"阻碍"的白人能够"免于"受限。参见 Brief for the Petitioners, *Griggs*, 401 U. S. 424, at 44。

[3] 我们可以从当地劳动人口中白人所占的相对高的比例中推断出这一点（这里我说的是新的求职者），至少有很多白人也能从取消智商测试要求的法律中受益。

益群体。如果我们仅仅把关于差别性影响的法律视为将机会从一个群体重新分配到另一个群体的手段——在这里是从白人那里分配给黑人,那么白人在这里受益的结果,往好了说,是与此条法律不相关,这些白人只是幸运的附带受益者,这个变革与他们毫无关系;往差了说,这就是一个错误,它显示出我们帮助黑人的努力没有成功,从方向上就错了。但是实际上,这些受益的白人与"格里格斯案"中的黑人原告有两个重要的共同点:他们都没有高中文凭,但是他们客观上都能胜任这份工作。这些白人的机会同样也受到制约黑人原告机会的这个资格瓶颈的限制,最高法院认为这个瓶颈是"招聘上人为的、随意设置的、不必要的障碍"①。

当然,假定每一个空缺的职位都只能招一个人,那么由于"格里格斯案"的判决,每个没有高中学历的人受聘,都意味着一个拥有高中学历的人不能被聘用。从这个意义上讲,招聘是零和的。但是,"格里格斯案"不只是简单地将机会从白人那里重新分配到黑人那里。无论取消高中文凭的要求在实际上多大程度地改变了杜克电力公司的招聘决定,只要消除了文凭这一瓶颈,雇主在考虑了各种因素后就会发现,至少有一些没有高中文凭的人与其他拥有高中文凭的人相比反而是更好的人选,而如果原来的要求还在,那么雇主只能聘用后者。也就是说,如果接受法庭的意见,认为高中文凭这个要求是"随意设置的、不必要的障碍",那我们就应该同时接受一个有悖直觉的观点,即从雇主自身的合理标准来看,取消这个要求,就

---

① *Griggs*, 401 U. S., at 431.

第四章 应用

意味着对雇主而言，他可以将机会从不那么有资格的人那里重新分配到更具资格的人那里——此外还会带来一个好的结构，那就是这个更具资格的人群中，黑人更多了。

关于差别性影响的法律有力地实践了一个特定版本的反瓶颈原则，运用了立法机构和法庭特有的制度力量。我们可以设想，如果一个世界中没有关于差别性影响的法律，那么关注瓶颈的立法机构可能不得不针对每个瓶颈通过一个法律。也就是说，立法机构会订立不同的法律来"禁止选框"，限制招聘中的信用核查或者禁止"失业者不得申请"的要求。立法机构这样做的原因可能是这些瓶颈看起来相对严重和随意，也可能是因为这些瓶颈会强化限制少数族裔能够追求的机会范围，因而是更深层次的种族瓶颈，或者两个原因都有。立法机构可以不通过关于差别性影响的法律而这么做。但是假设立法机构得出结论，认为种族特征是机会结构中一个非常严重的瓶颈，原因很多，而在这些原因中有许多表面上中立的做法实际上会制造各种瓶颈，有些是立法机构了解的，有些是它们不了解的；有些是固定的，有些则是随着时间变化的。关于差别性影响的法律是一个利用立法结论并将其转化为对法庭而言相对简单的判决依据：将所有造成种族影响的瓶颈都加以更为仔细的审查，以确定哪些瓶颈是相对正当的，哪些则是相对随意的。有了这个法令，法庭就不需要再去讨论立法决定背后那些关于机会结构形态的大问题，比如说判定性别是一个具有特别重大意义的瓶颈。立法机构已经讨论过这个问题了。法庭可以跳到更直接的问题上：我们面前一个具体的瓶颈是否会强化基于性别的瓶颈？如果会的话，那么法庭就必须更仔细地对其进行审查，权衡其合理性。

对一些人而言，这些都是花架子。如果我们实际关注的是群体的问题，那么我们最鲜明的解决办法应当是直接应对这个问题。这种看法认为，与其采用关于差别性影响的法律来冲击那些恰好对黑人产生差别性影响的瓶颈，不如直接给予黑人更多的机会，这才是更加有效、更有针对性的解决方案。比如，我们可以为黑人预留一些就业机会。

关于差别性影响的法律和"禁止选框"等前沿的反歧视法律选择了另一条道路，这些法律不是将机会从一个群体重新分配到另一个群体，而是致力于缓解造成重大群体差别的特定瓶颈。通过帮助所有人通过或者绕过这些瓶颈，这些案例和法律提供了一个更普适的解决形式。这个解决形式不在缺乏机会的群体间制造零和竞争，而是强调不同群体之间共同的经历，即由于不能通过一个（相对）随意的瓶颈而无法追求一些重要的机会。

通过强调共同点而不是群体间的竞争，关于差别性影响的法律提供了一个团结的基础，这比受益人只能是特定群体的成员的做法更好地提供了团结的基础。关于差别性影响的法律不会强调让不同的种族群体运用法律来竞争稀缺的资源，而是强调消除许多不同群体的成员都可能面对的随意性的障碍。

在"蒂尔诉康涅狄克州案"① 中我们可以更清楚地看到这两个范式的不同选择。在这个案例中，康涅狄克州的有关部门要求一些州立机关的工作人员在晋升为主管时必须通过书面考

---

① 457 U. S. 440（1982）.

试。这个考试给种族带来了差别性影响。康涅狄克州的有关人员认为，他们已经通过优惠待遇成功地对此进行了补偿：该州确保雇用了足够数量的黑人主管，使得"底线"基本上符合比例，尽管考试还是会带来差别性影响①。本案的原告是几位黑人妇女，她们作为临时员工在两年的时间里很好地完成了自己的工作，但是她们发现自己无法通过书面考试这一瓶颈。她们认为这是差别性影响并且最终胜诉。法庭强调了这个带有差别性影响的"随意设置的、不必要的考试"不能通过将一些工作从一个种族群体重新分配到另一个群体而得以解决。

这是一个深刻的判决。法庭认为，关于差别性影响的法律不针对群体的结果。相反，法律"保证了这些个人在基于和工作相关的标准下有与白人员工公平竞争的机会"②。法律解释倾向于消除随意的瓶颈，为所有人打开路径，而不是主要关注基于群体的正义问题③。

对平等主义者而言，将关注点转向瓶颈而不是以群体为基础的机会分配，这对机会平等的政治主张有一些重要的益处。得克萨斯州的平等主义者在20世纪90年代被迫做出了这个转向，当时判决的一个案例结束了得克萨斯州州立大学（简称得大）基于种族的优惠待遇④。为了回应这个问题并避免学生

---

① 457 U. S. 440 at 451.
② 同上（着重号为原文所加）。
③ 实际上，在"蒂尔诉康涅狄克州案"中，一组白人原告也按照黑人同事的做法提出了诉讼，旨在取消这一考试。白人原告的诉讼认为，康涅狄克州的考试违反了州立公务员法中对考试必须与工作相关的规定。同上，第442页，n. 2。
④ 参见 Hopwood v. Texas, 78 F. 3d 932 (5th Cir. 1996)。

群体中缺少少数族裔,得克萨斯州需要一个在字面上对种族中立的政策,使得更多的少数族裔学生有可能通过重要的大学录取瓶颈。接下来发生的事情很有意思。倡导招收少数族裔学生的人发现,得大的本科生家庭平均收入是该州(或者全国)平均收入的好几倍。绝大部分学生来自该州 10% 的高中①。在得大一百多年的历史中,有些属于农村的县甚至都没有一个学生进入过该校就读②。

  换句话说,得大的大学录取瓶颈实际上被证明不仅筛掉了少数族裔的学生,而且还筛掉了许多其他人,特别是那些来自农村或者贫困家庭的学生。当大学的课堂中可能只有很少的少数族裔学生时,这种现象的作用类似于莱妮·贵尼尔和杰拉德·托雷斯(Gerald Torres)所说的"矿中的金丝雀"(miner's canary)③——这显示瓶颈已经限制了除少数族裔之外的许多人的机会。少数族裔和农村的立法者罕见地结成同盟,并共同制订了得克萨斯州"百分之十计划",根据这个计划,得大将自动录取任何一个在其所在高中班级中成绩顶尖或接近顶尖的学生。通过创造一条只需要高中成绩就能够进入得大的路径,极大地缓解了学校原本要求较高的 SAT 考试分数所造成的瓶

---

① 参见 Gerald Torres, *We Are On the Move*, 14 LEWIS & CLARK L. REV. 355, 363 - 364 (2010)。

② 参见上引书目,鉴于这一记录,来自这些县的学生中很少有人想去得克萨斯大学就读,也很少有人提出这种申请,这是可以理解的。

③ LANI GUINIER & GERALD TORRES, THE MINER'S CANARY: ENLISTING RACE, RESISTING POWER, TRANSFORMING DEMOCRACY 72 – 74 (2002).

颈，而许多少数族裔或者农村学校中只有很少的学生能达到这个要求。高中成绩当然也是一个瓶颈，从定义上讲，大多数人都不可能进入毕业班的前10%。但是由于居住地的隔离问题，这个瓶颈不会像得克萨斯州"百分之十计划"推行前那样强化种族、阶级和地理的瓶颈。因此，在从前看不到任何进入得大路径的学校中，这个"百分之十计划"为许多学生打开了一条新的路径。当时的得大校长拉里·福克纳（Larry Faulkner）也强调了这一点，他亲自访问了许多原来很少有学生进入得大读书的学校，告诉那里的学生，班级的前几名学生不仅将被得大录取，而且还会获得奖学金。

到这里，细心的读者可能会质疑，今天公共话语中所谓的优惠待遇在机会多元主义中还有没有位置？与其采用优惠待遇来更有针对性地将机会重新分配给特定的群体，不如像平等主义者这样，始终偏好采取一般的差别性影响做法和得克萨斯州"百分之十计划"这样：缓解那些影响群体内部和外部人群的瓶颈。

这个想法有其合理之处，但问题在于不一定总能这样做。当限制一个种族群体机会的瓶颈只对这个群体的成员起作用时，缓解这个瓶颈唯一有效的手段应该就是采取直接针对这个群体成员的优惠待遇等策略（或者是关于差别性待遇的法律）。比如，如果在招聘时雇主给名字听起来是黑人的求职者回电的可能性很小[1]，而这在机会结构中非常普遍，那么表面

---

[1] Marianne Bertrand & Sendhil Mullainathan, *Are Emily and Greg More Employable than Lakisha and Jamal? A Field Experiment on Labor Market Discrimination*, 94 AMER. ECON. REV. 991（2004）.

上中立的缓解瓶颈的策略就不足以解决这个问题了。同样,如果贫穷的黑人居住地同贫穷的白人居住地相比,前者更难接触社会提供的更加宽泛的网络和机会,那么只是采取对种族中立的解决方案可能就不够了。为了遏制那些直接或者间接基于群体身份限制机会的因素,我们可能需要通过基于群体身份而直接或者间接地打开机会来做回应。

反歧视立法主要的学说范式或者理论是差别性待遇、差别性影响、禁止性骚扰和提供便利。从机会多元主义的角度来看,所有这些目标都以不同的方式缓解了不同的瓶颈。关于差别性待遇的法律有助于通过干预已有的社会歧视行为,并且迫使决策者不再那么歧视来解决直接基于群体身份的瓶颈。而且从机会多元主义的角度来看,我们也不会将希望寄托在完全遵守法律的理想情景之上。有些更坚定或者更有偏见的歧视者是不会理会法律对差别性待遇的禁止条款的。从惩罚坏事的角度看,这不是一个好结果;最坚定的违法者还会继续违法。但是从反瓶颈原则的角度看,法律会真正起到作用,会推动就业规范的变化,使足够多的人改变他们的行为,使得这个特定歧视形式的瓶颈变得远没有以前那么严重。

禁止性骚扰同样可以防止性骚扰现象成为普遍的障碍,比如,这很可能会使女性不敢从事某一工作场所或者某个领域中男性占主导的职业。从这个角度看,我们对性骚扰的关注不应该基于某个骚扰者的行为有多么过分,而是应该基于工作场所环境中的骚扰总体上是否足够恶劣,足以对受害者追求这条路径产生影响——此外还有这种形式的骚扰是否强化了诸如性别导向这样更大的瓶颈。

第四章 应用

　　提供合理便利的法律同样是反瓶颈工具箱中重要的工具。设想一个工作场所在某些方面存在障碍，比如说，回到我们最简单的例子，工作场所在设计上对使用轮椅的人存在障碍。如果只有一个工作场所存在障碍，那么就不是严重的瓶颈——可能也不会引起立法者的回应。但是如果许多工作场所都存在同样的障碍，而其他非工作环境中也存在这种障碍，使得使用轮椅的人必须想办法通过这个障碍才能追求许多工作领域之外的目标。在这种情况下，这个瓶颈就是普遍的了。就需要提出合理便利的法律对这个问题做出回应以缓解这个瓶颈。比如，要求许多或者大部分工作场所或者其他场所提供无障碍设施，使得使用轮椅的人可以完全方便地进出。许多此类的变革，当然不是全部，与关于差别性待遇的法律带来的变革一样都是普适的。这些变革对那些没有残疾，但是出于各种原因也很难挤过相同瓶颈的人来说，也会是大有裨益的[1]。

　　本节描述的反歧视立法的思路，不要求我们放弃对群体屈从地位的关注。然而，理解群体屈从这个社会学现象仅仅是开始。如果我们想在将机会重新分配给缺乏机会的人这个大体方向之外还能做些什么，就需要对屈从地位和机会不平等是如何形成的有更多的了解，也就是要考虑哪种具体机制导致缺少对一个特定群体的成员开放的机会。当我们这样来分解这个问题，将注意力集中在导致屈从地位的具体机制而不是群体屈从本身的"底线"时，我们就能了解哪些途径是处于屈从地位

---

[1] 参见 Elizabeth F. Emens, *Integrating Accommodation*, 156 PENN. L. REV. 839, 841-844 (2008)。

的群体成员无法通过的。

在这里，我们通常会发现，可能的解决方案不是将机会从一个群体向另一群体再分配，而应该是仔细地、有选择性地推行机会平等原则，使受益者不限于任何一个群体。通过挑战并且改写那些相对随意并且导致相对严格的瓶颈的考试和要求，群体所能做的远比仅仅将机会从其他人那里重新分配给自己要有益得多。他们会减少充斥于这个世界的各种"随意的、不必要的障碍"。他们会为那些以前完全没有被考虑过的人群打开各种路径。他们每次都会取得微小的进步，将机会结构逐渐推向多元主义。

结　论

　　当我们就法律和公共政策领域内的机会平等展开政治讨论时，有一个人们熟悉的观点是这样的：我们无法也不应该尝试将竞争激烈的理想工作重新分配给那些在各方面已经处于劣势的人，因为在这一节点上，也就是在招聘阶段，再来强调机会平等为时已晚；过去不同的教育经历已经造成人们在资格准备上的不平等，这个鸿沟已经大到无法跨越了；如果真的要想实现平等化，就必须从更早的阶段抓起。这种观点还认为，大学录取阶段也不是将机会平等化的时机：在18岁时，这些青年之间的资格准备和能力已经大相径庭，这时录取资格较差、出身劣势家庭的申请者，而不是录取资格更好的申请者，这样做既有失公平，也缺乏成效。还有一些类似的、略为不同的观点同样适用于所谓的起跑门问题中，即我们不应该认为通过小学和中学的教育就能够将机会平等化，因为儿童在5岁入学时，各自的差异已经过于明显——要想解决这个问题，还是得帮助劣势家庭的父母获取资源以让孩子能站在更好的起跑线上（可能还得给这些父母找到更好的工作，问题到了这里，我们差不多等于又转回了起点）。

实际的情况是：不可能让任何一个阶段的机会都完全平等。正如上一段里所讲到的，我们很容易就能从这个复杂世界的实际情况中产生出一套精致的观点，为每个阶段推卸责任，而这些观点往往是相当具有说服力的。在讨论职业学校招生的法案时，如果某个立法者站起来解释说，要想解决好这个问题必须从更早做起，即涉及"从童子军到公立幼儿园里的孩子"①，那么，对这种说法的最好解读就是他在建议什么也不要做。当轮到讨论有关幼儿园的法案时，我们很可能从同样的人那里听到类似的观点，认为真正的解决方案必须涉及更早的阶段：要针对育儿、贫困和儿童入学前的各种机会不平等。在任何一处，我们都可以找到各种理由来推卸责任。

平等主义者②推进的方向是要同时针对人生的所有阶段，即从出生前一直贯穿整个人生，尽管要想在人生的任何一个阶段或者整个人生过程中都实现机会的完全平等，这无论是在理论上还是在实际中都是不可能实现的。与其希望实现一个所有机会完全平等的虚幻状态，我们不如致力于为更多的人打开更多的机会——特别是为如今那些机会受到极大限制的人打开机会。本书的中心论点，实际上就是一个关于应该"如何做"的论点：它是思考我们"如何"才能实现这个目标的基本框

---

① Grutter v. Bollinger, 539 U. S. 306, 347 (2003)（与史凯力法官的意见相左）（提出了一个不同但平行的看法，即应该追求在更早的阶段中致力于实现高等教育中的种族融合，以使人们从教育中获益）。

② 所谓平等主义者，我在这里包括了优先主义者以及所有对帮助机会受限的人群拓展机会展现出强烈兴趣的人。

结　论

架。我认为，通过朝着更加多元的方向重塑机会结构，我们能够构建一种机制，使得人们能够有更多不同的发展机会，去追求通向不同兴盛人生的独特路径。

这不是说我们的目标应当是给人们提供更多的手段——以及资源——来追求他们在人生中可能追求的一切事物。这种思路反映了现代自由主义哲学核心的自由中立态度，而这不能紧紧地抓住我们的偏好和目标是如何形成的这一问题。因此我们的规范性目标不应该只关注资源分配，以使人们能够追求自己可能已经形成的目标；相反，我们的目标应当是让人们有机会了解并且接触到更多更丰富的可以追求的路径，使得每一个人都能够以一种更加自主的方式，从丰富的一组选择中对我们在人生中真正想要做哪些事情做出自己的决定。

本书主旨的这种表述属于理想理论的语域。但是细心的读者可能已经注意到，本书的观点也可以被表达为不同的语域，即我们在面临各种局限的情况下应当如何改进机会结构这一问题的各种非理想化的理论思考。扩展机会几乎总是会带来代价和权衡，而这只是社会的目标之一；即使这是我们的唯一目标，有时缓解一个瓶颈也会造成强化另一个瓶颈的附带效应。解决这些问题的最终方案毕竟取决于对特定制度、社会规范，以及与其互动的实证论断。而我的目标，就是提供一套理论工具，使得我们所有人——包括政策的制定者、法庭、公立和私立机构，甚至是个人——都能够运用这套工具来思考这些棘手的问题，以及我们如何做才能有助于问题的解决（或者至少是避免加重这些问题）。

本书提供的各种工具与关于机会平等的讨论中最常使用的

工具有所不同。我们通常的工具中包括了对个人和群体的分配是否公平的论述——也就是哪些人得到了更多或者更少的重要物品——以及对个人功绩和应得的论述。这些类型的工具似乎要无情地引导我们去关注那些最为零和的机会案例，比如精英学校应该提供怎样的优惠待遇；或许正是因为我们在讨论这些案例，所以我们才采用了这些工具。

机会多元主义的出发点与此迥然不同。机会多元主义认为，我们应该更加关注对机会的限制，而这与"应得"的问题完全无关。比如说，我们应该关注"大考"如何限制了那些考试失利者的机会，以及它如何塑造了那些通过考试的人的志向，哪怕我们十分肯定考试本身是公平的，哪怕从某种意义来说，无论考试成功还是考试失利都是考生应得的结果。

每当基于群体的机会不平等限制了许多人的人生前景，例如，当社会中的性别、种族和阶级体系对人们起了导向性作用，并在许多方面塑造了人们生活的机会时，我们通常会特别加以关注。所有的平等主义者都会关注这些问题；这是平等主义核心的关注点。但是从机会多元主义的角度看，当有些人的机会受到了严重的限制，而这种限制与我们通常理解的基于群体的屈从地位毫无关系时，我们还是应该同样加以关注。比如，一个人的机会受到严重的限制，可能仅仅是因为他出生时的运气不佳，或者是因为那个社会中的人通常会延续父母的职业路径，甚至可能只是因为他在幼年时犯了一个完全应该由他自己承担全部责任的错误，但这个错误的余波被不断地放大了。打开这些瓶颈会带来益处，但是反过来，我们也要平衡效率、激励因素和有限资源，本书提供的工具不能对这个问题给出完整的答案。但是这些工具提供了一个理解这类问题、评估其维度,并且思考如何缓解这类问题的新思路。

　　作为本书的结论,让我来简述一下这种思路的转变为什么是至关重要的。正如我在一开始就指出的那样,作为一个总体概念,机会平等的意义是毋庸置疑的。几乎所有的人都笃信某种形式的机会平等理论。但是在实际的讨论中,多数涉及机会平等的理论却是充满争议的,在物资相对稀缺的时代可能尤其如此。在很大程度上,这是因为这些讨论通常都会涉及对完全零和的机会进行再分配的问题。如果属于精英的工作机会,或者接受精英教育的机会在数量上是固定的,而对它们的需求却是恒定的或者增长的,那么,对一些原来不具备优势的人开放其中的一些工作和机会,就一定会是一个颇受争议的重大政治问题,因为这样做必须要剥夺其他人享有的这些机会,而通常来说,这些"其他人"拥有强大的政治势力。如果这种零和的权衡是机会平等政策的主要工具,那么它就一定会演变成堑壕战,其中任何一次胜利都只会带来很小的改进。当然这并不意味着平等主义者应该停止这种尝试。对这些稀缺和理想的机会进行再分配是很重要的;有时甚至是缓解机会结构中某些瓶颈的唯一实际可行的办法。但这不是问题的全部。

　　探寻机会结构中的瓶颈有助于我们了解一点,那就是我们应当做出的许多改变并不是绝对零和的。当我们摸索到某种办法来重新构建机会,使得人们不需要都抢着去挤过同样的瓶颈,或者使得那些无法通过某些瓶颈的人能够找到对他们开放的其他潜在路径时,其效果就不会是零和的,而是正和的。我们可以使人们有机会去追求原来不曾有过的新目标,或者通过不熟悉的途径实现熟悉的成功；我们可以创造出其他路径，从而降低固有的夺取稀缺机会的零和冲突；我们还可以创造出全新的机会。纵观人类历史，我们一直都是在这样做。假设存在这样一种社会，它在一个世纪以前就找到了某种办法，使所有人的机会完全平等（如果这是可能的话），但是这个办法把所有的机会完全固化在琥珀当中，使得未来的人们只能享有这些固化了的机会，而不能再创造出新的机会来，我相信很少会有人愿意生活在这样一种固化的社会中，尽管它平等。我们必须创造，并应该将开创这一事业，即建设一个更加丰富、更加复杂、更加多元的社会的精神融入我们对机会平等讨论的理解中。这样，我们或许就会把一部分注意力从谁最应该得到某些稀缺的和理想的机会，转移到同样重要却截然不同的问题上，也就是转移到如何使人们——甚至包括那些看上去不"应得"的人——能够得到更好的资源来实现自己兴盛的人生这一问题上来。

致　谢

在准备本书时，我从许多人那里得到了有益和深刻的指导，但是我要特别感谢 Bruce Ackerman, Mitch Berman, John Deigh, Karen Engle, Willy Forbath, Timothy Fowler, Elizabeth Frazer, Julian Huppert, Jacob Krich, Pattu Lenard, Sandi Levinson, Danile Markovits, Philippe van Parijs, Larry Sager, Vicki Schutlz, Zofia Steplowska, Susan Sturm, Adam Swift 和 Wendy Wagner，牛津大学纳菲尔德学院政治理论研讨会的参与者，以及哥伦比亚大学法学院的法学理论研讨会、得克萨斯大学法学院的院属研讨会、劳动与就业法前沿学术讨论会。此外还要感谢 Zofia Stemplowska 和 Matthew Clayton，他们在 2012 年 11 月组织了一场由牛津大学社会正义研究中心（CSSJ）和华威大学伦理学、法律和公共事务研究中心（CELPA）联合赞助的研讨会，专门为本书手稿展开了为期半天的讨论。

如果没有美英富布赖特（Fulbright）计划的资助，我可能就不会到牛津大学去学习，也就不可能完成最终成长为本书的博士论文。我还要感谢英国的海外学生奖励计划（ORSAS），以及后来耶鲁大学法学院鲁豪森学者计划（Ruebhausen

Fellowship）的支持。本书最早最粗略的草稿极大地得益于 Elizabeth Frazer 的指导，她是我的硕士论文导师。作为导师，她非常周详仔细，而且富有洞见，帮助我思考了许多复杂的问题。Adam Swift 是我的博士导师。他是我所能设想到的最理想的导师：负责、智慧、批判、鼓励，又十分有耐心。与他共事使我受益良多，为此我十分感激。最后，我或许应该指出，如果我当时的雇主 Margaret Marshall 大法官没有那么灵活变通的话，我也不可能按时完成自己的博士论文。她一向坚持她手下的法官助理应当在她的任内完成并提交论文。David Miller 和 Matthew Clayton 是我博士答辩的考官，他们为我提供了大量重要的反馈，这些反馈在从博士论文题目成长为本书的过程中起到了至关重要的作用。还有两位匿名的审稿人也给了我许多有益的反馈。

我现在任职的得克萨斯大学法学院在 2012 年秋天为我提供了进入终身教职之前的研究假期，我就是利用这段时间完成了本书的写作。学校一直在鼓励我写作此书，哪怕我还没有获得终身教职。对一个法学教授来说，这可是不寻常的学术项目。我也要感谢得克萨斯大学奥斯汀分校校长办公室提供的补助。在写作过程中，我得益于许多精明强干的研究助理的帮助，他们都是得克萨斯大学的学生：Molly Barron, Braden Beard, Maggie Buchanan, Kristin Malone, Julie Patel 和 Patrick Yarborough，以及得克萨斯大学法学院的图书馆管理员 Kasia Solon Cristobal。我还要感谢牛津大学出版社的编辑 Dave McBridde，他立刻就看到了这个项目的潜力，并且在整个过程中一直对此坚信不疑。

致　谢

　　鉴于本书的主题，我想特别感谢我亏欠最多的人，即我的父母和家庭，是他们给了我机会，没有这些机会，我几乎完全不可能选择这样一条人生路径，或者写出本书。这里有很多反讽的例子。我在写作本书时，会经常想到一件事，那就是我所享有的一些具体的发展机会，比如说我和父母的交流与谈话，是不可能被平等化的。我相信，不可能让每一个人的成长经历都和我一模一样，这样做本身也不令人向往。但是对我来说，这经历真是太棒了。我还要感谢我的母亲 Shelly Fisher Fishkin、我的兄弟 Bobby Fishkin，特别是我的父亲 James Fishkin，他们在本书写作的各个阶段中都对我的手稿和书中的论点提出了意见。

　　在这个项目漫长的生命中，我的伴侣 Cary Franklin 是我忠实、深切、不可或缺的编辑和聆听者。能有机会和她讨论这项研究和其他研究，以及我们二人的工作交集，这是我人生中最大的快乐之一。我希望随着时间的推移，我也能够像她对我那样，为她的研究做出同样多的贡献。

索 引

ability, social model of, 105
Achillea, 100, 101*fig.*
Ackerman, Bruce, 159n54, 191n114, 193n116, 223n79, 236
advantage. *See* compounded advantage; parental advantages
affirmative action
　antidiscrimination law and, 246
　in opportunity pluralism, 251
　at University of Michigan, 71–72
　at University of Texas, 250
Alexander, Michelle, 244n139
Alstott, Anne, 133n4, 223n79
Anderson, Elizabeth, 190, 194, 243n136
antidiscrimination law. *See also* "ban the box," disparate impact law, EEOC
　appearance discrimination and, 239–44
　content of jobs and, 175
　function of, 240–41, 246–53
　and groups, versus individuals 244–46
　groups covered, 235–39
　group subordination and, 245–46
　and history, 238–39
　and legitimate versus arbitrary bottlenecks, 160–61
　new statutes and their implications, 231–35
　introduction to opportunity pluralism and, 20–22
appearance discrimination, 239–44
applications of opportunity pluralism
　to access to capital and credit, 222–24
　to antidiscrimination law, 210–12, 231–53
　and bottlenecks, in general 171–79
　and blocked exchange, 202–3
　to colleges, 205–12
　and modular work, 228–30
　and money, 200–205
　overview of, 198
　residential segregation and, 212–19

　and social class as bottleneck, 199–219
　and targeting of benefits, 210–12
　to workplace flexibility and entrepreneurialism, 220–24
　to workplace flexibility and gender bottlenecks, 224–31
apprenticeships, 210
aptitude, as changing variable, 69
aptitude tests, 112–13. *See also* testing regimes
arbitrary bottlenecks, 160–63, 167–70
Aristotelian Principle, 44–45, 195n127
Arneson, Richard, 36nn39,40, 65, 197n135
authority, sources of, 132, 151–54
autonomy. *See also* individuality
　as a problem for theories of equal opportunity, 74–82
　of parents, regarding raising their children, 50–51, 73
　philosophical conceptions of, 196–97
　pluralism, perfectionism and, 193–97
　Raz and, 120–21, 197
Avery, Christopher, 207n24, 209n34, 217n64

bachelor's degree, as bottleneck, 148, 205–12
Banaji, M. R., 111n58
"ban the box," 166–67, 233–34, 244
Baum, Bruce, 197n135
benefits of bottlenecks, 183–86
Bertrand, Marianne, 3n7, 111n59, 251n155
BFOQ (bona fide occupational qualification), 160–61
biases in tests, 32–34
big test society, 13–18, 68–70, 126–28, 145, 170
Bischoff, Kendra, 214n52
Blackburn, Simon, 96–97
blocked exchange, 202–3
Blumrosen, Alfred, 165n68

索 引

bona fide occupational qualification (BFOQ), 160–61
bottleneck(s). See also severity of bottlenecks
  arbitrary, 160–63, 167–70
  benefits of, 183–86
  discrimination and, 20–22, 231–53
  defined, 13–15
  developmental, 14, 156–58, 162, 173
  efficiency and, 179–86
  gender, 4–5, 174–77, 224–31
  instrumental-good, 14–16, 18–19, 158–62, 201–5, 221
  legitimate, 160–63, 167–70
  motivation and, 16–18, 141, 144–46
  number of people affected by, 170–71
  pervasiveness of, 164–69, 186–87
  qualification, 13–14, 156, 162, 179–81, 183–84, 208–12
  severity of, 164–69
  strategies for addressing, 18–23, 171–74, 198–253
  types of, 14–15, 156–60
brain, effects on, 114–15
Brantlinger, Ellen, 214–15n53
brute luck
  choice and, 60
  versus constitutive luck, 38
  in Dworkin's conception of equal opportunity, 38–40
  families as, 55
  luck egalitarianism and, 37, 59
  versus option luck, 36
Bucket Model, 95–96
bundling of tasks and goals, 140, 174–75
Bush, George W., 27

capacities. See also talent
  development of, 104–18
  disability and, 105–6
  and essential developmental opportunities, 124–28
  and the family, 108–11
  emotional and executive, 126–27
  environment's impact on mental, 114–15
  for language, 124–26
  and the reactions of others, 109–11
Carlson, Laura, 227n89
Case, Mary Anne, 45–46, 180n102
Cashin, Sheryll, 202n5, 217n65
Chambers, Clare, 31n25, 66, 70, 71n134
children. See also developmental opportunities, parental advantages
  class and, 8–9, 199–219
  developmental opportunities for, 104–15
  gender bottlenecks and the care of, 224–27
  incentives for, 16–18, 141–46, 202–3
  instrumental-good bottlenecks' impact on, 202–3

  integration and, 212–19
  language acquisition by, 124–26
  parents' liberty regarding, 12, 48–51
  social class and, 204–5
  the youngest (as focus for egalitarians), 72–73
choice
  disentangling from chance, 59–61, 64–65
  in Dworkin's conception of equal opportunity, 38–39
  in luck egalitarianism, 35–38
class. See social class
class origins-class destinations framework, 4–5, 8–9, 199–200. See also social mobility
Clayton, Matthew, 37n47, 51n85
Cohen, G. A., 2n3, 36n39, 60, 88
college admissions
  as bottleneck, 147–49, 158
  as a domain for discussions of equal opportunity, 5
  EOp proposal and, 63–64
  Lisa and John example and merit in, 57–59
  and plurality of sources of authority, 152–54
  and Posse Foundation approach, 152–53, 178–79
  social class and, 206–7, 209
  at University of Michigan, 71–72
  at University of Texas, 63, 148n41, 250
college degrees, as bottleneck, 148, 205–12
common scale. See currency of egalitarian justice, outcome scale, single
communication. See language and language acquisition
community colleges, 147–49
compensation for lack of opportunities, 51–52, 55–56
competitive roles, 137–44, 185
compounded advantage, 70–72
Connecticut v. Teal (1982), 249
Consolidated Services Systems. See EEOC v. Consolidated Services Systems
conspicuous consumption, 138–39
constitutive luck, 38
Cook, Philip, 143
Corak, Miles, 3n8, 199n3
Coram, Robert, 85
Cose, Ellis, 122–23
Crain, Robert L., 215n57, 216n63
credit, access to, 222–24
credit checks as bottlenecks, 166, 232–33
criminal convictions, 166–67, 232–34, 244
currency of egalitarian justice, 38, 41–43, 78–79, 81, 159–60

development. See developmental opportunities; human development
developmental bottlenecks
  defined, 14
  discussed in detail, 156–58

391

geography as, 173
legitimacy-versus-arbitrariness spectrum and, 162
developmental opportunities. *See also* human development
   access to peers and adults as, 136, 150, 212–19
   as bottleneck, 156–58
   capacity development via, 104–8
   effects of, beyond the distribution of money, 42–48
   equalizing, 115–24
   essential, 124–28
   and fair life chances, 26–27
   group membership, as a factor shaping, 111, 237
   iterative processes and, 104–15
   jobs as, 113
   parental advantages and, 48–56
   schooling as essential, 184–85
   specialized versus general, 182–83
Dewey, John, 70, 110, 212, 218
difference, in political theory, 84–88
disability
   and equalization of development opportunity, 116–18
   pregnancy and, 226n85
   reasonable accommodation law and, 252
   severity of bottlenecks and, 168–69
   social model of, 105–6
discrimination. *See also* antidiscrimination law, race
   appearance, 239–44
   as cause of bottlenecks, 20–22, 111, 164
   courses of action regarding, 173–74
   in evaluation of candidates, 111
   rational or efficient, 179–82
disparate impact law
   analysis, 112, 161, 175n88
   and the anti-bottleneck principle, 21–22, 244–49
   content of jobs and, 175
   courts and legislators and, 248
   loosening (rather than eliminating) bottlenecks and, 179
   origins of, 112, 165–66
   and performance prediction, 180–81
   remedies, 22, 246–49
   as a response to bottlenecks, 21–22
   and situating bottlenecks within the opportunity structure as a whole, 177–79
distributive justice. *See also* currency of egalitarian justice; Dworkin, Ronald; Rawls, John
   and equal opportunity, 28, 41–42
   limitations of, as a reason to care about equal opportunity 41–48, 51–52
Dobzhansky, Theodosius, 101–2

Douglass, Frederick, 85
Downs, Anthony, 213
downward mobility, 200–205
Duke Power Company. *See Griggs v. Duke Power Company* (1971)
Dworkin, Ronald
   and brute luck and option luck, 36n41
   on choice and talent, 60
   conception of equal opportunity, 38–40, 99
   on developing talents, 106
   hypothetical insurance market, 51
   and problem of merit, 56

economic rationality, 179–80
education
   in adulthood, 6–7, 148–49
   college degrees as bottleneck, 148, 205–12
   control over the system of, 152–54
   Dewey on, 110
   differing goals in, 119
   endogeneity of preferences regarding, 122–2.
   equalizing, conceptual difficulties of, 116–18
   in Germany, 146–47, 210
   incentives for effort in, 184–85
   integration in, 212–19
   as positional good, 142–43
   social class and, 199–205
   testing regimes and, 6, 149–50
   widening access to, 85
   of the youngest, 72–73
educational pathways, knowledge of, 122–23, 216–17, 218
EEOC (Equal Employment Opportunity Commission), 165–66, 177–78
EEOC v. Consolidated Services Systems (1993), 177–78
efficiency, 28, 160–70, 179–83
effort
   disentangling from circumstances, 7–8, 56–65
   and Dworkin, 38–40, 60
   and Rawls, 29–32
   and Roemer, 61–64
Eleven-plus examinations, 92
Emens, Elizabeth F., 252n156
emotional development, and essential development opportunities, 126–27
employment. *See also* antidiscrimination law
   bottlenecks and, 164–68, 179–83
   of children in jobs related to those of their parents, 8–9
   and the content of particular jobs, 174–77
   flexibility and entrepreneurialism, 220–24
   flexibility and gender, 224–31
   flourishing in, 195
   human development and, 112–15
   tests and requirements for, 179–82
   word-of-mouth recruiting in, 177–78

endogeneity of preferences, 121–24, 216–17, 218, 255
enhancement, versus treatment 242
entrepreneurialism, 222–24
environment
　and concept of "normal," 100–102
　effects of, on brain, 114–15
　Flynn Effect and, 103–4
　in human development, 91–99
　nature and, 94–99
　people's reactions as part of, 114
EOp (Equal Opportunity) function, 61–64
Equal Employment Opportunity Commission (EEOC), 165–66, 177–78
equal opportunity. See also problems for equal opportunity
　appeal of, 1, 76, 120–21, 141–48
　approaches to, 2–10, 188–92, 254–55, 256–57
　conceptions of, 25–29
　Dworkin's conception of, 38–40, 99
　Rawls's conception of, 29–37, 99
essential developmental opportunities, 124–28
etiology, 89–90, 102
ex ante perspective, limits of, 66–70
executive function, 127
experiments in living, 16, 152, 154–55

fair contest principle. See also warrior society
　defined, 25
　ex ante perspective and, 66–67
　and fair life chances, 25–40, 59–60
　merit and, 56, 70–72
　parental advantages and, 53–54
　and Rawlsian conception of equal opportunity, 29–32
Fair Equality of Opportunity (FEO)
　introduced, 7
　compared to luck egalitarianism, 35–36, 37–38
　and flourishing, 44–45
　lexical priority of, 54–55
　maximin aspect of, 10n24
　and performance prediction, 34–35
　role in Rawls' special conception of justice, 54–56
　starting-gate theories and, 29–32
fair life chances principle
　Dworkin's conception of, 38–40
　ex ante perspective and, 66–67
　fair contest principle and, 25–40, 59–60
　luck egalitarianism and, 35–38
　overview of, 26–27
　parental advantages and, 50, 53–56
　and race metaphor, 77–79
　and Rawlsian conception of equal opportunity, 29–32

family. See also parental advantages
　gender bottlenecks and workplace flexibility and, 224–27
　human development and, 108–11
　as problem for equal opportunity, 48–56
Family and Medical Leave Act (FMLA), 226–27
Fishkin, James S., 50n85, 53n90
flexibility
　gender bottlenecks and workplace, 224–31
　in labor market, 19, 220–24
flourishing. See human flourishing
Flynn, James, 103
Flynn Effect, 103–4
FMLA (Family and Medical Leave Act), 226–27
Ford, Richard, 173n83
formal conception of equal opportunity, 25–26, 29, 59
formal merit, 31, 33–34
formal-plus, 33–35
Frank, Robert, 143
Frankel, Charles, 80–81, 156n52
Frankfurt, Harry, 196n130
Frazer, Elizabeth, 215n58
freedom
　and autonomy in opportunity pluralism, 196–197
　equal opportunity as type of, 2
　and experiments in living, 154–55
　in labor market, 220–31
　as prerequisite for individuality, 134
Freeman, Samuel, 54n95, 193n116
Fullinwider, Robert K., 70n132, 117n70, 208nn30,31

Gambetta, Diego, 64n119
Gautreaux remedy, 216
gender
　appearance discrimination and, 240
　as bottleneck, 174–77, 224–31
　as a circumstance of birth, 27n9, 30, 56n101
　and the evaluation of merit, 111
　inequalities of opportunity and, 4–5
　Mill on nature and, 84
　Mill on individuality and, 44
　Rawls and, 30
gene expression, 98–99
gene therapies, 97–99
genetic disorders, 97–98
genetics. See nature
geography of opportunity, 19, 157, 173, 212–15. See also residency
Germany
　apprenticeships in, 210
　education in, 146–47
goals
　differing, 119–24, 189–90
　endogeneity of preferences and, 121–24

393

plurality of, as part of opportunity pluralism, 131, 135–36
Gomberg, Paul, 52
good, conceptions of the, 75–76, 132–37, 194–95
goods. *See also* instrumental-good bottleneck
   competition for valued, 132–37
   development of views on value of different, 136
   dominant, 202
   instrumental, 14–15, 18–19, 158–62, 201–205, 221
   positional, 137–44, 185
Gottlieb, Gilbert, 94n28, 102n41
Gould, Stephen Jay, 92n22
Granovetter, Mark, 215n58, 216n59
Gray, John, 197n135
Griggs v. Duke Power Company (1971), 112, 165–66, 210–11, 246–48
groups and antidiscrimination law, 236, 244–45
Grutter v. Bollinger (2003), 71–72
guilds, creating bottlenecks, 150
Guinier, Lani, 34nn33,34, 206n21, 250
Gymnasium, 146–47

Hacker, Jacob S., 222n75
Haksar, Vinit, 193n116
Hall, Ned, 95
Halsted, Ted, 229n98
happiness, 186
harassment, 246, 251–52
Hart, Betty, 125–26
health insurance, 221, 229
heredity. *See* nature
Herrnstein, Richard J., 90n17
high school diplomas. *See Griggs v. Duke Power Company* (1971)
history, antidiscrimination law and, 238
Hoffmann, Allison, 229n99
home prices, school quality and, 213–14
Hoxby, Caroline M., 207n24, 217n64
human capital, efficiency and, 179–83
human development. *See also* developmental opportunities
   complete discussion, 83–128
   and concept of "normal," 100–102
   employment and, 112–15
   equal opportunity arguments and, 84–88
   Flynn Effect and, 103–4
   through interaction with family and society, 108–11
   and intrinsic difference claims, 89–91
   iterative model of, 104–15
   nature and nurture in, 91–99
human difference, in political theory, 84–88
human flourishing
   autonomy as a component of, 196–97

compensation and, 51–52
common scale, limitations of as measure of, 8–10, 188–92
gender bottlenecks and, 4–5, 224–25
opportunities and, 41–48
perfectionism and, 186–97
human possibility, and inequality of opportunity, 43–47
Hurka, Thomas, 193n121
Hurley, Susan, 38n48, 61n111
hypothetical insurance market, 39–40, 51, 55, 60

ideal and non-ideal theory, 24, 52–56, 73, 255
ideal worker norm, 225, 228, 229, 230
incentives, 202–3, 220–22
income inequality, class mobility and, 199–205
incommensurability, 11–12, 119, 121
indirect discrimination, 22, 161
individuality
   is a conception of autonomy, 197
   flourishing and, 44–45
   pluralism and, 132–37
   as problem for theories of equal opportunity, 74–82
   thin perfectionism and, 193–94
   and unitary opportunity structure, 127–28
instrumental-good bottleneck
   defined, 14–15
   legitimacy-versus-arbitrariness spectrum and, 162
   money as, 18–19, 201–5, 221
   overview of, 158–62
   in pluralistic model, 15–16
   in unitary model, 15
insurance, social, 201, 220–22, 229
insurance market, hypothetical, 39–40, 51, 55, 60
integration
   in education, 212–19
   endogeneity of preferences and, 122–23
internships, unpaid, 208, 209
intrinsic difference claims, 89–91, 102
IQ testing, 21, 92, 102–4
irremediability, 90, 102
isolationist view, 93, 96

Jacobs, Lesley, 67n128, 80n156, 87n11
Jencks, Christopher, 34n33, 118n72
job lock, 220–22
Johnson, Lyndon, 77–78
Jolls, Christine, 180n100

Karabel, Jerome, 149n43
Keller, Evelyn Fox, 85n7, 93n24, 95
Kennedy, John F., 26
knowledge, endogeneity of preferences and, 121–24, 216–17, 218
Krieger, Linda Hamilton, 111n58

索 引

language and language acquisition
 as bottleneck, 157, 172
 and essential development
  opportunities, 124–26
Lareau, Annette, 205
legislatures and courts, roles of, 248
legitimate bottlenecks
 versus arbitrary bottlenecks, 160–63
 severity of bottlenecks and, 167–70
Lemann, Nicholas, 33n31, 149n43, 199
Lewontin, Richard, 92n21, 94n30, 100n40
liberalism, 193, 255
licensing regimes, 222
Lichtenberg, Judith, 70n132, 117n70, 208nn30,31
life, metaphors concerning, 77–78
Lind, Michael, 229n98
Lisa and John example (medical school admissions), 57–59
literacy
 as bottleneck, 150
 and essential development opportunities, 124
Loury, Linda Datcher, 3n8, 216n59
luck, constitutive 38
luck egalitarianism
 criticism of, 67–68
 EOp function and, 62
 merit and, 56, 59–61
 natural talents and, 35–38

Maccoby, Eleanor, 108n53, 109n54
Mackenzie, Catriona, 196nn132,133
macro-efficiency, 181–82
Mankiw, N. Gregory, 109n54
Manning, Winton, 33
Mason, Andrew, 10n24, 54n95, 65n121, 86
MAT (Measure of Academic Talent) score, 33–34
maximin principle, 10, 37n45, 190
Mayeri, Serena, 236n126
McCabe, David, 120n78
Medical school admissions example, 57–59
men. *See* gender
merit
 and affirmative action, 71–72
 compounded advantage and, 70–72
 employment and, 112–15
 formal vs Rawlsian, 31–32
 formal-plus, 32–35
 pluralistic conceptions of, 79–82, 149
 as problem for equal opportunity, 56–65
 and the problem of the starting gate, 71–72
 and Rawlsian egalitarian view, 31–32
 versus recognized capacities, 111
 specialization and, 152–53
 testing regimes and, 149–50

merit aid, 207–9
meritocracy, 35, 79, 181–83
micro-efficiency, 181–82
microfinance, 223
Mill, John Stuart.
 on experiments in living, 16, 154–55
 on human possibility, 44, 104
 on individuality, 44, 120n78, 134–35, 193, 197
 on intrinsic differences, 85
 on nature of women, 44, 84, 137
 on opportunities and pluralism, 47–48
 perfectionism of, 193–94
 on shaping of preferences and aspirations, 134, 228
 on variety and uniformity, 134–35, 137, 151, 155
Miller, David, 28n13, 34n34, 38n48, 66n123, 79, 80
miner's canary, 250
modular work, 229–30
money
 as bottleneck, 14–15, 18–19, 158–60, 201–3
 and bundling of goals, 140
 implications of the distribution of, 14–15, 200–205
 opportunities not reducible to, 47–48, 51–52
 as positional good, 138–39
 motivation and bottlenecks 16–18, 141, 144–46
Muirhead, Russell, 195n129
Mullainathan, Sendhil, 3n7, 111n59, 251n155
Murray, Charles, 90n17, 150, 209n35

Nagel, Thomas, 86, 89n15, 193n116
natural difference
 and human development, 89–91
 in political theory, 84–88
natural talents
 and the Flynn Effect, 103–4
 and luck egalitarianism, 35–38
 and Rawlsian Fair Equality of Opportunity, 31
 role in conceptions of human development, 89–99
 and why they do not, in the end, exist, 94–104
nature
 and concept of "normal," 100–102
 in human development, 91–99
 and nurture, 94–99
 in political theory, 84–88
Nechyba, Thomas, 215n55
neighborhood effects, 212–14. *See also* geography of opportunity
networks, interpersonal, 215–18
non-ideal theory. *See* ideal and non-ideal theory
"normal," 100–102

395

Nozick, Robert, 77, 132–33
nurture. *See* environment
Nussbaum, Martha, 194

occupational licensing regimes, 222
Oliver, Michael, 105n46
On Liberty (Mill), 44, 104, 120n78, 134, 154, 193–4, 197, 228
opportunity structure(s). *See also* bottlenecks
  bottlenecks as part of, 144–51, 176–79
  control over, 151–55
  flexibility in, 220–22
  introduction to, 79–82, 130–31
  effects on human capital, 182–83
  and legitimate versus arbitrary bottlenecks, 160
  parental motivation shaped by, 17, 144–46, 214–15
  unitary and pluralistic, 131–44
option luck, 36, 67. *See also* brute luck
Oshana, Marina, 196n133
outcome scale, single 8–10, 188–92. *See also* currency of egalitarian justice

Pager, Devah, 234nn113,114
parental advantages. *See also* family
  Gymnasium and, 147
  list of examples, 49
  merit and, 57–59, 70–71
  and motivation (of parents), 50, 144–46, 214–15
  as problem for equal opportunity, 48–56
  and problems of starting gate and merit, 70–73
  residential segregation and, 213–15
  social class and, 204–5
  testing regimes and, 150
Parfit, Derek, 10n23, 191
Van Parijs, Philippe, 46–47, 51n88, 172n82, 191n115, 203n9
peer effects, 215
perfectionism, 187–88, 193–97
Perlin, Ross, 208n32
perpetuation theory, 215
pervasiveness of bottlenecks, 164–69, 187
phenylalanine, 97–98
phenylketonuria (PKU), 97–98
Pinker, Steven, 92n23, 97n31, 100nn37,38, 109n54
Piraino, Patrizio, 3n8
PKU (phenylketonuria), 97–98
pluralism
  autonomy and, 132–37, 194–97
  currency of egalitarian justice and, 78–79, 159–160
  incommensurability and, 119–21
  individuality and, 132–37, 194–97

instrumental-good bottlenecks' impact on, 14–15, 145–46
  Nozick and, 77
  and the opportunity structure, 14–15, 145–146
  and sources of authority, 151–55
  spheres of justice and, 79–80
  in unitary model, 15
  and variety, 132–37
  in warrior society, 13
pluralistic model of the opportunity structure, 16–18, 131–55
Pogge, Thomas W., 10n24
positional goods, 137–44, 185
Posse Foundation, 152–53, 178–79
Post, Robert, 241
preferences, endogeneity of, 121–24, 133–34, 216–17, 218, 255
pregnancy disability, 226n85
prioritarianism, 191–92
problems for equal opportunity. *See also* bottlenecks
  bundling of goals, 140–41
  the family and parental advantage, 48–56, 127–28, 141, 144–46
  individuality, 74–82
  merit, 56–65
  the starting gate, 65–74

qualification bottlenecks
  defined, 13–14
  in employment, 179–81
  helping people through and around, 208–12
  legitimacy-versus-arbitrariness spectrum and, 162
  overview of, 156
  potential benefits of, 183–84

race. *See also Griggs v. Duke Power Company* (1971)
  and affirmative action, 71–72, 251
  analogies, 236
  and appearance, 240n131
  and "ban the box," 234n114, 244
  as bottleneck, 7, 13, 173–74, 238–39, 244–45, 248
  as a circumstance of birth, 27n9, 30, 56n101
  and conspicuous consumption, 139n21
  and degree requirements, 211
  and the evaluation of merit, 111
  and history, 238
  and individual opportunity, 237, 244–45
  and mass incarceration 244
  as a "miner's canary," 250
  natural difference and, 85
  Rawls and, 30

race (Cont.)
  science fiction scenario without bottleneck of, 238–39
race, metaphor of life as a, 77–78
Radin, Margaret Jane, 159
Rawls, John. *See also* Fair Equality of Opportunity (FEO)
  Aristotelian Principle of, 44–45, 195n127
  Dworkin and, regarding inequality, 40
  conception of Fair Equality of Opportunity, 7, 10n24, 29–37, 44–48, 54–57, 99
  on the family, 48, 54–55
  human flourishing and, 44–45, 47–48, 195
  luck egalitarianism and, 37
  merit and, 31–32, 56–57
  and natural talents, 29–37, 99
  perfectionism in, 193n116
  and problem of family, 54–55
  and race and gender, 30
  Roemer's EOp function, relation to, 62–63
  and starting-gate theories, 30–35, 56–57, 65–66
  well-ordered society, 54–55
Raz, Joseph, 120–22, 135, 190, 197
reaction norm, 101–2
reaction range, 101–2
Reardon, Sean F., 204nn11,14, 214n52
Reason, J. Paul, 122–23
reasonable accommodation law, 246, 252
recognized capacities, 110–11
relational autonomy, 196, 197
religion, as bottleneck, 238–39n128
residency. *See also* geography of opportunity
  as bottleneck, 150–51, 157, 173, 212–19
  effects of, 212–13
  and networks, 215–19
  segregation in, 213–19
Rhode, Deborah, 240n130
Ricci v. DeStefano (2009), 246n142
Rise of the Meritocracy, The (Young), 35n36
Risley, Todd, 125–26
Roemer, John, 61–64
Rothbard, Murray N., 90n18
Ryan, James, 213n46

Samaha, Adam M., 89n14
Sandel, Michael, 159
SAT (Scholastic Assessment Test) and scores, 33–34nn31,32, 69n130, 150, 153, 206n21
Scanlon, T. M., 237n128
Schaar, John, 75–76, 79, 185
Scheffler, Samuel, 27, 59–60
school quality, home prices and, 213–14
Schuck, Peter, 213n45
Schultz, Vicki, 229n99
Schwartz, Barry, 186n106
segregation, 212–19. *See also* integration

Selmi, Michael, 230n100
Sen, Amartya, 28n15, 81n160, 143n26, 194–95
severity of bottlenecks, 164–70
  determining, 176–177, 188
  priority and, 187
  reducing, 172–77, 231–35
sex discrimination, 20, 241
shared environment, 109
Sher, George, 89n16
Small, Mario Luis, 217n66
social class
  appearance and, 243–44
  as bottleneck, 157, 158, 199–205
  college degree attainment and, 205–12
  Gymnasium attendance and, 147
  integration and, 218–19
  role in Rawlsian conception of equal opportunity, 29–30
  residential segregation and, 213–14
social forms, 121–22, 135
social insurance, 201, 220–22, 229
social mobility
  college degrees and, 205–212
  income inequality and, 199–205
  residential segregation and, 212–19
  role in arguments justifying economic inequality, 41–42
  limits of, as measure of equal opportunity, 4–5, 8–9
specialization, 52, 141, 182–83
spectrum distortion, 189
Spheres of Justice (Walzer), 79–80, 159, 202, 203n8
starting-gate theories
  discussed and criticized, 65–74, 147
  introduced, 29–32
  luck egalitarianism and, 37
  merit and, 56, 71–72
  and Rawlsian conception of equal opportunity, 30–35
Stein, Michael Ashley, 181n103
stereotypes and stereotyping
  as bottleneck, 176–77
  disrupting, 154
  parental leave and, 226
  and recognized capacities, 110–11
stereotype threat, 33n30
Stoljar, Natalie, 196nn132,133
Strauss, David, 155n51, 181n103
strictness of bottlenecks, 164–69
strong environmental determinism, 92
strong genetic determinism, 92–93, 100
Sturm, Susan, 34nn33,34, 153n47, 174n84, 206n21
Subjection of Women, The (Mill), 44, 47, 84–85, 137, 228

sufficiency, 10–11n24
Sunstein, Cass R., 181n103
Sweden, parental leave in, 227
Swift, Adam, 3n5, 38n49, 50nn84,85, 142n23, 144nn29,30

talent. *See also* capacities; natural talents
 choice and, 60
 disentangling from developmental opportunities, 7–8, 57–59
 disentangling from choice, 60
 in Dworkin's conception of equal opportunity, 39–40
 in Rawls's conception of equal opportunity, 29–32
targeted versus universal benefits, 210–12
taxation, 49, 52–53, 188, 203
Temkin, Larry, 10n23
Ten Percent Plan, 63, 250
test bias, 32–34
testing regimes. *See also* big test society, SAT
 initial criticisms of, 6
 and legitimate versus arbitrary bottlenecks, 163
 multiple paths as a way to improve, 149–154
 scrutiny by EEOC, 165–66
 shaping developmental opportunities, 150
Texas, University of, 63, 148n41, 250
Texas Top Ten Percent Plan, 63, 250
thin perfectionism, 193–97
time machine example, 57–59
Title VII of the Civil Rights Act of 1964, 165, 177–79, 247
Torres, Gerald, 207n24, 250
treatment versus enhancement, 242
trilemma, in ideal theory, 53
Turkheimer, Eric, 109n54
twin studies, 91–92

unemployment, discrimination on the basis of, 231–33
unemployment benefits, 201, 220
unitary model of the opportunity structure
 described in detail, by comparison with pluralistic model, 131–55
 effect on developmental opportunities, 126–28
 freedom of choice in, 195–96
 overview of, 15–17
University of Michigan, 71–72
University of Texas, 63, 148n41, 250

unpaid internships, 18, 208, 209
unshared environment, 109

Vallentyne, Peter, 65n121
value pluralism, 79–81, 135–36, 139, 140
variety, as requisite for Millian individuality, 134–35
Veblen, Thorstein, 138
Vigdor, Jacob, 215n55
Voigt, Kristin, 67n127
voluntary exchange, Nozick's argument regarding, 132–33

Waldron, Jeremy, 120n78, 203n8
Walzer, Michael, 79–80, 159, 202, 203n8
warrior society. *See also* big test society, unitary model
 biased tests and, 32–33
 and control over opportunity structure, 151
 equal education variant of, 66
 individuality and, 69, 74–75
 introduced, 11–13
 and limitations of formal equal opportunity, 26
 merit and, 31–35
 and problem of starting gate, 66–68
 and motivation, 145
 realism of, 77
Wasserstrom, Richard A., 46n76, 89n14, 237n127
Wax, Amy L., 163n64
weak environmental determinism, 93
weak genetic determinism, 93
weak ties, 215–16
weight discrimination, 242
well-ordered society, 54–55
Wells, Amy Stuart, 215n57, 216n63
Wigand, Jeffrey, 221
Williams, Bernard, 11–12, 26. *See also* warrior society
Williams, Joan, 174–76, 225
Wilson, William Julius, 212–13
Women. *See* gender
word-of-mouth recruiting, 177–78
work/life balance, 224–27
Wright, Lawrence, 91–92

yarrow, 100, 101*fig.*
Young, Iris, 25
Young, Michael, 35n36

Zatz, Noah D., 245n141

图书在版编目(CIP)数据

瓶颈:新的机会平等理论/(美)费西金(Fishkin,J.)著;徐曦白译. —北京:社会科学文献出版社,2015.8
ISBN 978-7-5097-7697-1

Ⅰ.①瓶… Ⅱ.①费… ②徐… Ⅲ.①平等-研究
Ⅳ.①D081

中国版本图书馆 CIP 数据核字(2015)第 147272 号

瓶颈:新的机会平等理论

著　　者 /	〔美〕约瑟夫·费西金
译　　者 /	徐曦白
出 版 人 /	谢寿光
项目统筹 /	祝得彬
责任编辑 /	张苏琴
出　　版 /	社会科学文献出版社·全球与地区问题出版中心(010)59367004
	地址:北京市北三环中路甲29号院华龙大厦　邮编:100029
	网址:www.bianyibu@ssap.cn
发　　行 /	市场营销中心(010)59367081　59367090
	读者服务中心(010)59367028
印　　装 /	三河市东方印刷有限公司
规　　格 /	开　本:889mm×1194mm　1/32
	印　张:12.875　字　数:289千字
版　　次 /	2015年8月第1版　2015年8月第1次印刷
书　　号 /	ISBN 978-7-5097-7697-1
著作权合同登 记 号 /	图字01-2014-8101号
定　　价 /	59.00元

本书如有破损、缺页、装订错误,请与本社读者服务中心联系更换
▲ 版权所有 翻印必究